主 编 周稽裘
副主编 王国强

创业基础与实务

苏州大学出版社

图书在版编目(CIP)数据

创业基础与实务/周稽裘主编. —苏州:苏州大学出版社,2000.11(2022.9 重印)
ISBN 978-7-81037-742-3

Ⅰ.创… Ⅱ.周… Ⅲ.企业管理-乡村教育-教材 Ⅳ.F270

中国版本图书馆 CIP 数据核字(2000)第 55480 号

创业基础与实务
周稽裘　主编
责任编辑　朱坤泉

苏州大学出版社出版发行
(地址:苏州市十梓街1号　邮编:215006)
江苏扬中印刷有限公司印装
(地址:江苏省扬中市科技园区大全路6号　邮编:212212)

开本 850mm×1 168mm　1/32　印张 8.75　字数 215 千
2000 年 11 月第 1 版　2022 年 9 月第 21 次印刷
ISBN 978-7-81037-742-3　定价:28.00 元

苏州大学版图书若有印装错误,本社负责调换
苏州大学出版社营销部　电话:0512 - 67481020
苏州大学出版社网址　http://www.sudapress.com

编写说明

创业,是人们耳熟能详、极易理解的一个词语。创业的本质内涵,随着时代发展、社会变迁而有所不同,并不断丰富和发展。但是,把创业作为一门学科来建设,逐步构架其知识体系,进而在青少年学生中开展创业教育,在我国还是起步不久的事。

创业教育的概念是1989年12月联合国教科文组织在北京召开的"面向21世纪教育国际教育研讨会"上提出来的。在这次会议的报告中阐述的"21世纪的教育哲学"中提出了"学习的第三本护照"问题,要求把创业能力护照提高到目前学术性和职业性教育护照所享有的同等地位。根据这样的要求,我国于1990年始在5个省开展创业教育的实验工作,江苏省先期的实验深入、持久且成果颇丰。1995年之后,又借助行政推动力,将在实验基础上形成的创业教育理论指导各类中等学校的创业教育实践,先是在普通初高中毕业生的"两后"培训中开展创业教育,继之又在成人、职业学校中全面实施创业教育。

在6年的实践中,创业教育理论既有效地指导了创业教育的具体实践,其本身又得到了丰富和发展。创业教育作为一项新的教育实践,尽管它自身的理论、知识体系至今还不系统、不完备,但是,它的实践效果表明,这样一种教育实践,有效地增强了青少年学生的创业意识,激发了他们潜在的创业欲望,促使他们逐步走上了自主择业、自谋职业、奋发创业的道路,并藉此实现自己的人生价值:通过运用知识和能力,诚实劳动,不断提高物质生活水平和精神生活水平;同时,为社会创造就业岗位,促进社会的稳定和进步,促进经济的发展和繁荣。而这也正是创业教育的价值所在!

在中等学校开展的创业教育有如此巨大的价值,可以想见,若在高等学校中开展创业教育,其价值无疑是难以估量的。江苏省高等教育自学考试办公室的同志们看到了这一点,并因我们在过去几年里积极倡导、支持创业教育的理论研究和实践工作,便约我组织编写一本有关创业教育的书,作为农村自学考试实验区考生的选修课教材。在教育厅有关职能部门、有关市(县)教育部门长期从事创业教育实验的同志和几位高校老师的鼎力帮助下,才完成了本书的编写任务。

在高等学校大学生中开展创业教育,有些国家早在六七十年代即已开始,而且范围不断扩大,不仅形成了比较完整的创业教育理论体系,更为社会输送了大批创业人才,有力地促进了本国经济的发展。而在我国,系统进行创业教育的高等学校还为数不多。尽管理论探讨不少,也开始有条件地提倡大学生休学创业,但是,系统地开展创业教育,主动地培养和造就适应我国经济结构、产业结构、所有制结构调整需要的创业大军的工作,毕竟尚处在萌芽状态中。我们编写《创业基础与实务》一书,无疑是一种尝试和探索,期望为我省高教领域创业教育的开展、创业教育理论的研究做一点实在的事情。

《创业基础与实务》是江苏省高等教育自学考试办公室组织、为农村自学考试实验区的考生编写的。全书在简要阐述创业基本理论的基础上,着重介绍了创业的实务,旨在为具有大专学历水平的青年提供开启创业成功之门的钥匙。全书共分8章,为方便自考学员学习,还附有自学指导、练习题以及考试大纲。各章撰稿承担者分别是:第一章(创业精神)陈旭光、第二章(创业能力)郦汉章、第三章(创业信息)吴学敏、第四章(创业计划)董尹人、第五章（创业管理）林荣芹、第六章（创业融资）陆振飞、第七章（创业风险）高锡鹤、第八章（创业形象）杨庆真。

在编写《创业基础与实务》的过程中，江苏省高等教育自学考试办公室马能和、胡建平、齐媛同志提供了很好的具体指导，陆振飞、许小梅同志做了大量的编务工作，王国强同志对文稿进行了初审；同时，还得到了苏州大学出版社的大力支持。

本书的编写尽管学习、借鉴、参阅了许多相关资料，但粗陋甚至错讹之处在所难免，望读者批评指正。

周稽裘

2000年10月

目录

编写说明

第一章 创业精神 ……………………………………… [1]
　第一节 创业精神的涵义 ………………………………… [1]
　　一、创业与创业精神的内涵 …………………………… [1]
　　二、创业精神的主要内容 ……………………………… [7]
　第二节 创业心理品质 …………………………………… [14]
　　一、创业心理品质的基本内涵 ………………………… [14]
　　二、创业心理品质的基本特征 ………………………… [20]
　第三节 创业心理障碍 …………………………………… [23]
　　一、心理健康与心理障碍 ……………………………… [23]
　　二、创业心理障碍的种类 ……………………………… [24]
　　三、创业心理障碍的消除 ……………………………… [27]

第二章 创业能力 ……………………………………… [33]
　第一节 创业能力的内涵 ………………………………… [33]
　　一、创业能力的涵义 …………………………………… [33]
　　二、创业能力的特征 …………………………………… [35]
　　三、创业能力与其他创业基本素质的关系
　　………………………………………………………… [38]
　第二节 创业能力的类型 ………………………………… [39]
　　一、专业技术能力 ……………………………………… [39]
　　二、经营管理能力 ……………………………………… [41]

1

  三、综合性能力 …………………………………… [45]
 第三节　创业能力的形成 ………………………………… [48]
  一、创业能力形成的特点 ………………………… [49]
  二、创业能力形成的途径 ………………………… [51]

第三章　创业信息 ……………………………………… [61]
 第一节　信息概述 ………………………………………… [61]
  一、信息的涵义 …………………………………… [61]
  二、信息的特征 …………………………………… [62]
  三、信息的类型 …………………………………… [65]
  四、信息的功能 …………………………………… [67]
 第二节　创业信息的采集 ………………………………… [70]
  一、信息采集的基本要求 ………………………… [70]
  二、信息的来源 …………………………………… [72]
  三、信息的传递过程 ……………………………… [76]
  四、信息的采集方法 ……………………………… [78]
 第三节　创业信息的处理 ………………………………… [81]
  一、信息处理的重要性 …………………………… [81]
  二、信息处理的基本内容 ………………………… [82]
  三、信息处理的基本要求 ………………………… [82]
  四、判断信息的可靠性 …………………………… [84]
  五、信息处理的方法 ……………………………… [85]
  六、信息处理的手段 ……………………………… [89]
 第四节　创业信息的利用 ………………………………… [90]
  一、信息优化是有效利用的前提 ………………… [90]
  二、信息的利用 …………………………………… [91]
  三、信息利用应注意的问题 ……………………… [93]

第四章　创业计划 ……………………………………… [99]

第一节　创业目标的选择 …………………………………[100]
　一、创业目标的内涵 ……………………………………[100]
　二、创业目标确立的依据 ………………………………[102]
　三、创业目标确定的原则 ………………………………[105]
第二节　创业计划概要 ……………………………………[106]
　一、创业计划的概念 ……………………………………[106]
　二、创业计划的组成 ……………………………………[107]
第三节　市场营销计划 ……………………………………[111]
　一、市场分析 ……………………………………………[112]
　二、确立营销目标 ………………………………………[114]
　三、确定营销战略和行动计划 …………………………[115]
　四、确定计划实施的责任 ………………………………[118]
　五、营销战略预算 ………………………………………[118]
　六、控制 …………………………………………………[118]
第四节　组织计划 …………………………………………[119]
　一、组织结构设计 ………………………………………[119]
　二、企业的法律形式选择 ………………………………[124]
第五节　财务计划 …………………………………………[126]
　一、损益预估表 …………………………………………[127]
　二、现金流量预估表 ……………………………………[129]
　三、资产负债预估表 ……………………………………[131]

第五章　创业管理 ………………………………………[138]
第一节　创业管理理念 ……………………………………[138]
　一、人本意识 ……………………………………………[141]
　二、竞争意识 ……………………………………………[143]
　三、时效意识 ……………………………………………[145]
　四、质量意识 ……………………………………………[148]
　五、法制意识 ……………………………………………[149]

六、责任意识……………………………………[150]
　第二节　现代管理策略…………………………………[151]
　　一、管理定位策略………………………………[152]
　　二、市场定价策略………………………………[153]
　　三、经营销售策略………………………………[155]
　　四、宣传促销策略………………………………[156]
　第三节　创业管理模式…………………………………[161]
　　一、以事为中心的管理模式……………………[162]
　　二、以人为中心的管理模式……………………[163]
　　三、人、事兼顾的管理模式……………………[165]

第六章　创业融资……………………………………………[171]
　第一节　创业融资………………………………………[171]
　　一、创业融资的意义……………………………[171]
　　二、创业融资的原则……………………………[176]
　第二节　创业融资的途径………………………………[179]
　　一、个人资金……………………………………[180]
　　二、亲友借款……………………………………[181]
　　三、银行贷款……………………………………[182]
　　四、现代租赁……………………………………[185]
　　五、风险投资……………………………………[186]

第七章　创业风险……………………………………………[192]
　第一节　创业风险概述…………………………………[192]
　　一、创业风险的定义……………………………[192]
　　二、创业风险的种类……………………………[194]
　　三、创业风险的成因……………………………[197]
　第二节　创业风险防范的原则和手段…………………[199]
　　一、创业风险防范的基本原则…………………[199]

二、创业风险防范的主要手段和技巧 …………… [201]
　第三节　创业风险防范的途径 ………………………… [204]
　　一、创业风险的事前防范 ………………………… [205]
　　二、创业风险的事后防范 ………………………… [213]

第八章　创业形象 …………………………………………… [224]
　第一节　创业形象的作用 ………………………………… [224]
　　一、创业形象的内涵 ……………………………… [224]
　　二、创业形象的作用 ……………………………… [226]
　第二节　树立成功创业形象的途径 ……………………… [230]
　　一、创业形象的构成要素 ………………………… [230]
　　二、树立成功形象的途径 ………………………… [233]
　第三节　创业成功形象的维护 …………………………… [237]
　　一、自觉寻找形象差距 …………………………… [237]
　　二、经常进行形象检测 …………………………… [240]
　　三、着力提升形象品位 …………………………… [242]

附录：《创业基础与实务》考试大纲 ………………… [248]
参考书目 …………………………………………………… [267]

第一章

创 业 精 神

在我国,创业是广大人民群众投身于社会主义现代化建设事业的伟大社会实践活动,是改造自然、改造社会、推动经济发展和社会进步的有效形式,也是中华民族奋发图强、努力进取、赶超先进、屹立于世界民族之林的重要保证。当前,我国正处在建设社会主义市场经济体制和现代化的关键时期,时代呼唤着广大人民群众的创业实践和创业精神,只有艰苦创业,才能实现国家富强、人民幸福、民族昌盛的伟大战略目标。

第一节 创业精神的涵义

一、创业与创业精神的内涵

(一)什么是创业

创业是古往今来人们一直推崇的词汇,它反映了人们的希冀和渴望。在我国古代,把创业看成是一项传承子孙的事业。古人谓"君子创业垂统,为可续也",这就是说,人们要创立功业,传给子孙。到近代,特别是工业革命之后,创业和企业家的行为紧紧联系到了一起。20世纪80年代以来,许多西方学者对创业作了研究和界定,把创业理解为企业家的行为过程。荣斯戴特给创业下了如下定义:"创业是一个创造增长财富的动态过程。财富是由这样一些人创造的,他们承担资产价值、时间、事业或提供产品或服务的风险。他们的产品或服务未必是新的或唯一的,但其价值是由企业家通过获得必要的技能与资源并进行配置来注入的。"简单地说,创业就是企业家创造财富的过程。而我国学者郁义鸿等人则认为:"创业是一个发现和捕获机会并由此创造出新颖的产品或服务和实现其潜在价值的过程。"这一定义的实质是把创业看成是一个发现与创造的过程。

需要指出的是,中外学者给创业作出的不同定义,从不同侧面揭示了创业的本质,然而有一个共同的不足,就是把创业仅仅看成是一个过程。我们以为,创业的本质是一项社会实践活动,这一实践活动不仅表现为过程性,而且还表现为目标与状态。

创业是人们开创新事业的一种社会实践活动。这一社会实践有三层含义。第一,创业具有明确的目标指向。创业的目标指向是人类物质财富与精神财富的积累。创业者总是在物质层面、精神层面和制度层面上指向新的价值追求,从而开创新的事业。对个体而言,创业常常指向财富的创造、服务的提供和科技的创新;对群体而言,创业常常指向成就国家、集体的大业。第二,创业是一个过程。创业是开发生产新产品、提供新服务等新事业的实践活动过程。与任何事业的发展一样,创业也是一个由小到大、由量变到质变、由不完善到完善的发展过程。在这一过程中,创业者指向创业目标,顺应时代趋势和社会要求,依据自身的兴趣、知识、能力、经验和优势,选择、制定切实可行的创业计划,运用人力、物力、财力等多种资源,不断克服各种困难,完成开创新事业的任务。第三,创业是一种状态。创业是开创新事业的实践活动状态。这种状态有多种表现形式。在当前,其主要表现形式是科技成果产业化,具体表现为科技成果进入经济和社会领域后,形成新产品与新服务的生产能力。这种表现形式代表着创业的主流和趋势。但由于创业者的文化层次、科学素养和成长经历的不同,创业状态的表现形式有明显的层次性。层次较低的表现为模仿性创业,例如餐饮业创业、娱乐业创业、零售业创业、生产加工性创业等;层次较高的表现为创新性创业,表现为依靠科技进步、新的技术开创新的事业,例如创业者利用电子技术、信息技术、生物技术、空间技术等一系列新技术开创新兴产业。20世纪50年代,美国的加利福尼亚从旧金山到圣何塞之间的48千米长、16千米宽的不毛之地上,由于英特尔公司的进驻,将普通黄沙净化后加热到1000多度,结晶成硅晶片,再经过几百道工序,生产出电脑微处理芯片,诞生了半导体工业,使黄沙变成了黄金,不毛之地成了举世闻名的"硅谷"。20年后,还是在这片土地上,20岁的乔布斯和沃兹奈克利用电子元件组装了第一台计算机,取名为"苹果"。1976年,他俩找到了38岁的英特尔公司前销售经理马克库拉,马克库拉入股9.1万美元,并帮他们从银行贷到25万美元。四年后的1980年,苹果公司发行股票,马克库拉的股票市值飞升至1.54亿美元,乔布斯的股票市值更达到1.65亿美元。硅谷的魅力就在于创业者将科学技术转化为现实生产力,将科学技术转化为物质财富和社会财富。

(二) 什么是创业精神

创业是充满着激情、挫折、忧虑和艰辛的实践活动,因此,创业者必须具有良好的精神风貌。创业者在创业实践活动中表现出来的观念、意识、思维活动和道德品质等精神现象就是创业精神。江泽民总书记在全国人大八届一次会议上提出了六十四字的创业精神:"解放思想,实事求是;积极探索,勇于创新;艰苦奋斗,知难而进;学习外国,自强不息;谦虚谨慎,不骄不躁;同心同德,顾全大局;勤俭节约,清正廉洁;励精图治,无私奉献。"江总书记对创业精神的准确概括揭示了创业精神的本质属性。首先,创业精神是一种观念,是解放思想、实事求是的思想观念;第二,创业精神是一种意识,是积极探索、勇于创新、学习外国、自强不息的进取意识;第三,创业精神是一种意志,是艰苦奋斗、知难而进的顽强意志;第四,创业精神是一种品质,是谦虚谨慎、不骄不躁、同心同德、顾全大局的优良品质;第五,创业精神是一种准则,是勤俭节约、清正廉洁、励精图治、无私奉献的行为准则。江总书记对创业精神科学的全方位的概括为我们学习和养成这种精神指明了方向。

创业精神是创业的精神动力和思想保证。《中共中央关于加强社会主义精神文明建设若干重要问题的决议》指出:在全民族树立艰苦创业精神,是实现社会主义现代化的重要的思想保证。我国是发展中国家,经济文化比较落后,处在创业时期。伟大的创业实践,需要伟大的创业精神。即使经济有了大的发展,人民生活有了大的改善,仍然需要保持和发扬这种精神。要在广大干部群众中深入持久地进行艰苦创业精神的教育,引导人们正确认识国情,正确认识建设有中国特色社会主义的长期性和艰巨性,牢固树立勤俭建国、勤俭办一切事业的思想,大力发扬艰苦奋斗、励精图治、知难而进、自强不息的精神。在这里,党中央之所以高度重视和倡导这种精神,是因为创业精神是时代精神、民族精神和科学精神。

创业精神是时代精神。21世纪是伟大的世纪,科学技术日新月异,知识经济蓬勃发展,国力竞争日趋激烈,以电子计算机为代表的信息技术、智能模拟和微电子多媒体技术在社会生活的各个领域将得到广泛的应用。随着信息技术、新材料技术、新能源技术、生物工程技术、空间开发技术和海洋开发技术等六大高新技术的开发和应用,一大批高新技术群已相继出现,并拉开了以现代科学技术为核心,以知识的生产、积聚、应用为基础的知识经济时代的序幕,人类社会将发生深刻的变革。一个新的经济时代已经到来,经济和社会以前所未有的速度向知识化、技术化、信息化、生态化、国际化方向发展,文化资源、信息资源、知识资源和物质资源同步开发利用,为全球经济发展提供了广阔的增长点和生长点。近30年来,人类社会所取得的科技成果比过去两千年的总和还要多。据粗略统计,人类的科技知识,19世纪是每50年增加一倍,20世纪中叶是每10年增加一倍,当前则是每3年至5年增加一倍。现在全世界每年批准的专利数量达120万件。由于科学知识的激增,新学科不断涌现,当今学科总数已达到6 000多门。科学技术的迅猛发展,使国际间的竞争态势更加严峻。一方面,发达国家竞相发展高科技产业,力图凭借雄厚的技术、经济实力抢占科技的制高点,以其科技的优势,以其知识生产水平、知识进步程度和知识创新能力的优势,主导未来经济与社会发展的方向和潮流,维护其经济的垄断地位;另一方面,我国周边国家和地区的迅速崛起和快速发展也使我国面临着严重的挑战。例如,历经数百年殖民地苦难的印度已苏醒过来并进行全面反思,经过近几十年的奋斗,已成为世界上位于美国和俄罗斯之后的第三个科技大国。印度有综合性大学200所、高等院校6 000多所、研究院2 000多所,其中印度科学院、孟买理工学院等院校的毕业生已经成为世界上尤其是美国硅谷的争夺对象。美国硅谷每年40%的新产品出自印度人之手。印度的总体经济实力名列世界第七,是世界上第六个有能力发射卫星的国家。自80年代以来,印度的软件产业飞速发展,软件生产量已占世界软件总量的16.7%,举世闻名的免费电子邮件系统就是印度人始创的。比尔·盖茨惊呼:"印度将要成为软件的超级大国。"

科学技术的迅速发展,使社会劳动结构和工作岗位不断变化。美国学者威廉·布里奇大胆地预言:随着知识经济时代的到来,人类将来消失的不只是少数工作或某个行业,而是工作本身。他在《新工作潮》一书里举例说,同样一份工作,昨天要100

个人做,今天50个人就可以完成,明天10个人就足够了。1998年1月,法国《费加罗报》刊载的记者菲利普·屈赞与经济学家杰里米·里夫金的一篇对话录《劳动走向革命》中指出:今后若干年内,美国现有1.24亿个工作岗位中有0.9亿个将会被自动化系统取代。所以,许多中外学者指出:一个人仅仅拥有学历和专业技能这两本谋生护照是不够的,还需要具备创造力和适应能力这第三本护照。在美国,70年代希望自主创业的毕业生仅占11%,到了90年代,希望自主创业的毕业生已超过26%。所以,创业精神是时代精神。

创业精神是民族精神。艰苦创业是中华民族的优良传统。《易·乾》曰:"天行健,君子自强不息。"千百年来,"艰难困苦,玉汝于成"、"功崇惟志,业广惟勤"、"女娲补天"、"愚公移山"、"精卫填海"、"大禹治水"、"李冰修堰"……多少成语典故、多少神话传奇、多少历史故事,无不昭示着中华民族艰苦奋斗、发愤图强的创业精神。孔夫子"发愤忘食"、"为之不厌"、"死而后已"的行为风貌;孟子"故天将降大任于斯人也,必先苦其心志,劳其筋骨,饿其体肤,空乏其身,行拂乱其所为,所以动心忍性,增益其所不能"的千古警句;屈原"路漫漫其修远兮,吾将上下而求索"的豪迈誓言;孙中山先生的"人类由初生以至现在,天天都是奋斗之中"的谆谆忠告;毛泽东同志的"自信人生二百年,会当水击三千里"的执著情怀……从古到今的英雄豪杰、志士仁人无不是艰苦创业、自立自强的典范。在发展社会主义市场经济的今天,我们更需要用创业精神去建设自己的国家。创业精神是民族精神,我们要发扬中华民族伟大的创业精神,去创造新的财富、新的生活,为国家富强、人民幸福而奋斗。

创业精神是科学精神。当前,全国人民为之奋斗的社会主义现代化事业,是前所未有的伟大事业,其本身就是一个长期的艰苦创业的过程。我国正处在社会主义初级阶段,虽然国民经济持续健康发展,人民生活水平逐年提高,但是,由于我国人口多、底子薄,发展不平衡,经济文化还比较落后,人民生活也不富裕,尤其需要发扬艰苦创业的精神。即使将来经济有了大的发展,人民生活水平有了大的提高,也仍然需要保持和发扬这种精神,通过艰苦创业,把各方面的力量凝聚起来,同心同德,使我们国家和民族始终保持繁荣昌盛的发展局面。所以,创业精神,是中国国情的客观要求,创业精神是科学精神。

我们所处的时代,是保守与激进、传统与创新、发展与变革错综复杂地交织在一起的时代。面对创业,必须要有足够的精神准备和心理准备,创业精神是创业者前进的动力。创业精神所涉及的创业观念、创业意识、创业思维活动和创业品质要求非常丰富,本书只能对其主要内容作初步阐释。

二、创业精神的主要内容

(一)解放思想、实事求是的精神

解放思想、实事求是是创业精神最本质的要求。

1. 什么是解放思想

邓小平同志说,我们讲解放思想,是在马克思主义指导下,打破习惯势力和主观偏见的束缚,研究新情况,解决新问题。他还说,解放思想就是使思想和实际相符合,使主观和客观相符合,就是实事求是。因此,从哲学意义上讲,解放思想是马克思主义的基本原则和内在规定,是社会变革和发展的强大动力。

纵观社会发展历史,每一场重大的社会变革,每一次社会进步,无不以解放思想为前提和先导。在新民主主义革命时期,毛泽东同志用这样的思想路线武装全党,使我们党不是从书本上而是从实践中开辟了中国革命自己的道路,实现了马克思主义与中国实际相结合的第一次历史性飞跃,终于夺取了中国革命的伟大胜利。在社会主义建设的新时期,邓小平同志用这样的思想路线武装全党,确立了改革开放的新的指导方针,打破了思想僵化造成的种种禁区,提出了社会主义初级阶段的理论,突破了姓"社"姓"资"的观念的束缚,解决了计划与市场的关系问题,明确了建立社会主义市场经济体制的改革目标,有效地推动了我国生产力的发展。在世纪之交,江泽民同志在党的十五大报告中提出了"公有制实现形式多样化",从而在公有制经济内涵、国有企业改革、分配制度、国民经济市场化等一系列重大问题上进一步解放了思想,推动了改革开放和社会主义现代化建设的进程。所以,解放思想的过程是我们党在思想上自我扬弃、自我突破、自我超越的过程,解放思想是社会发展的强大的精神动力。

创国家和民族的大业需要解放思想,同样,创个人的小家小业也需要解放思想。在创业的社会实践活动中,要通过解放思想,解决以下四个问题:

第一,通过解放思想,使人们勇于创业。通过解放思想,使广大人民群众破除思想障碍,打破绝对平均主义的观念,迈开创业步伐。

第二,通过解放思想,使人们善于学习,特别是使人们能客观地面对全人类共同的文化财富,客观地面对发达国家的先进科学技术和管理成果,采他山之石,创自己之业。

第三,通过解放思想,培育人们的市场经济观念。创业者要主动适应社会主义市场经济的客观要求,面向市场创业。

第四,通过解放思想,使人们确立新的创业观念、情感方式和价值取向。创业不仅仅是物质财富的创造,也是精神财富的积累。创业使个人创业和全社会的文明进步紧密相连。

2. 什么是实事求是

"实事求是"一词,最早见于《汉书》,意思是说,研究学问,务必得到可靠的事实根据,才能从中求得正确的结论。毛泽东同志在《改造我们的学习》一文中,给"实事求是"一词赋予了新的内容。他说,"实事"就是客观存在着的一切事物,"是"就是客观事物的内部联系,即规律性,"求"就是我们去研究。所以,"实事求是"就是对客观事物及其规律的认识和把握。实事求是作为一个思想原则和思维方式,对创业实践具有非常重要的指导意义。只有确立实事求是的科学态度,人们才能对创业活动有深刻的认识,才能有效地指导创业实践。在创业实践中,创业者应当注意这样几个问题:

第一,确立创业必须重在实践的指导思想。实事求是的关键是"求",所谓"求",就是实践。创业过程是实践过程。只有在千辛万苦、孜孜以求的探索、尝试的实践中不断努力,才能取得创业的成功。要勇于实践,在实践中发现市场、发现产品、发现商机,从而有效地选择创业目标;要在实践中搜集信息,实事求是地进行分析、比较、评判,从而准确地制定创业方案;要在实践中搞好生产、经营、管理等各项活动,从而有效地完成创业大业。任何形式的坐而论道、纸上谈兵都不能解决创业实践问题;唯有勇于实践,勤于实践,才能创立事业。

第二,确立创业必须尊重科学的原则。实事求是精神是科学精神。在创业中坚持实事求是精神,就是坚持尊重科学的精神。创业不是凭一时的热情和激情,而必须凭藉科学态度和科技进步的支撑。有80多年创业史的鲜味调料制造厂商、世界上最大的调味品公司味之素株式会社,其成长的一个基本经验就是科技支撑。味之素拥有800多名研究人员,其中博士数百人,每年的研究开发费为182亿日元,拥有专利1 800多项。味之素成立了世界上规模最大的氨基酸研究所,配备了最先进的仪器设备,与世界各国的众多高校建立了合作关系,互相交换情报和人员,这些举措使企业得到了持续发展。

第三,创业者必须有自知之明。实事求是的大敌是骄傲自满。有些创业者,在获得创业的初步成功之后,就以为自己有了经历,有了经验,于是在千变万化、层出不穷的客观事物面前,自以为是,缺乏自知之明,导致主观主义作怪,使创业陷入误区。因此,坚持实事求是,必须有自知之明,必须清醒地认识到自己的长处和不足,努力使创业实践更加符合客观实际。

解放思想和实事求是是辩证统一的。解放思想不是脱离客观实际的主观妄想,而是适应现实情况和实践发展,及时更新观念,摆脱陈旧观念的束缚,使自己的思想认识更加符合规律性。因此,创业必须树立解放思想、实事求是的精神,勇于冲破落后的传统观念的禁区,既要敢闯、敢冒、敢试,又要遵循客观规律,使创业不断取得成功。

(二)积极探索、勇于创新的精神

创业过程是新产品的开发、新产业的出现、新经济增长点的形成的过程,因此,创业过程的实质是创新过程。创新是创业的基础,没有创新的创业是难以成功、难以持续的创业。江泽民同志指出:创新是一个民族进步的灵魂,是一个国家兴旺发达的不竭动力。中外无数成功的创业实践证明,创业必须发扬积极探索、勇于创新的精神。

闻名于世的索尼公司,创业之初资产仅有 500 美元,公司的创办人井深大和盛田昭夫,在创业之初就制定了创业纲领——标新立异。由此,索尼公司推出了一系列的产品:

1950 年,首创手提式磁带录音机;

1955 年,首创半导体收音机;

1960 年,首创晶体管电视机;

1962 年,首创微型电视机;

1968 年,首创单枪三束彩色电视机;

1973 年,首创大角度彩色电视机;

1985 年,首创新型 8 毫米录像机;

......

短短40年的时间里,索尼公司声名鹊起,成为蜚声世界的一流电子高科技公司。

在当前科学技术突飞猛进、国力竞争日趋激烈的背景下,世界各国对创新精神无不倍加关注。许多国家在这样的思想指导下,纷纷建立国家创新系统,以取得国力竞争的主动地位。美国联邦政府积极支持大学与企业合作,加强特定产品和提高企业群商业竞争力的项目研究。日本通商产业省制定一系列政策,鼓励企业引进新技术,制定《企业合理化促进法》,为企业新机器和设备的实验安装与运行检验提供直接的政府津贴,鼓励产业折旧,鼓励新产品、新工艺的投资。韩国积极开放技术转移市场,促进企业技术创新活动的进行,并积极鼓励私人企业建立正规实验室。欧盟国家积极创造有利于创新的法律、行政和金融环境,大力保护知识产权,鼓励风险资本和各种基金对创新的投入,培育欧洲风险资本市场,建立科学研究与风险资本的密切联系,促进企业吸收和应用新知识、新技术。世界各国先后出台的创新政策和措施充分体现了各国强烈的创新意识和创新精神。面对这样的国际环境,我国一项非常紧迫的任务就是把创新精神转化为每个创业者的动力。创业者要具备对新事物的好奇心、探究兴趣和敏感性,具备对新知识、新技术、新产品的执著追求,具备对发明、发现、革新、创造的百折不挠的精神。

探索创新要体现在创业实践中。创业对每一位创业者个体而言,都是一个全新的尝试。因此,要立足创新进行创业实践,将创新作为创业的基础,依靠创新支撑创业,使创业过程成为探索创新的过程。在创业过程中,要克服各种思想障碍和思维障碍,克服小富即安、固步自封,不唯书、唯上、唯本本,坚持从解决现实矛盾和问题入手,开辟更为广阔的创业领域和创业天地。

(三) 艰苦奋斗、自强不息的精神

创业过程是充满曲折和风险的过程,也是充满困难和艰辛的过程。因此,创业者要发扬艰苦奋斗、自强不息的精神,使所创的事业由小到大,由弱到强,不断发展,不断壮大。

许多创业者在创业之初白手起家,举步维艰,不仅有物质条件的限制,而且在精神上、经验上也准备不足,同时还存在着创业失败的风险。如果没有艰苦奋斗、自强不息的精神,所创之业将付诸东流。江苏省海安农业工程学校92届园艺专业周建国的创业实践就走过了一条艰苦奋斗之路。

周建国在农校读书期间听老师讲了关于我国种植猕猴桃的事:猕猴桃原产于我国,后来新西兰引种成功,并且垄断了世界市场。60年代初,我国重新引种栽培,80年代初具生产规模,但栽培技术落后于新西兰30年,1989年海安建起了四个试验点均告失败。周建国听得入迷、听得着急,一种使命感油然而生,暗下决心要培植自己的良种猕猴桃,干一番事业。然而,他遇到了三大困难:没有土地、没有资金、没有技术。但是,他并没有被困难吓倒,而是迎难而上。

没有土地,他申请承包一块抛荒地。为了承包成功,他先后跑了14趟,请母校教师出面担保。为了拓荒,他每天干十几个小时,一分地一分地地清理,开挖了36条百米定植沟和一条500米长的下水道明渠,动土2 860方,累得病了一场。

没有资金,他八方求告。亲友慷慨相助,父母倾其所有,还向县农行申请贷款,筹了17万元投入种植试验。

没有技术,他八方求教,刻苦钻研。1994年,他用400多元买来1 000克的野生种子,辛辛苦苦地培植了360株猕猴桃苗,但是这些桃苗却莫名其妙地死了,试验的失败使他痛苦万分。但他并没有放弃,而是一边造访名师,一边努力钻研,终于在实践中摸索出了猕猴桃立体栽培、密植、乔化栽培、暗沟降渍、肥水管理等一系列种植技术。功夫不负有心人,猕猴桃初次挂果,便获得特大丰收。

"艰难困苦,玉汝于成。"周建国的创业成功,离不开艰苦奋斗、自强不息的精神。在创业遇到困难时,是退缩,还是迎难而上,是对每个创业者精神意志的挑战。爱默生说过:"一心向着自己的目标前进的人,整个世界都给他让路。"只有自强不息、屡败屡战,才能走向创业成功的乐园。

(四)同心同德、团结协作的精神

创业是一种社会实践活动,创业的一切条件来源于社会,因此,创业具有强烈的社会性。这种社会性内化为创业者的个体素质,就是要求创业者具有同心同德、团结协作的精神。

同心同德、团结协作是在社会主义市场经济条件下,实现社会化大生产的要求。现代社会的创业是建立在社会化大生产的基础上的。无论创业者实践的是"作坊式"小业,还是具有规模的中业、大业,都是社会化大生产的一部分,这就需要创业者既立足己业、又顾全大局,同心同德、团结协作,推动经济和社会的进步。因为社会化大生产是十分复杂和十分严密的经济发展系统,所以经济发展与创业实践的持续进行需要全社会各个成员之间的相互协作、同心协力,否则,社会经济活动就会变得混乱无序,创业也就无法进行。

同心同德、团结协作也是中华民族的传统美德。我国历来是礼仪之邦,一贯倡导和气生财。创业不是搞尔虞我诈,险风恶雨,不能计较一时一事的得失,而要追求双胜共赢、利益均得。许多海外华侨在海外创业时,仍然不忘祖训。印度尼西亚著名华人银行家李文正,把"和为贵"的思想应用到谈判和经营中来。他一直主张,双方谈判,要双胜共赢,皆大欢喜。正是由于这种理念,他在经营中与印尼民族、华人和外国银行家进行了广泛的合作,事业取得了很大的成功,成了印度尼西亚规模最大和最有影响力的金融财团,资产达 40 亿美元。

在创业实践中,发扬同心同德、团结协作的精神,首先要求创业者有宽广的胸怀,尊重他人,要能容得下身边的能人和强人,与合作者之间要相互尊重、互相关心、团结友爱,同时,还要相互学习、取长补短、相互促进,从而提高创业的内在力量。其次,要求创业者之间进行正当竞争。在创业活动中,竞争是自然法则。通过竞争,击败对手,独占市场,就能获得最大的利益。竞争是市场经济发展的必然要求,竞争和协作是辩证统一的,两者之间不可偏废,竞争和协作的目标是一致的。因此,竞争和协作是一个事物的两个方面,竞争和协作都是为了发展自己,积累优势。创业者要在竞争中协作,在协作中竞争,竞争协作,适时而用,共同发展。

第二节 创业心理品质

一、创业心理品质的基本内涵

创业心理品质是创业精神形成的基础。创业心理品质是指创业者在创业实践过程中表现出来的心理过程和个性心理。心理过程即创业者对创业实践的反映过程,包括对创业实践的认识过程、情感过程和意志过程。个性心理即创业者在创业实践中表现出来的个性心理倾向和个性心理特征,包括创业需要、创业动机、创业兴趣、创业信念以及创业者的能力、气质、性格。创业者的心理品质对创业者知难而进、胜不骄败不馁的创业精神的养成和创业实践活动有着十分重要的影响。

美国心理学家曾对数百名事业成功人士进行调查研究,对他们的心理品质作了分析。研究表明,大凡成功者都喜欢独立思考,不喜欢思想束缚;他们都有强烈的好奇心,对事情追根问底;他们都有坚韧不拔的精神,即使身处逆境,也不会因挫折而放弃一切,相反更加努力。良好的心理品质是事业成功的动力因素,也是创业的动力因素。

创业心理品质对创业者创业具有导向作用、推动作用、调节作用和强化作用。良好的心理品质使创业者对创业目标有正确的认识,即使在主观上出现困倦、松懈、情绪低落或客观上遇到困难之时,也能自觉地控制自己的情绪和行为,使自己保持旺盛的精力、饱满的情绪和不断进取的精神。创业心理品质集中地表现为创业者的需要和动机、兴趣和信念、气质和性格、情感和意志。

(一) 需要和动机

所谓需要,是指人对某种目标的渴求或欲望,它是人脑对个体和社会的客观需求的反映。需要是个体心理活动和行为的基本动力。因此,人的需要是创业的源泉和动力,需要激发人去行动,使人朝着一定的方向努力;需要越强烈、越迫切,由它所引发的活动动机就越强烈。

人的需要多种多样,可以按照不同的标准进行分类,主要可分为生理性需要和社会性需要两大类。生理性需要是人脑对生理要求的反映,是人类最原始的和最基本的需要,如进食需要、饮水需要、睡眠和觉醒的需要以及性需要等。社会性需要是人脑对社会需求的反映,与人的社会生活密切相联,如劳动需要、交往需要、成就需要等。社会需要源于人的社会生活,表现为社会要求。创业需要是一种社会需要,是成就需要。创业者认为自己的创业实践是一种重要的有价值的活动,因而产生强烈的创业欲望,这种欲望经过个人的努力实现之后,就能产生创业成功的成就感。

人的需要具有层次性。著名心理学家马斯洛将人的需要分为五个层次,依次是生理需要、安全需要、归属和爱的需要、自尊需要、自我实现的需要。低层次的需要是生存性需要,高层次的需要是成长性需要。创业需要是高层次需要,是自我实现的需要,是创业者使自己的潜能得以实现的需要。

创业作为一种社会实践活动,必须转变为社会成员的具体需要。创业需要不仅是人们的主观意向和主观愿望,当创业的愿望激起人们进行活动并维持这种活动时,创业的愿望和需要就成为创业动机。

动机是激发和维持个体进行活动,并导致该活动朝向某一目标的动力。因而,创业动机是创业的动力,它引导创业者克服创业障碍,施展创业才华,实现创业目标。

创业动机具有激发功能,能激发创业者产生创业的心理冲动;创业动机具有指向功能,能使创业者围绕创业目标进行创业实践活动;创业动机还具有维持功能,使创业者始终坚持创业活动的方向以达成创业目标。

创业动机是一种社会性动机,是个体符合社会发展方向的高尚的追求。创业动机强烈,就会使人产生较高的抱负水平,这种抱负水平演化为个体的进取心态,就转化为创业精神。因此,创业需要和创业动机是创业精神的重要的心理基础。

(二) 兴趣和信念

兴趣是个体认识和探究事物的心理倾向。人们对有兴趣的事物总是心向神往。创业者一旦产生创业的兴趣,就会对创业实践活动予以关注,进而热爱和追求,并由此走上创业实践之路。

创业的兴趣是在创业需要的基础上产生的,是在创业实践活动中发展的。因此,创业需要的对象也是创业兴趣关注的对象,创业者只有产生创业需要和创业动机之后,才能产生创业的兴趣。创业的兴趣一旦产生,反过来又进一步激发创业者的创业需要。

创业的兴趣具有指向性、情绪性和动力性等特点。创业兴趣的指向性使创业实践指向具体的创业目标,或加工业、或流通业、或服务业,无具体的创业目标就无所谓创业兴趣。创业兴趣的情绪性使创业者一旦对其创业目标产生兴趣时,对所从事的创业实践活动就会兴致勃勃,满腔热情,而不会因其艰难而感到枯燥乏味。创业兴趣的动力性使创业者的创业兴趣总是对其从事的创业实践活动起支持、推动和促进作用。

信念是一种认识活动,是支配自己行动的观念。创业信念是在坚信自己创业实践活动正确性的基础上产生的支配自己行动的心理状态。

创业信念具有坚信感和稳定性,使创业者对其创业实践总是确信无疑。这种确信无疑的信念和态度,使创业者对创业实践始终充满信心,保持高昂的、饱满的精神状态投入创业活动。创业信念在创业过程中一直激发着创业者的积极性与主动性,使其爆发出创业的勇气和能量,产生创业的激情和力量,从而充分发挥创业者的主体作用,使创业者有所作为。

(三)气质和性格

气质是个体心理活动的稳定的动力特征。这些特征主要表现为四个方面。第一,表现为个体的心理过程的强度,如情绪体验的强度、意志努力的程度;第二,表现为个体心理过程的速度,如知觉的速度、思维的灵活程度;第三,表现为个体心理过程的稳定性,如注意力集中时间的长短;第四,表现为个体心理活动的指向,如倾向于外部事物,还是倾向于内心世界。气质是生来就有的,具有极大的稳定性,它影响个体心理活动的一切方面。

在创业实践过程中,气质是影响个体创业实践的重要因素。按经典的气质分类方法,气质可分为胆汁质、多血质、粘液质和抑郁质四种类型。胆汁质的人精力充沛,情绪变化快,内心外露,率直、热情,但易怒易急躁。因此,这种气质的人在创业过程中显得生气勃勃,积极有为,但也常常任性,一意孤行,感情用事。多血汁的人活泼爱动,富于生气,表情丰富,思维敏捷,乐观、亲切,但浮躁、轻率。因此，这种气质的人在创业过程中灵活、机敏，善于捕捉创业机遇，但经不起创业风险的挫折，情绪多变，办事浮躁。粘液质的人沉着冷静，情绪变化慢而弱，思维言语动作迟缓，内心少外露、坚毅、执拗，但为人淡漠。因此，这种气质的人在创业过程中显得沉着、冷静、坚毅，但缺乏活力、冷淡，对一些创业机遇反应慢。抑郁质的人柔弱易倦，情绪变化慢而强，富于自我体验，言语动作细小无力，胆小、扭怩、孤僻。因此，这种气质的人在创业过程中显得专注、稳定，持之以恒，但由于孤僻、羞怯，对创业过程中的社会交往常常难以适应。因此，创业者应根据自己的气质类型，扬长避短，克服消极方面，发扬积极方面，使气质不断改进。

性格是个人在对现实的态度和行为方式中表现出来的稳定的人格心理特征。性格是后天形成的，性格特征反映在四个方面。第一，性格具有认知特征，主要是对现实的态度，包括对社会、对集体、对他人、对工作、对学习、对自己的态度。创业者在创业态度方面，应当认真而不马虎，创新而不守旧，细致而不粗心，自尊而不自卑，自律而不放任。第二，性格具有意志特征，主要是创业者对自己的创业实践活动所表现出来的调节方式上的特征。创业活动应该有目的地进行，而不是盲目地进行；应该主动而不是被动；应该坚韧而不是虎头蛇尾、见异思迁；应该沉着镇定而不是惊慌失措。第三，性格具有情绪特征。创业者应当较少受情绪的影响，不要在成功时沾沾自喜，也不要在失败时垂头丧气。第四，性格具有理智特征。创业者在感知、记忆、想象和思维方面要保持良好的状态。总之，创业要塑造良好的性格，要谦虚、忍让、克己，勇于自我批评，认真负责，遵守社会准则，要防止形成自高自大、轻视别人、傲慢、不负责任等性格缺陷。

（四）情感和意志

情感是由客观事物是否符合人的需要而产生的态度体验。

情感是人们对客观事物的一种特殊反映形式,它所反映的不是客观事物本身,而是客观事物与人们的需要之间的关系。客观事物引起人们的情感体验,需要以人的需要为中介。凡是能满足人的需要或符合人的愿望、观点的客观事物,就使人产生愉快、喜爱等情感体验;反之,就会产生烦闷、厌恶等情感体验。不同类型的情感体验对人的行为会产生不同的影响。

在创业实践过程中,积极的情感过程对创业者的创业行为具有激励作用。积极的、良好的、乐观的心境能使人精神振奋,促进人的主观能动性的发挥,从而提高创业实践活动的效率,增强克服困难的信心。健康的激情能激发创业者的创业冲动,调动创业者的巨大潜能,使创业者产生创业的精神动力。

情感不是孤立的心理现象,情感和意志紧密相联,积极的情感能强化人的意志,消极的情感则会削弱人的意志。所谓意志,是个性自觉地确定目的,并为实现目的而支配、调节自己的行动,克服各种困难的心理过程。因此,意志对心理活动和行为具有重要的调节作用。

在创业实践过程中,创业者坚强的意志能使其排除一切干扰,自觉约束行为,控制心境,防止半途而废、随意放弃目标。同时,创业者坚强的意志力还能调整心态,树立信心,保持积极向上的进取精神。在创业实践过程中,创业者的意志过程表现在两个阶段:一是作出决定阶段。在确立创业目标、制定创业计划、解决创业心理冲突、完成创业决策的各个环节中,都需要意志努力。二是执行决定阶段。当创业遇到困难时,创业的决心和信心可能会动摇,进而使创业者产生犹豫、徘徊、退缩等消极的心理状态。这时,需要坚强的意志力克服心理冲突,将创业实践活动坚持到底。

二、创业心理品质的基本特征

创业心理品质是在创业实践中形成的,是对创业实践活动的客观反映。因此,创业心理品质既具有一般心理现象的共性,又显现了创业心理品质的个性特征。这些特征主要表现为创业心理的品质具有独创性、竞争性、应变性、合作性和坚毅性。

(一) 独创性

独创性是创业心理品质中认知因素所反映的主要特点,这一特点是由创业实践活动自身的创造性特点所决定的。创业活动是创造性活动,而创造的核心是新颖、独特。因此,创业活动是新颖独特的活动,是具有独创性的活动。创业的独特性反映在创业心理品质中,表现为创业心理品质的独创性。也正是由于创业心理品质的独创性,才使得创业过程中新产品、新服务、新行业不断产生。

犹太青年史特劳斯1940年移居美国西部时还是一名贫困青年,为了生活,他跟随挖金人流进入了矿山。然而,他并没有去挖金,而是根据矿工们的需要,用厚帆布、厚棉布试制了一种价廉耐穿的裤子,制成之后销路很好,这就是后来风靡世界的牛仔裤。他成立了公司,在40年代末,销售额为800万美元,而到了70年代,销售额已高达20亿美元,当年挖金的许多工人依然贫困,史特劳斯却已成为成功的企业家。

(二) 竞争性

在市场经济条件下创业,市场经济的竞争性特点必然要反映到创业心理品质中来,使创业心理品质表现出强烈的竞争性特征。这种竞争性心理对创业者形成一种内在的压力,进而深化为竞争意识和进取精神。因此,竞争性使创业者内心充满活力和创造力,同时,也使所创造的事业充满生命力。

创业者必须确立强烈的竞争意识,要正视竞争,要积极地投入竞争,始终保持竞争的心态。创业者要在三个方面强化竞争意识。一是要强化审时度势的意识。要能客观地看待问题,分析形势,透过现象发现本质,从而能够及时抓住创业良机。二是要强化敢作敢为意识。要自强、果断、大胆,要有第一个吃螃蟹的风险精神,敢闯敢冒。三是要强化智慧为本的意识。竞争是智慧的竞争、知识的竞争,而不是争凶斗狠。智慧是竞争取得胜利的内在力量。因此,创业者要不断充实自己,武装自己,在竞争中完善自己。

(三) 应变性

创业实践过程是一个开放的、随机的、灵活的动态过程。在创业过程中,创业者始终要根据实际情况因人、因地、因时而异,由普遍性的判断推出特殊性的新的判断,没有固定的思路、现成的做法和惯用的例证。因此,创业心理品质所表现出来的一个重要特征就是应变性。这种应变性反映在创业者的思维中,表现为创业者必须能够根据不断变化的新情况,不局限于某种固定的思维模式、程序和方法,不简单地用有限推导无限、用过去推导将来、用静态推导动态,而是因地制宜、因时制宜、因事制宜、因人制宜,动中思动,以变应变。许多成功的创业实践都充分地证明了这一点。美国一位制造商为了使锁这种古老的产品焕发青春,赋予它以特殊的功能,会报警、会与客人打招呼、会唱迎客曲、能辨别主人的信息,从而使产品因时而变,出奇制胜。产品的应变性反映了创业者自身的应变性。

(四) 合作性

知识经济时代的一个重要特点是知识作为资源是可以重复使用的。与传统工业的原料、材料不同,作为信息的知识资源是可以共同享有的,因此,现代人的理念不是你死我活,而是双赢。世界著名的苹果电脑公司的创造人之一贾布斯说过:"为了苹果成功,并不一定要微软失败不可。"所以,创业心理品质的一个重要特征是合作性。

一个人的能力总是有限的,合作才会产生力量,在合作中能够得到更多的资金、技术、关系、销售网、经营场地,从而有效地解决创业中的难题。轻视合作,则有可能承受更多更大的风险。许多创业者,在创业之初曾取得很大的成就,后来因缺少合作逐步走向衰落。例如,祖籍江苏的王安1944年留学美国,1948年获哈佛大学应用物理学博士学位,30岁时发明了"磁性脉冲控制仪",这一初级计算机组件使电脑体积大大缩小。从此王安在美国工业界名声大振。1967年,王安公司股票上市,价格一路攀升,转眼间他成为拥有5 000万美元的富翁。然而,他仍然保持着个人独闯天下的经营方略,不久就走下坡路。到了90年代,王安公司在美国电脑界已经没有影响。所以,创业者要保持合作的心态,扬长避短,优势互补,才能使事业不断壮大。

(五)坚毅性

坚毅性是由创业心理品质中的意志因素所决定的。意志因素有四个特点:独立性、果断性、坚毅性和自制力。在创业心理品质中,坚毅性是意志因素所反映出来的主要特征,这一特征是创业过程的艰巨性所决定的。因此,坚毅性是创业实践活动在人脑中的反映。

创业者心理品质的坚毅程度,在一定意义上影响着创业的成就。意志坚毅的创业者能保持充沛的热情,百折不挠地向既定目标努力。居里夫妇为了提炼镭,不辞辛苦,花了整整45个月的时间,终于从400吨沥青矿渣中提炼出1/10克镭,并因此而获得诺贝尔奖。我国唐代医学家孙思邈,为了治病救人,七十高龄时,完成了医学巨著《千金要方》;百岁之时,编著了《千金翼方》,两部书记载了6 500个药方,为后人留下了宝贵的医学遗产。因此,惟有坚韧不拔,持之以恒,才能使创业的需要、动机转变为创业的现实。

第三节　创业心理障碍

一、心理健康与心理障碍

世界卫生组织在《阿拉木图宣言》中指出：健康是生理的、心理的和适应社会的完美状态。心理健康是个体心理素质的完美的状态，是个体以有效的心理活动和平稳正常的心理状态与环境之间保持良好的适应功能，是社会环境、自然环境和自我环境之间的良好的适应状态。因此，心理健康是个体对社会、自然和自我的正确的反映。

当前，我国正处于改革开放和建立社会主义市场经济的新时期，改革已进入攻坚阶段，发展到了关键时期，经济、政治、文化都在进行变革，社会生活节奏不断加快，竞争不断加剧，一些突发的甚至是难以预料的事情可能随时发生，社会的、自然的因素不断刺激创业者的心理和精神，造成心理障碍。因此，保持健康的心理状态是创业者面临的更是要完成好的一项很现实、很迫切的任务。

衡量创业者心理健康的标准有四条。第一，正视社会现实。创业者能够对周围的环境、现实活动中的各种问题，有冷静的分析能力，能客观分析现状，思想不脱离实际，从而能比较好地解决主观愿望与现实的矛盾，与周围环境保持和谐状态。第二，情绪稳定乐观。创业者能依据客观环境的要求调控自己的情绪，保持稳定、乐观、积极的心境，胜不骄、败不馁，喜不狂、忧不倦，不因为遇到挫折就自怨自责，始终能悦纳自己，豁达大度。第三，有良好的人际关系。创业者善于和他人积极沟通，与人相处时，能相互理解、相互尊重、相互信任，朋友之间不猜疑、不嫉妒、不畏惧,有较充分的安全感。第四,有健全的人格。创业者的气质、能力、性格、理想、信念、动机、世界观等各个方面能平衡发展,精神充实,品行高尚。如果创业者在创业过程中与社会、自然等环境之间保持良好的适应性,就能保持健康的心理状态;反之,创业者如果受到社会、自然等因素的影响而产生不适应的心理状态,便会产生心理障碍。

二、创业心理障碍的种类

(一) 社会适应障碍

适应社会是人类生存的基本要求。当个体对外界社会环境不适应时,便产生心理压力。这种个体不适应社会环境所形成的心理压力就是社会适应障碍。社会适应障碍有以下几种表现:

1. 偏执、多疑,以自我为中心

有些创业者过于偏执,许多想法不切实际,对创业活动过于理想化,当创业过程中遇到小小的意外和挫折时,心理上难以承受,而且把失败的原因都归咎于外部因素,不从自我认识上找经验教训,甚至意志消沉,紧张不安,出现负面情绪。

2. 依赖性强

一些创业者在创业实践活动中,一方面渴望自立自强,超越别人;另一方面又过分地依赖家庭和别人,当人际关系遇到挫折时,就情绪不宁,紧张焦虑。

3. 自卑

一些创业者不能悦纳自己,常常怀疑自己的能力,意志薄弱,总以为自己的各方面条件不如别人,对自己的创业实践苛求自责,感到自己一无所有,怨天尤人,精神空虚。

(二) 人格障碍

人格是一个人所具有的各项比较重要的和稳定持久的心理特征的总和。创业者的人格障碍主要有五种表现形式。

1. 双重人格

一些创业者同时有两种或两种以上的相互矛盾的行为准则。对甲讲一种话,对乙又讲一种话;在人前是一种行为,在人后又是一种行为,表里不一。

2. 自我意识水平落后

一些创业者对自己的能力、水平缺乏充分的了解和准确的估计,自以为是,处处试图表现自己,对他人缺乏起码的理解和宽容,缺乏真挚的友情。

3. 固执、暴躁

一些创业者的观念、行动固执死板,坚持毫无根据的怀疑,对别人特别嫉妒,心胸狭隘,暴躁易怒,遇到挫折时总是指责他人,不停地责备和加罪于人,甚至把别人友好的或善意的表示看作是敌视和蔑视自己的行为,使别人对其敬而远之。

4. 自恋性人格

一些创业者往往过分关心自己,自私自利,常常幻想自己了不起、有才有德,总是期待别人的欣赏,却不能理解别人的苦衷和难处。

5. 畏缩型人格

有些创业者面对创业过程中的种种挑战采取回避的态度,对许多创业活动因害怕失败而不敢尝试,遇事胆小,前怕狼后怕虎,患得患失,因循守旧,不敢涉足创业风险,留恋风平浪静的生活,在创业实践中畏畏缩缩,裹足不前。

(三)情绪障碍

情绪作为创业者在创业实践过程中产生的体验和态度,因创业者的心理素质不同而产生很大的差异。态度乐观的创业者,对创业活动总是充满信心和希望;态度悲观的创业者,常常把创业活动看得充满艰辛,并由此产生一系列的心理障碍。

1. 郁郁寡欢

有些创业者感情脆弱,疑心重重,稍遇挫折,便对创业的前景失去信心,甚至悲观失望,因而常常情绪低落,终日忧愁,最终对创业能否成功疑疑惑惑,难以排解,以致创业成果付诸东流。

2. 过度焦虑

有些创业者的内心深处常常处于紧张状态,对正常的事物产生不正常的反应,遇事不知所措,反应迟钝,思维混乱,甚至意志消沉,常常陷于苦闷和内疚之中。

3. 情绪不稳

有些创业者时常有浓厚和强烈的情绪反应,把自己的感觉和情感加以夸张,甚至自吹自擂、装腔作势,而且心境反复无常,时而生气,大发脾气;时而又恢复正常。

(四)行为障碍

创业者的一些心理障碍在转化为创业者的行为模式时,往往会引发行为障碍。这些行为障碍有:

1. 朝三暮四

有些创业者总是这山望着那山高,一件事没有做完,又想起了第二件事;眼高手低,唯我独能,定计划时满腔热情,有困难时心灰意冷,做事虎头蛇尾、知难而退、半途而废。

2. 意志亢进

在些创业者急功近利、急于求成,不顾主观条件,不分主次,不遵循客观规律,甚至不遵守社会规范,投机取巧,不择手段,一味蛮干,最终总是事与愿违,使创业搁浅。

3. 怯懦畏惧

在些创业者,懦弱胆小,畏缩不前,在创业过程中过于谨慎,犹豫不决,稍有挫折,便无精打采、自暴自弃。

三、创业心理障碍的消除

心理障碍的产生有客观原因,也有主观原因。创业者必须在创业实践活动中自觉地调适自己的心态,以预防和消除创业心理障碍。调适自己心态的方式方法主要有四种。

(一)建立价值目标

建立价值目标是创业者调适心态的基本方法。创业者在创业实践过程中,应当确立明确的价值目标。如果没有价值目标,就必然会感到无所追求,感到人生淡而无味;有了价值目标,就有了活力和动力,内心就感到充实,就会自觉地为实现价值目标而努力。在追求价值目标的过程中,即使遭受挫折,也能体会到更高层次的满足感和成就感。许多创业者,肩上有很大的压力,行色匆匆,虽然很累,却觉得很有乐趣。反之,一些创业者,由于无所追求,虽然可能在优越的条件下享受着舒适的物质生活,心灵上却有空虚感和失落感。因此,必须确立明确的价值目标,在希望和现实中奋斗,从而去体验创业过程中的快乐与幸福。

(二)正确认识自己

正确认识自己,建立积极的认知体系,能使创业者保持健康的心理状态。反之,如果创业者在头脑中建立了不合理的认知体系,就不能正确地对待自己和他人,就会产生一系列绝对化的甚至是极端的要求,就不能对自己与他人作出正确的评价,就会整日陷于痛苦之中。因此,要客观地认识自己的优势和不足,正确地把握自己与社会环境的关系,在创业实践中检验自己、提高自己,用发展的眼光看待自己和他人,从而逐步认可自己、悦纳自己、爱惜自己、保护自己,珍惜自己的品德和荣誉,使自己的心理状态不断完善。

(三)善于控制情绪

用积极的方法调节自己的情绪,对于创业者在创业过程中保持心情开朗、愉快乐观的情绪状态,从而对创业充满信心和乐趣,提高创业效率,是十分重要的。反之,如果总是抑郁、悲观,萎靡不振、患得患失,将严重影响自己的创业实践活动。为了调节情绪与心态,创业者首先要保持良好的心境,积极地体验成功的喜悦,使心境平静和安宁,创造自身的和谐、成就、幸福的体验。其次,创业者要学会合理宣泄情绪。一个人在遇到挫折时,忧郁、焦虑、愤怒是正常的,但如果得不到宣泄,过分压抑自己,就会产生消极影响,形成心理障碍。因此,要通过适度的宣泄将不快的情绪释放出来,从而保持情绪健康。再次,要积极调节情绪。创业者要学会放松、学会转移、学会幽默、学会自慰,消除情绪困扰,保持愉悦心态。

（四）积极与人交往

创业者与他人建立良好和谐的人际关系是保持心理健康的重要手段。良好的人际关系,可以使创业者消除孤独感,获得安全感。相反,如果人际关系紧张,就会产生如敏感、自卑、自傲、猜疑、嫉妒等心理障碍,这些障碍将使创业者失去稳定感和归宿感。因此,创业者要善于相互理解、相互沟通,积极与人交往,在交流中学到经验和技术,在交往中提高宽容和理解他人的能力,从而提高自己的心理素质和创业素质。

总之,创业者要在创业实践活动中不断培养自己的适应能力、自控能力,增强自信心、自尊心和自豪感,豁达开朗、乐观向上,保持良好的心理状态,保持积极健康的创业精神状态,在创业实践中不断创造辉煌。

■ 自学指导

一、学习目的与要求

通过本章的学习，着重掌握创业、创业精神、创业心理品质的概念及内涵，了解和掌握创业心理障碍的种种表现和消除办法。

本章共分三节：

第一节是创业精神，主要介绍了创业和创业精神的内涵。创业是人们开创新事业的社会实践活动。创业精神是创业者在创业实践活动中表现出来的观念、意识、思维活动和道德品质等精神现象的总和。江泽民同志提出了六十四字的创业精神。创业精神的主要内容：解放思想、实事求是的精神，积极探索、勇于创新的精神，艰苦奋斗、自强不息的精神和同心同德、团结协作的精神。通过本节的学习，学员对什么是创业精神，为什么要弘扬创业精神应有一个正确的认识。

第二节是创业心理品质，主要介绍了创业心理品质的内涵和基本特征。创业心理品质集中地表现在创业者的需要和动机、兴趣和信念、气质和性格、情感和意志等方面。创业心理品质具有独创性、竞争性、应变性、合作性和坚毅性等特征。通过本节的学习，学员应了解创业心理品质的内涵和构成，把握创业心理品质的基本属性，从而为培养创业精神奠定心理基础。

第三节是创业心理障碍，主要介绍了创业心理障碍的种类以及消除办法。创业心理障碍有四大类：社会适应障碍、人格障碍、情绪障碍和行为障碍。消除创业心理障碍主要有四种办法：建立价值目标、正确认识自己、善于控制情绪和积极与人交往。通过本节的学习，学员应初步了解创业心理障碍的种种表现以及预防和消除的办法。

本章是全书的第一章，对创业的界定是全书的逻辑起点。因此,学好本章对把握本门课程的学习有重要意义。本章和第二章都是对创业者自身素质的要求,所涉及的创业精神和创业能力是创业的主观条件,创业精神是创业的动力因素,创业能力是创业的智力因素,其余各章都是创业的客观要求,是创业实务。因此,本章的自学要求具有特殊性,它不仅要求学员了解和掌握有关知识性的内容,而且要求学员联系自己的思想实际,自觉地增强创业意识,从而为创业实践活动提供精神准备和心理支持。

二、本章重点和难点

1. 创业和创业精神的内涵
2. 创业精神的主要内容
3. 创业心理品质的主要内容
4. 创业心理障碍及其消除

■ 练习题

一、名词解释

1. 创业
2. 创业精神
3. 创业心理品质
4. 需要
5. 动机
6. 兴趣
7. 信念
8. 气质
9. 性格
10. 社会适应障碍

二、单项选择题

1. 创业的兴趣是在_____基础上产生的。
   A. 创业需要　　　B. 创业动机
   C. 创业情感　　　D. 创业精神
2. 当个体对外界社会环境不适应时，便产生_____。
   A. 心理压力　　　B. 双重人格
   C. 意志亢进　　　D. 恐惧感

三、多项选择题

1. 创业心理品质的基本特征是_____。
   A. 独创性　　B. 竞争性　　C. 应变性
   D. 合作性　　E. 坚毅性
2. 创业精神的主要内容有_____。
   A. 解放思想、实事求是的精神
   B. 积极探索、勇于进取的精神
   C. 艰苦奋斗、自强不息的精神
   D. 同心同德、团结协作的精神

四、填空题

1. 创业是人们开创新事业的_____活动。
2. 创业精神是创业者在创业实践活动中表现出来的_____、_____、_____和_____等精神现象。
3. 创业的兴趣具有_____、_____和_____等特点。
4. 创业的情绪障碍有_____、_____、_____等几种表现。

五、判断题

1. 创业精神是时代精神、科学精神和民族精神。（　　）
2. 创业是充满激情、挫折、忧虑和艰辛的社会实践活动。（　　）
3. 创业者必须有自知之明。（　　）

4. 创业过程的实质是创新过程。（　　）
5. 创业过程是个人自我奋斗的过程。（　　）

六、简答题
1. 创业为什么要解放思想？
2. 衡量创业者心理健康的标准是什么？

七、论述题
1. 为什么说创业精神是时代精神？
2. 怎样预防和消除创业心理障碍？

第二章

创 业 能 力

创业需要创业者具备相应的能力。创业能力是创业者必须具备的基本素质,也是创业成功的基本保证。创业的过程是一个发现和捕获机会,并由此创造出新颖的产品、服务或实现其潜在价值的过程,究其实,也是人的创业潜能不断开发、创业能力不断提高的过程。创业能力是在知识不断丰富、技能不断提高和社会实践活动不断深入的基础上获得的,具体表现为专业技术类、经营管理类、综合能力类三个方面。

第一节 创业能力的内涵

一、创业能力的涵义

创业能力是一个涵义丰富的心理学概念,是指一种能够顺利实现创业目标的特殊能力,它除了具有能力的一般涵义外,还有自己独特的内涵和鲜明的特点。

首先,创业能力是在创业实践中体现出来的影响创业实践、推动创业实践顺利进行的主体心理条件。如香港著名企业家、富豪李嘉诚,12岁随家逃离战乱,流落他乡,在香港备受贫穷的折磨。14岁时父亲因病无钱医治,过早离世,给李嘉诚刺激很大。

身为长子的李嘉诚面对严峻的现实,发出了"我不要穷,我要赚钱"的呼声。父亲病逝后,李嘉诚开始了辍学打工生涯,由于抱着"我不要穷,我要赚钱"的强烈愿望,他在泡茶扫地当学徒、当店员、当跑街推销员的早年生涯中,努力学习和思考,自觉或不自觉地开发自己经商赚钱的能力。而不断增强的创业能力反过来又激发起他更强烈的创业意识,使他在后来的创业道路上能够排除一切困难,走向成功与卓越。

其次,创业能力与其他能力相比,具有更强的综合性和创造性。创业之前,创业者要努力使自己成为具有创新精神和创业能力的技术型、技能型人才,并根据自己的特长和社会的需要确立合适的创业目标;创业之中,要努力提高运行效率,要让产品适销对路,要能驾驭瞬息万变的市场,就必须具备超过常人的综合能力和创造能力。

再次,创业能力是知识、技能经过类化或概括化后形成的,表现为复杂而协调的行为动作。上面提到的李嘉诚,其父亲、伯父、叔父受教育程度高,都是受人尊敬的读书人。李父原是潮州教育界德高望重的小学校长,因战乱才携家迁往香港。家庭浓厚的人文精神的熏陶,父亲的教育培养以及李嘉诚从小就爱好学习的习惯,奠定了他牢固的文化知识基础,以至他不管读书打工、做生意,还是做大老板,都一直不放弃自学。长期的自学,更加拓宽了他的文化知识面,发展了他的智力,提高了他的能力。他的妻子也是一位才女,获得香港大学学士学位,并留学日本明治大学。这些文化智力等多方面因素的影响与良性循环,使李嘉诚可以摆脱学徒、打工者及一般生意人的狭隘和短浅,志存高远,审时度势,慧眼识路,不断成功与升华,成为一名儒雅稳健的极有眼光的大商人、大企业家。

综上所述,创业作为一种特殊的社会活动,对个人能力有其内在的要求,即既要有与一般社会活动相类似的能力,还要有不同于一般社会活动的能力。

二、创业能力的特征

创业能力既包容了能力的一般特征,同时,创业这一特殊的社会实践活动又赋予创业能力以不同于一般能力的特征。

(一)强烈的社会实践性

创业能力的形成与发展始终与创业实践和社会实践紧密相连。只有在创业实践活动这一特定的时空条件下,只有在创业实践活动提供的规定情境中,创业能力才能从无到有、从小到大、从弱到强。海南省万宁县黎族姑娘黄菊梅,她没有进过学校,全靠自己的努力成为栽培中药的行家,在实践中磨炼出了创业的能力。黄菊梅承包200棵豆蔻苗时只有17岁,她当时在海南万宁县加饶深山里的一个南药队务农。当不足一亩而仅存200棵的进口药材白豆蔻无人敢碰的时候,她承包了。她所拥有的只有创业的决心与意识,没有投资,也没有报酬。因为她没有上过学,于是她自学文化,寻找资料钻研药材的种植技术。她是个小姑娘,一个人进深山务农,没有家业,于是用砖头支锅灶,采野菜当蔬菜,一人为家。她虽然只是种药材,但却把它看成是闯天下,是走一条科学生产、开拓创业的路。她按照书上讲的道理,科学培育仅存的200棵药苗,使之茁壮成长。那年华南热带作物科学研究院助理研究员王世敏同志来到万宁县,高度赞扬了黄菊梅,给她讲解栽培白豆蔻的方法。由于她没有注意白豆蔻的人工授粉技术,葱绿的白豆蔻却结不出饱满的果实。她接受教训,到处拜师学艺,掌握了白豆蔻人工授粉的道理与技术。她将这一授粉技术用于生产实践,并始终进行科学的观察记录,严格按科学规律办事,终于取得成功,经人工授粉的白豆蔻结果率已达40%。她在山上一呆就是五年。1984年收获白豆蔻10.5千克,1985年收获65.85千克,按药株出药材率计算,已达到国内一流水平。尽管直到1985年4月她才第一次进县城看了一场电影,但她的精神生活是丰富的。她被海南省委领导称为"土专家",国家医药管理局召开成果鉴定会肯定了她的种植试验是成功的。此后,她又承包了100亩荒山,种下了3万株白豆蔻,她的事业成为她创业能力的见证。黄菊梅一无文化,二无技术,三无经验,但她是一个成功的创业者,她的创业能力完全是在创业实践中积累起来的。

创业能力在创业实践的锻炼中不断提高,同时,创业实践活动也为创业能力的表现和发挥提供了时间和空间相统一的社会舞台,成为显现创业能力的中介和媒体。只有在社会实践活动这个大舞台上,只有创业实践活动所提供的艰巨而富有挑战性的任务,才能启动和激活个体的创业能力,才能表现和发挥创业能力的作用及功效,才能评价和测度某个个体创业能力的大小与强弱。

(二)高度的综合性

创业能力是一种以智力为核心的具有较高综合性的能力。创业能力结构的核心部分是智力,包括了观察力、注意力、记忆力、想像力、创造力诸种一般能力;中间层次是一般操作能力组合形成的诸种特殊能力,主要是专业、职业能力;表层部分是由智力操作的一般能力和特殊能力组合形成的经营管理的能力和各种综合性能力(如发现机会、把握机会、创造机会的能力,收集、处理、加工、利用信息的能力,等等)。在这里,智力活动的核心作用是毋庸置疑的。没有智力活动的作用,创业能力纵向结构各层次不可能形成和发挥作用,各层次之间的灵活转换和逐级递增不可能实现;没有智力活动的作用,创业能力横向的各种要素无法结合和组合,无法指向共同的方向和中心,无法整合一致、高度协调地解决实践中所提出的问题。

上述创业能力的特征结构分析,充分体现了创业能力具有较高的综合性。当人们从事专业、职业社会活动时,产生了第一次综合,即由一般能力组合形成各类专业、职业能力;在人们从事创业实践活动(即开创性的专业、职业社会活动)时,又产生了第二次综合,即各种一般能力与特殊能力组合而形成经营管理的能力和各种综合性的能力。由此可见,创业能力是一种综合性程度很高的能力,它有复杂的结构和较大的包容性,是人的能力特征在社会实践活动,尤其是创业实践活动中综合的和整体的表现。

(三)突出的创造性

创业能力是一种具有突出的创造性特征的能力。创业能力的创造性特征表现在创业实践活动的全过程中,即从实践中提出问题到在实践过程中解决问题。随着社会主义市场经济体制的逐步建立,市场竞争日趋激烈,要使创业实践顺利圆满,创业者就必须具有创造性地提出问题和解决问题的能力。在这过程中不仅需要逻辑推断和抽象思维的参与,也需要直觉思维和形象思维的参与;不仅需要集中思维,更需要发散思维。

(四)鲜明的个体性

创业能力是在个性制约下形成并发挥作用的,是与个性心理倾向和个性心理特征紧密结合在一起的。能力是个性结构的有机组成部分,因此,能力的形成过程和发挥作用的过程必然要受个性心理倾向和特征的影响与制约。创业能力也不例外。在创业能力形成和发挥作用的过程中,是否具有开创型的个性至关重要。因为,个性心理倾向是人的身心组织的动力机制,它在相当程度上决定了一个人是否敢于投身于创业实践活动,而是否敢于投身于创业实践活动又直接关系到创业能力是否能够形成和提高。在创业能力发挥作用的过程中,个性结构的有机组成部分——性格又影响和制约着创业能力如何发挥作用。性格不同的人,在使用能力和发挥能力的方式上具有非常明显的不同特征:有的敢于冒险,有的工于计划;有的擅长拼搏,有的巧于智取;有的直截了当,有的迂回曲折;等等。

三、创业能力与其他创业基本素质的关系

创业能力在创业的基本素质中具有非常重要的地位,是创业的基本素质的核心,是将其他各要素组合成创业基本素质结构的中心。因此,创业能力与创业其他各要素紧密相连,相辅相成。创业能力与创业意识、创业心理品质、创业社会知识作为创业基本素质的四个部分,共同组合成了相互促进、相互制约、整合一致的有机整体。

在创业基本素质各要素中,创业能力是创业实践活动赖以运转和展开的直接因素,它决定着创业实践活动运转的方式、进行的速度和活动的效率,是影响和制约创业实践活动的最直接、最重要的因素。因此,创业能力是创业实践活动的操作系统。

创业意识、创业心理品质、创业社会知识结构虽然不能直接作用于创业实践活动,但它们共同影响着创业能力的形成和发展,影响着创业能力作用和功能的发挥,从而影响创业实践活动本身。

在以创业能力这一操作系统为核心的创业基本素质结构中,创业意识是使操作系统启动、强化并支配、控制其方向和过程的动力性结构,我们称之为动力系统。创业心理品质是调节、维持整个操作系统的意志、情感性软件,我们称之为调节系统。创业社会知识是操作系统运行的知识——信息框架和背景,为创业能力发挥作用提供了工具和手段,我们称之为工具系统。这三个系统以操作系统为核心,融合一体,共同影响着创业实践活动的进行。

第二节 创业能力的类型

在创业实践活动中直接发挥效率的创业能力有三种不同的类型,它们从低到高依次是专业技术能力、经营管理能力及综合性能力。

一、专业技术能力

据《江苏教育报》2000年5月5日报道:前不久,新进驻南京珠江路电子一条街的一家公司,格外引人注目。公司的名字叫"南京世纪通信信息技术有限公司",公司的主人,是年仅22岁的南京航空航天大学自动控制系大三学生任良。

提起任良,南航学生无人不晓,他在电脑方面特殊的天赋与骄人的业绩,使得不少大学生常常将他与比尔·盖茨相提并论。他有遍及世界十多个国家和地区的多达几十万的软件用户,他每天收到的上百封来自世界各地的电子邮件,就是最好的佐证。难怪国内许多投资公司纷纷看好还在大三的任良。早在1999年,浙江一家公司就愿意出资50万元,为任良注册一家公司,推广他的网络应用软件。南京也有四五家公司愿意为任良创业掏钱。但任良最终接受的,是北京中富投资管理有限公司50万元的风险投资。于是,这位在网络天地创下不少神话的大学生,创办了自己的公司,开始在信息技术产业领域搏击。

还在1995年,任良便开始为创刊不久的《大众软件》投稿。作为这家杂志的特约作者,有时,一年12期的杂志,9期都有他的稿件。不过,任良写的稿件大多与自己编写的程序有关。他想通过这种途径,让更多的人了解、使用他的软件,然后利用反馈的信息,进一步完善自己的设计。这样做的结果,的确让他受益匪浅,也为他后来与世界20多家颇具实力的电脑网络公司合作奠定了坚实的基础。

1999年,北京金山公司一次性总体收购他的部分软件。前不久,他为美国某公司编写的网络应用软件已推向市场,对方将按市场实际收益份额,与任良对分。至于为一些公司编写的小软件,给多少报酬,他从不在意,也不关心。因此,任良一时竟难以说清他全部收入有多少。

他能说清楚的是他的软件,用过的人都说小巧、实用。比如,他为润讯公司开发的一信息转化程序,可使互联网信息同传统通讯方式有机结合;他为广东干线信息咨询公司开发的"电子商务信息平台",只要键入几个关键词,便可在全球范围内对各种商业信息进行搜索,搜索结果自动反馈到公司网络上,可在网上轻轻松松进行全球性交易;他为北京一家公司开发的"超级寻呼通——集团版",不花一分钱,便能将公司各种通知快速传达到员工的通讯设备上,省时、省钱、省力……目前,他正在为南京嘉讯、北京明威及广州一家网站编写程序,不同的项目,并行操作,任良照样游刃有余……这就是网络时代的效率。

这一实例说明,创业者是以自己的服务式产品为社会作贡献的,其劳动价值要得到社会的承认,当然要以精通专业操作为基本前提。所以,在创业能力中,专业技术能力(包括技能技巧)是最基本的能力,是人们从事某一特定社会职业所必须具备的能力和本领。专业技术能力作为一种创业能力具有以下功能:一是为创业者走上社会、投身于创业实践活动提供基本的条件和手段;二是在一定条件下影响创业实践活动的效率,如从事某一项目的生产实践时,专业、技术能力的强弱直接决定了生产的方法和效率;三是在一定条件下对高层次创业能力的有效发挥具有促进作用。一个具有丰富经验和较高水平的经营管理者,如果不熟悉、不了解某一专业或职业的特殊性,就可能无法施展和发挥其经营管理能力或综合性能力;而只有把握住了某一专业、职业的特点,才能对症下药,因事制宜地采取适当的经营管理方法。从这个意义上讲,专业技术能力是一种最基本的创业能力。

综观改革开放以来率先致富的人们,其中有相当一部分是能工巧匠、经营行家。因为,一般人往往是"想干不会干,想富没门路",而他们具有某一方面的专业知识和技能,所以较之一般人致富的门路要广;也正因为他们的专业知识和技能已经达到了精通的程度,所以其产品或服务往往质量较高,或成本较低,或兼而有之,从而在市场竞争中占有优势。所以,创业者若要从事创业活动并期望成功,必须根据自己的创业意向,掌握相关的专业知识和技能。

专业技术能力在创业过程中有时甚至起着关键的作用。在人类社会即将进入一个以高科技为导向的知识经济时代的背景下,创业者必须向"复合型"人才靠拢。"复合型"人才主要是指在某个领域里出类拔萃,又能对其他领域的工作有较强的适应性。这样,才能使自己成为技术上的多面手,事业上的"弄潮儿"。

二、经营管理能力

在创业能力中,经营管理能力是一种较高层次的能力,它从以下几个方面直接影响创业实践活动:一是它涉及创业实践活动的每一个环节:规划、决策、实施、管理、评估、反馈,影响到创业实践活动的全过程。所以,有人认为经营管理就是控制和调节的艺术。二是它涉及创业实践活动中人的选择、使用、组合和优化,涉及群体控制的各个方面:群体目标、群体内聚力、群体规范和价值等。所以,有人说经营管理就是人才的发现和使用的艺术。三是它涉及创业实践活动中资金的分配、使用、流动、培植等环节和过程,从而影响实践活动的规模和效益。所以,有人说经营管理就是资金的运筹艺术。由此可见,经营管理的能力是创业能力中的运筹能力,能直接提供效率和效益。

经营管理能力主要包括善于经营、善于管理、善于用人、善于理财四个方面。

(一)善于经营

创业者一旦确立了创业的目标并开始组织生产,为了在激烈的市场竞争中取得优势,就必须提高生产效率,并根据市场变化,随时调整经营策略。

善于经营一般表现为以下几点:

1. 慧眼识天时和地利

在激烈的市场竞争中,取胜往往是通过经营来实现的。经营时,首先要考虑的是开业所在地的地理位置,什么时候是消费者购买商品的最佳时间等。英国有位名叫查尔斯·福特的年轻人,为开设一家奶品店,看了三个店址,最后选择了要价最高且年久失修的一处。卖方问他原因何在,福特毫不隐讳地告诉他:自己带了秒表在每一处店址外面站了半天,计算来往的人数,结果此处来往的人流量最大。对商品销售商来说,利润是取决于消费者的数量的。

2. 经营形成自我风格

现代经营,不可能动辄花大钱做广告,或搞有奖销售等形式来促销,而是要用新的风格和吸引力来扩大影响。科学的经营技巧,是在熟悉社会消费心理的前提下产生的。1989年,《人民日报》发表一则消息:美国新任总统乔治·布什应邀在中国驻美大使馆作客时,指着手腕上的手表说:这是中国制造的"海鸥"表,是一位中国友人送给他的,已经戴了三年,走时准确。他曾戴这块表去迈阿密海滩钓鱼,海水把他浑身打湿了,但手表走时毫无影响。当时的天津手表厂厂长见到这则报道后,立即通过美国驻华大使馆转赠布什夫妇一对新型"海鸥"双历石英电子表,并向这对忠实的用户致意。之后,各报纷纷报道或转登这则消息,"海鸥"手表名声大振,生意兴旺。1980年,黑龙江的鹿鞭补酒初登广交会,外商看了样品,听了介绍,半信半疑。该厂负责推销的人说:"那好吧!每人送一瓶,喝几天,如果没有效果,把它扔了!"不出10天,几位外商找上门来,鹿鞭补酒从此声誉鹊起。

3. 形成经营诀窍

大凡善于经营的人,一般都有其经营成功的诀窍。这些诀窍因人而异、因事而异,要根据情况,灵活应用。1915年,巴拿马万国博览会开幕时,我国的茅台酒因包装"土气"受到冷遇。展出时,茅台酒的经销人员灵机一动,故意摔破一瓶,顿时香气四溢,使博览会的参观者为之倾倒,茅台酒从此在国内外久享盛誉。

在国外,运用经营诀窍在商战中取胜的事例也是屡见不鲜的。美国摩根财团的祖宗老摩根,在创业初期,开小杂货店卖鸡蛋,每当有人来买鸡蛋时,他总让一个小女孩来拣。原来老摩根颇有心计:小女孩的纤细小手,可把鸡蛋反衬得大些。他利用人的视觉误差,巧妙地满足了顾客的心理,生意越做越好,后来终于发家致富。这是利用人的视觉误差赢得顾客的经营诀窍。

日本西铁城钟表商,为了在澳大利亚打开市场,提高手表的知名度和销售率,竟出人意料地采用直升飞机空投的方式,从高空把手表扔下来,落到指定的广场上,谁拾到就归谁。这一招果然引起轰动,因为,手表从天空落下居然完好无损,足见手表的防震性能好。西铁城从此名声远扬,很快就打开了销售市场。这是采用"轰动效应"的经营技巧。

(二)善于管理

创业者从事的都是企业化的商品生产和经营,这就不能只顾自己埋头单干,而要依靠与他人的合作。不论是以家庭为主的专业户,是由志同道合的伙伴组成的经营小组,还是凭技术带徒弟,凭资金雇帮工,都是由数量不等的个体组成的劳动群体。因此,创业者往往既是生产者,又是管理者。要使管理出效益,就必须善于管理。善于管理者一般具有如下特征：

智于决策——既能根据实际情况，对生产经营中的有关问题及时作出正确有效的眼前决策；又能高瞻远瞩，作出富有远见的长期决策。

巧于组织——能充分发挥全体成员的聪明才智，并且善于使用各类人才。

精于授权——能抓住关键慎重决断处理，把琐细的日常事务工作分给下属处理。

善于应变——能够审时度势，随机应变，不抱残守缺，墨守成规。

敏于求新——对新事物、新环境、新观念、新技术、新方法具有极敏锐的感受力。

敢于负责——对本企业、对员工、对消费者以及整个社会都抱有高度的责任感。

（三）善于用人

美国管理学家布兰奇说过，一种市场经济活动能否取得辉煌业绩，归根结底就在于这一活动的组织者中是否有了不起的人才，也就是企业有没有重用人才。以人才来衡量企业的财富，要比用金钱来衡量企业的财富更有长远意义。我国历史上因为善于用人而成就大业的典型事例数不胜数。汉高祖刘邦曾被人视为"手无缚鸡之力"的书生，而项羽自幼熟读兵书，武艺超群，自称是天下无敌的"西楚霸王"。但刘邦能用人，成为汉朝的开国皇帝；项羽则因为不善用人，先后失去了韩信、陈平、范增等人，结果在乌江自刎。刘邦在总结自己之所以能战胜项羽的原因时说：运筹于帷幄之中，决战于千里之外，我不如张良；治国安民，供应军需，我不如萧何；统帅百万大军，战必胜，攻必克，我不如韩信。此三人乃人中豪杰，但我能用之，故我能得天下矣！

人无完人，金无足赤。创业者个人的才能总是有限的，要在创业这个复杂的社会活动中获取成就,就必须有刘邦式的善于用人的才能。

(四)善于理财

俗话说:"吃不穷,穿不穷,算计不着必受穷。""算计"即指理财。在市场经济条件下,创业者必须心中时刻装有一把"算盘",每做一事,都要掂量一下是否有利于企业发展,有没有效益。善于理财的实质就是使资金增值,它是创业成功的一个重要保证。

当代中国的百万富翁、亿万富翁,有很多最初就是从几百元、几千元起家的,甚至有许多做大生意的人,可以不靠自己个人的资金,而是充分利用银行贷款、借钱集资等手段使自己发财致富,梦想成真的。

三、综合性能力

在创业能力中,综合性能力是一种最高层次的能力,具有很强的综合性特征。首先,它是由多种特殊能力与经营管理能力综合而成的。这些特殊能力主要有:发现机会、把握机会、利用机会和创造机会的能力;搜集信息、处理加工信息、运用信息的能力;适应变化、利用变化、驾驭变化的能力;公关、社会活动能力;等等。这些特殊能力一旦与经营管理能力结合,就从整体上全方位地影响和作用于创业实践活动,使创业实践活动的方式和效率产生根本性的变化。

(一)把握机遇的能力

能否把握机遇是由多方面素质综合决定的。机遇对于每一个创业者都是平等的,但机遇只会赋予思想敏锐、善于创新的人,只会赋予尊重科学、按规律办事的人,只会赋予求真务实、埋头苦干的人。

亨利是美国一位普普通通的兽医,正因为他的医术太普通了,没有什么太深的造诣,再加上为人正直、本分,他在竞争的人海中败退了,失了业。有一次,亨利获得一条信息:目前实验室的老鼠身上带有细菌,使科学家们大伤脑筋。一般人听到这种事可能无动于衷,可是他是兽医,就不同了。他想如果培养一些无菌鼠那是会获巨利的,而这对一个兽医来说不是难事。1984年,亨利销售无菌鼠的收入高达2970万美元,顿成富翁。

陈玉书,1972年离开大陆只身赴香港,身上只有50元港币。而10年之后,他已跻身香港经济强人之列,成为"世界景泰蓝大王"、亿万富翁。70年代,正当陈玉书做景泰蓝生意的时候,从北京传来一则惊人的消息:驰名中外的景泰蓝工艺品由于销售不畅,准备大削价清仓。这种形势,对于一般的景泰蓝商人而言,简直是一场大难临头。即使是香港中资工艺品公司这样的名星企业,对景泰蓝的前景也不看好。然而陈玉书却有与众不同的见解,他认为这正是他一生中难逢的大好转机,因为唯有在这个时候,北京工艺品公司才有跳楼货抛出。他凭着自己的能力认定,景泰蓝的销售在目前只是暂时进入低谷阶段,而并非陷入绝境;北京厂家急于脱手,正是"杀价"的极好机会。于是陈玉书同北京工艺品公司负责人谈判。他问:"如果我买一百万货物,可以几折卖给我?""八折。""五百万呢?""七折"。"一千万全买呢?""六折。""我付现金买呢?""可以对折。"摸清底牌后,陈玉书同北京工艺品公司签订了价值为一千万元的景泰蓝合同,这无异于把北京景泰蓝仓库搬到了香港。这成为陈玉书创业之路上的一个重大转机。

(二) 利用信息的能力

信息是创业决策和管理的重要依据。利用信息能力的大小直接影响到创业过程中的决策和管理是否科学和有效。

利用信息的前提是捕捉信息。目前,世界上从事经济信息工作的不仅人数众多,而且装备精良,耗资巨大。因为人们都知道,现代商业竞争,是最激烈的竞争,能否搜集和掌握经济信息,是决定胜负的重要因素。为了及时掌握经济信息,近年来,日本等许多发达国家出现了一种奇特的职业:"游荡"业。他们的职员不是到公司上班,而是到商店、娱乐场所、酒吧、学校等处去"游荡",特别是到青年人云集的地方去"谈天说地",了解他们的喜好和意见,及时搜集有关商品及消费潮流信息,既快又准确地向公司汇报。公司根据这些信息不断研制、开发、更新产品,再推向市场。

(三)交往公关的能力

创业者的创业过程是了解社会、认识社会,充分利用社会给予自己的一切条件去开创事业的过程。在这个过程中,创业者要与方方面面的人打交道,与那些对自己的事业有各种影响的人打交道,争取他们对自己的了解、支持与帮助。因此,交往公关能力也是影响创业成就的重要方面。成功的社会交往是促使创业成功的推进器。这方面的例子同样不胜枚举。

1987年3月,在成都举行的全国糖酒订货会上,广东强力啤酒厂借这次订货机会,大力开展促销活动。在会场展览厅和场外大街上,几位穿着统一制服,斜披红缎带的小姐,笑容可掬地给客人递上一杯"强力"啤酒,让他们免费饮用并提出宝贵意见。广东强力啤酒厂是一家名声不大的县办厂,在四天订货会上拿出数百箱的啤酒让人饮用,并恳切地征求意见,令人赞叹不已!这一活动,引起了国家、省有关部门领导的关注和鼓励,中央电视台、中国食品报、四川日报、香港电视台等多家新闻单位纷纷加以报道,一时间,在成都掀起了一股"强力热"。该厂此举首战告捷,不仅迅速地扩大了产品的声望,而且赢得了客商的青睐,几天之内成交达800多万元。之后,他们进军北京又受到国家领导和首都群众的高度评价。"强力"啤酒终于进入人民大会堂,成为国宴饮料。

（四）创新与挖潜能力

创业过程最突出的特点就是"创"，就是要从无到有、从小到大，创出一番业绩，创出一片新天地来。所以，创新与挖潜能力在创业能力中占有非常重要的地位。从另一方面来看，"喜新厌旧"乃人之常情，在今天，人们的消费需求独特化和多样化已成为一种普遍趋势，只有在产品质量、功能、服务等方面锐意创新，满足人们独特化和多样化的需要，创业者才能在激烈的市场竞争中永远立于不败之地。

创新与挖潜能力常常和个人所面临的"问题"及"问题的解决"联系在一起。创新与挖潜的前提是"问题"，如果没有"问题"，或发现不了"问题"，就无所谓创新与挖潜，更谈不上发挥创新与挖潜能力。

创新与挖潜能力的实质是创造性思维，是不断产生新的主意和方法，它的最大特点就是打破传统的思维方式和固定观念模式，凡事都能从不同的角度想出多种解决办法。创新与挖潜的能力人人都具有，问题是如何将它激发出来。

台湾最成功的企业家王永庆，15岁开始在米铺当杂工学徒，然后自己开米店，再办塑胶厂，到90年代成为台湾最著名的富豪企业家。根据自身的体验，王永庆说："每个人都有其天赋的创造性思维能力，而且我们中国人的聪明智慧绝不在他人之下。以企业界而言，问题在于我们如何去激发与训练，使从业人员发挥创造潜能，来研究改进我们的经营技术，研究发展我们的新产品。"

第三节　创业能力的形成

能力的产生不是孤立的，也不是天生形成的，它是以知识和智力为基础的,是知识、智力加实践的结果。任何一种能力,都是知识(书本知识、社会知识)的运用,都是智力(包括注意力、观察力、思维力、想像力等)转化为实际行动,成为完成某一任务的心理品质。所以,能力是知识、智力加实践的结果。

创业能力作为一种特殊能力,它的形成和提高当然也离不开知识、智力和实践。而且,作为一种具有强烈的社会实践性和复杂综合性的能力,创业能力的形成和提高更与创业实践紧密相连。

一、创业能力形成的特点

创业能力的特殊性决定了这种能力的发展和提高也同样具有自身的特点。

（一）社会实践性

创业能力作为一种特殊的能力,与其他能力形成过程的重要差别在于:创业能力具有极强的社会实践性。主要体现在：

1. 非遗传性

创业能力不能通过遗传获得,也就是说创业能力不是人生来就有的。譬如有些孩子先天性记忆力特强,有些则先天性想像力特别丰富,还有些孩子先天性地具有音乐天赋和美术才能。尽管遗传因素导致某些人在某些方面潜能特别丰厚、条件特别优裕的现象比较普遍,但是创业能力并不具有先天性质,必须通过后天的培养和社会实践活动的锤炼才能形成和发展。

2. 实践性

创业能力不仅仅是一种智力或思维的能力,也不仅仅是一种专业能力或职业能力,因此,不可能通过单纯的思维活动或智力活动的训练来发展,不可能通过单纯的专业活动或职业活动的训练来形成。一般能力如观察力、记忆力、思维力、想像力甚至创造力,是可以通过思维活动和智力活动的操练来获得的;专业能力和职业能力也可以通过单纯的专业活动和职业训练来培养。但是,创业能力是一种社会属性极强的能力,只能通过社会实践活动或创业实践活动来培养。

3. 社会性

创业能力形成的基础——知识、经验和技能,不仅是指书本知识、间接经验和熟练的专门技能,更重要的是指有关的社会知识、经验以及与社会发生关系、处理社会问题的技能技巧。创业能力鲜明的社会性特点,决定了创业能力只能在社会实践和创业实践中形成。所以,一个人即使有多方面、多领域的学术知识,即使是知识渊博的专家学者,也不一定具有创业能力;即使有多方面、多行业的专门技能,是一个多才多艺的能工巧匠,也不一定具有创业能力。

(二)自觉性

创业能力的形成和发展主要不是靠教师的灌输和传授,而是靠在一定社会条件下的自我锻炼和实践。只有当创业能力的培养成为发自内心的自我需要时,人们才会主动地开展培养这方面能力的活动。所以,创业能力的形成和提高,有赖于创业意识的觉醒和推动;只有具备了一定的创业意识,才能进行创业实践,开发出创业能力。

(三)专业性

任何一个天才都不可能具备一切能力,而只能具备某些领域内必备的能力。在发展培养创业能力的过程中,应尽量从本专业的特点出发,努力培养符合专业发展方向的、适应未来创业需要的能力结构。要把创业能力培养与学好专业知识紧密结合起来,以专业发展方向作为选定未来创业目标、培养创业能力的方向,在培养创业能力的过程中增进专业学习的兴趣和动力。

二、创业能力形成的途径

创业能力的特征和形成的特点,决定了这种能力形成和提高的途径。

(一)知识和技能是形成创业能力的重要基础

创业能力是知识、技能经过类化和概括化后的产物。知识、技能本身并不是能力,却是能力形成的基础。有人曾指出:应当强调能力同知识、技能、实践的紧密而不可分割的联系;能力依赖于知识、技能和实践,能力是在获得知识、技能和实践的过程中发展起来的。

知识可以促进能力的发展。比如,学习材料力学、机械原理、机械制图,就可以发展设计能力;学习生产组织学、计划管理学、市场学、运筹学、计算机科学等管理方面的专门知识,就可以发展企业管理能力。在学习知识的过程中,认真思考、吸收前人总结的经验,同时也发展了自己分析、综合、抽象、概括的能力。既然创业能力作为一种高度的综合化的能力是由一系列能力有机结合而成的,那么只有经过刻苦学习以获得多方面的专门知识和技能,创业能力的形成才具有必需的基础。

任何能力的形成都是在掌握和运用知识的过程中完成的,无知无能,多知多能,"知识就是力量"是正确的,但也并非完全如此,知识和能力并非一定成正比例关系。否则的话,单学习知识就行了。实际上,知识是以理论知识、书本知识为主体的,与能力不是一回事。歌德说过:"单学知识是蠢人。"我们通常说的某人"很有才能",并非仅指他的知识丰富。如果仅把知识当作才能,那就像把一堆钢筋、水泥和砖、沙、木、石等说成一幢大楼一样。所以,知识只是力量的必要条件。有知识的人或许是有力量的人,但如果仅会纸上谈兵,知识就不能成为力量。在我国长沙市著名的岳麓书院有副对联的下联为"学以致用莫把聪明付蠹虫",意思是说,学了知识如果不能运用就变成蠹虫,变成读死书、死读书的"高分低能"者了。相传伯乐很会相马,著有《相马经》,但他儿子不争气,不跟他爸出去相马,只在家死读《相马经》。有一天,儿子到外面找了很久,抓了一只大蛤蟆回来,说是找到了一匹千里马。伯乐哭笑不得,说这怎么会是千里马呢。儿子说,书上不是说千里马两只眼睛凸出来,前额很大,走路跳跃,这都有了,只是这个脚不太像。这就是死读书,不会运用知识的结果。要使知识变成力量,一定要有能力。能力大,力量才大。

那么,如何将知识转化为能力呢?这就要将学习、思考、实践结合起来。"学而不思则罔,思而不学则殆","问渠哪得清如许,为有源头活水来",这个源头就是实践。要把知识转化为能力,要经过思考,要经过实践,只有当知识通过思考被自己消化、吸收,内化为灵活运用的手段和本领时,它才算转化为能力。

还需要特别指出的是,形成、转化成为创业能力的知识、经验、技能,既包括系统的书本知识,也包括广泛的社会实践知识;既包括间接的知识和经验,也包括直接的知识和经验;既包括专门的知识与技能,也包括非专门的知识与技能。尤其是有关社会的知识、经验,有关与社会发生关系、处理社会实际问题的技能技巧,更是发展、提高创业能力的必不可少的重要基础。

另外,当知识和技能发展到一定的高度时,可以转化为一种专门的职业能力;而当这种职业能力作为创业能力的一个有机组成部分表现在创业实践过程中,并在创业实践过程中发挥一定的作用时,它就具有了创业能力的属性和特征。

(二)关键能力的培养是形成创业能力的重要手段

人们认为,在现代社会,要取得创业的成功必须具备三种能力,即专业能力、方法能力和社会能力。而所谓关键能力,主要是指除了专业能力以外的方法能力和社会能力,包括个人的意志品质、心理承受能力、合作能力等。

专业能力，指从事职业活动所需要的技能和相应的知识，包括工作的方式方法、对劳动生产工具的认识以及对劳动过程和劳动材料的认识等。

方法能力，指分析问题和解决问题、抽象与概括、决策与评估、在工作中学习和再学习与科学方法的应用等方面的能力，包括制定工作计划的能力、解决问题的思路、学习新技术的方法和评估工作结果的方式等。

社会能力，指的是在一个开放的社会中，能与同事和上下级协调合作、集体工作、强烈的责任感、有在艰苦环境中的坚毅性和忍受力、乐于助人以及具有环境意识、能源意识、经济意识、质量意识、安全意识等方面的能力。社会能力与专业没有直接的联系，但对个人增强创业生涯中的竞争力、取得创业成功却尤为关键。美国曾有心理学家在30年中追踪调查800人的成长过程，发现他们中成就最大的20%与成就最小的20%之间的差异不是智力，而是意志品质的不同，指出在最成功和最不成功的人之间差别最大的四种品质是：(1) 取得最后成果的坚持力；(2) 为实现目标不断积累成果的能力；(3) 自信心和克服自卑感的能力；(4) 社会的适应能力和实现目标的内驱力。

在科学技术高速发展和市场经济体制逐步建立的今天，能在一个岗位上干一辈子的人已越来越少，转岗转业已成为普遍的现象。所以，仅仅具备某一专业的职业能力显然不能适应社会的发展。对创业者来说，市场风云更是瞬息万变，只有掌握了方法能力和社会能力才能迅速捕捉信息、利用信息，更快更好地适应变化多端的社会。

市场如战场。要赢得市场，就要有足够的竞争能力，敢于与强手竞争。要竞争就会有挫折、有失败，创业之路很少是一马平川、一帆风顺的，只有具备"不到黄河心不死"的决心和毅力，才能获得事业的成功。所以，对于一个创业者来说，培养心理相容性和承受挫折的能力尤为重要。特别应该自觉培养以下几个方面的心理品质:(1)独立性品质。创业者的思维方式要由封闭型转变为开放型,由单一性转向多维性,但自我目标要明确,思维和行为不能受外界不良影响的干扰,做到既能博采众长,又能独立思考,选择适当行为。(2)敢为性品质。要有相当的胆识,敢于冒险,勇于创新,并能对自己的行为后果负责。(3)坚韧性品质。为了达到某一方面的目标坚持不懈,不屈不挠,并能承受挫折和失败。(4)克制性品质。能约束自己某些过分的行为,控制住自己的情绪。

(三)积极参与创业实践是形成和提高创业能力的唯一途径

创业能力的形成和提高必须在创业实践中才能实现。而作为创业者这一特定的群体,如何才能根据自己的特点,尽早形成创业能力呢?

1. 培养强烈的创业意识

要想使自己成为生活的强者、事业的成功者,创业者就要努力增强自己的创业意识,敢于创造,敢于创业,敢于拼搏。因为,机遇、成功往往偏爱创业意识强烈的人。只要你有心、用心,你的创业意识和创业精神随时都会苏醒和闪光。在心田上播下创业的种子,经历了波折和千辛万苦后,凭着坚定的创业信念和在困难面前决不退缩的坚毅精神,你将会得到丰硕的回报。

2. 打好提高创业能力的基础

学习工作化、工作学习化,是形成创业能力的重要基础。同时,要广泛接触生活,接触社会。这样,可以充分发挥自己的主体性、独立性,通过广泛接触社会、亲自实践,加快自己的社会化过程;与此同时也获得开拓创新、公关交际、组织协调等方面的品质和能力的训练。通过多种途径了解创业成功者的创业历程,可以从中吸取自己创业的经验教训。特别是要积极参加各种社会活动,积极完善自己的个性,培养开拓性、创造性的思维品质,训练自己多方面的能力。

3. 积极参与创业实践活动

(1)进行尝试性、见习性的实践活动。创业者可以与人合伙,也可以独立进行一些实践活动,或者参与家庭或他人的创业活动,或者到小企业(厂、店、场)去跟班打工,等等。(2)模拟性实践,即参加创业实践的情境模拟,进行有关创业活动的情境体验。如招聘雇员的面试、产品推销、接待客户、谈判、拟订计划书、接受论证答辩,等等。(3)在进行上述创业实践训练期间,不仅要训练、提高自己的专业技能,而且要有意识地学习、提高经营管理方面的技能,以及营销方面的技巧;不仅要积极主动地练好专业技能,而且要练就当店主、做老板的一些本领。(4)投身于真正的创业实践,在创业实践中提高自己的创业能力。

2000年7月13日的《扬子晚报》报道:"青春创业行——博士研究生、硕士研究生广州创业体验行动"即将启动。据介绍,主办单位原计划邀请全国重点高校的博士研究生和硕士研究生共100名,安排到广州有关单位进行社会实践、专题调研和课题研究。活动邀请函发到各高校并在互联网上公布以后,引起强烈反响,北京大学、清华大学、中国科技大学、中国社会科学院研究生院、复旦大学、中山大学等15所高校团委从数百名报名者中,挑选了104名博士研究生、221名硕士研究生报名参加活动,大大超出主办者的意料,只得提前截止报名日期。在这325名报名者中,所学专业包括计算机、电子、机械、材料、生化、建筑、环境、法律等广州发展急需的专业人才。主办单位将根据报名学生的专业特长,安排他们到相应单位进行为期一个月的社会实践,让他们根据用人单位的实际情况进行专题调研和课题研究。目前,虽然活动消息尚未向广州各单位正式发布,但已有不少单位闻风而动,赶到团市委挑选人才。为此,主办单位决定将这批博士、硕士研究生名单向社会公开,供各单位选择。

  这则报道表明,创业正在中国大地上形成一种新的浪潮。无数勇于参与创业实践的事例告诉我们,要作出离开自己原先的职位、改变自己原先的生活方式的决策是相当困难的,它需要相当大的勇气。虽然人们一般都会选择自己比较熟悉的领域去建立其新的事业,但相对而言,有两个领域的工作环境对于新建企业是特别适合的,即研究与开发和市场营销。在研究与开发活动中,主要工作与技术有关,一旦创业者产生某种新产品的创意或发现了某种新的服务需求,这就给他们带来了创业的空间,特别是当这种新的想法不能被其雇主所接受的时候,其创业空间就尤其宽广。同样,如果某个人熟悉某个市场,当他发现了某些顾客的需求未能满足的时候,这也就给新企业的创立带来了机会,其新建的企业就可能以满足顾客的这类需求为其经营的目标。

  在现实中,或许促使人们走上创业之路、提高创业能力的更强烈的激励来自负面的推动力,即生活中的各种挫折。事实上,大量的新企业是由那些在国有企业或政府中找不到工作岗位的农民、退休者或被所在企业辞退者,以及刚刚迁移家庭的人所建立起来的。据对美国某城市的一项研究表明,在大量辞退雇员的一个阶段中,电话黄页上新建企业的名录以 12% 的速度增长。在我国,随着近年来国有企业改革的深化,大量人员下岗,他们不得不寻找新的工作岗位。在下岗人员中不乏富于创新精神和创业能力的人,他们或者经过培训掌握了新的技能,或者充分发挥原有的特长,纷纷开创自己的新事业。此外,无论在发达国家还是在发展中国家,许多学生毕业之后也开始创立自己的企业。特别是 MBA 专业的学生,当他们获得学位又不能在原公司中得到更好的职位因而无法施展才能的时候,往往作出自主创业的决策,从"找饭碗"到"造饭碗",这真是一个具有十分重大意义的划时代转变。

▎自学指导

一、学习目的与要求

通过本章的学习,着重掌握创业能力的基本概念、创业能力的类型、形成创业能力的主要途径,以及创业能力与创业基本素质中其他各要素的关系,能够在自主创业的过程中运用相关的知识不断提高创业能力,提高创业的成功率。

本章共分三节:

第一节是创业能力内涵的概述。本节主要介绍了创业能力内涵的本质属性、基本特点、表现形式。了解创业能力内涵的基本属性,可以明白创业本身必须具备的条件;了解创业能力的特征,可以知道创业能力不同于其他一般能力的特殊性所在;了解创业能力形成的途径,可以使创业者选择有效地提高创业能力的道路;而对创业能力与创业基本素质中其他各要素的关系的正确理解,则有利于创业者在创业中,既注重创业能力的提高,又注重养成优良的创业基本素质,为创业成功奠定基础。

第二节是创业能力的类型,主要介绍创业能力的基本类型、基本要求。专业技术能力、经营管理能力、综合性能力等创业能力类型,是创业能力的主要类型。通过"专业技术能力"的学习,要了解"复合型"人才的重要性;通过"经营管理能力"的学习,了解经营管理能力的基本要求,其中"善于经营"的一般特点、"善于管理"的基本特征、"善于用人"的常见决窍、"善于理财"的一般规律,都告诉我们怎样去做一个成熟的创业者;而"综合性能力"强调的是"综合",强调一个成功的创业者形象就是成功的企业家形象,其间,把握机遇、利用信息、交往公关、创新挖潜等诸方面的要求,实质是现代社会对一个创业者素质提出的综合性要求。

第三节是创业能力的形成。对一个真正开始其自己的事业的人来说,创业过程将是一项充满着激情、挫折、忧虑和艰辛的工作。一般来说,由于种种原因,创业的失败率较高,但仍有一些因素激励人们去自主创业,这就是"创业能力的形成"所应予以说明的。在这一节里,应着重掌握"社会实践性"、"自觉性"、"专业性"等创业能力形成的特点。"社会实践性"强调的是"实践性"和"社会性";"自觉性"强调的是创业意识的觉醒和冲动;而"专业性"则要求增进专业学习的兴趣和动力。关于创业能力形成的主要途径,这一节从三个主要方面进行了阐述:一是知识和技能,诸如各专业性知识、综合化能力,同时点明了"学习、思考、实践相结合"这一知识转化为能力的根本途径;二是要培养自己的专业能力、方法能力、社会能力这三方面的关键性能力;三是强调了"参与创业实践"对能力形成的重要性。

本章的学习告诉我们:创业的社会实践是形成创业能力的大舞台。创业能力有着较复杂的结构和较大的包容性,是人的能力特征在社会实践活动,尤其是创业实践活动中综合性表现的整体性所在。创业能力与创业意识、创业心理品质、创业社会知识,作为创业基本素质的四个部分共同组合成相互促进、相互制约、整合一致的有机整体,共同影响着创业实践活动的进行。而创业实践活动的进行,又与"专业技术能力"、"经营管理能力"、"综合性能力"这三种不同类型的创业能力密切相关。在这三种不同的类型能力中,专业技术能力是一种最基本的能力,经营管理能力是创业能力中的运筹性能力,而综合性能力则是一种最高层次的能力,具有很强的综合性特征。这些能力形成的共同特点是:社会实践性、自觉性、专业性。创业能力的特征和形成的特点,决定了其形成和提高的途径。其规律为:创业能力形成的重要基础是知识和技能,重要手段是关键能力的培养,唯一的途径是积极参与创业实践。

二、本章重点和难点

学习本章,关键是掌握创业能力形成的规律,鞭策自己为所作出的创业行为付出巨大的努力。因为,"创业需要贡献必要的时间,付出极大的努力。要完成整个的创业过程,要创造新的有价值的事物,就需要大量的时间,而要获得成功,没有极大的努力是不可想像的"。

■ 练习题

一、填空题

1. 创业能力的社会实践性主要体现在:_____、_____、_____。
2. 知识、技能转化为创业能力的唯一途径是_____、_____、_____相结合。
3. 所谓关键能力主要是指_____。
4. 创业能力结构的核心部分是_____,中间层次是_____,表层部分是_____。
5. 创业意识是_____。
6. 创业心理品质是_____。
7. 创业社会知识是_____。
8. 创业能力的类型是_____、_____、_____,这三者之间的层次是_____。

二、名词解释

1. 创业能力
2. 第一次综合
3. 第二次综合

三、简答题

1. 简述创业实践对创业能力形成的作用。
2. 简述创业能力在创业基本素质各要素中的重要性。

四、判断题

1. 知识和能力并非一定成正比例关系。　　　　　　　（　　）
2. 关键能力的培养是形成创业能力的重要基础。　　（　　）

五、论述题

论述知识、技能和创业能力形成的关系。

六、案例分析题

寒来暑往,泥浆、油污、大漠的风沙将1982年大学毕业就来到青海油田的秦文贵逐渐锻炼成了坚强而豪迈的石油工人。为了解决钻井效益低的问题,他解决了大量的生产技术难题。发明固井新工艺,并积极推广使用,基本消灭了小钻具通井事故的发生,仅此一项,全年就可节约数十万元;他设计了双吸固井和7英寸尾管完井技术,每口深井节约资金30多万元;他优化改进井身结构,用钻径 $8\frac{1}{2}$ 英寸钻头代替钻径 $12\frac{1}{4}$ 英寸的钻头,缩小井眼,岩石破碎量降低一半,提高了钻井速度;他大胆革新承座井架的混凝土基础,研制出可移式钻机水泥条形基础,安装搬运比原来简单迅速,节约了大量资金。

技术套管是在钻井过程中为防井壁坍塌、井眼堵塞,保持井身质量而下入井内的套管。井口套管每米起码要花费500元,一口3 000米深的井要下2 000米的套管。秦文贵想:随着开采程度的加深,这个油区的地层压力有所下降,不用技术套管而直接下钻行不行呢?经过技术分析,反复论证,细致施工,终于四口试验井均告成功,节约费用700万元,被青海石油管理局称为"青海油田开发史上的里程碑"。

问:形成秦文贵创业能力的唯一途径是什么?

第三章

创业信息

　　信息,是取得创业成功的重要条件。无论是在策划创业期间,还是在创业过程中,要保证创业的成功,及时获得正确有效的信息是至关重要的。创业者如何从广泛的信息渠道和繁杂的信息资源中采集有用的信息、正确地分析处理信息、有效地利用信息,是开展创业活动必须予以充分重视的问题。创业者要掌握先进的采集信息的方法、分析和处理信息的手段,争取抢先一步利用信息,占领市场制高点,才能为成功创业创造条件。

第一节　信息概述

一、信息的涵义

　　"信息"一词对于我们来说并不陌生。我们每天都能听到、看到、接触到各种各样的信息,人人都在利用信息,都在交换信息,信息无时不有、无处不在。那么,什么是信息呢？不同学科领域对信息的描述和界定各不相同,其概念大约有几十种之多,至今学术界也未能形成一个统一完整而又得到公认的关于信息的定义。

　　尽管对信息的涵义尚无定论,但信息并不神秘,大到宇宙空间,小到微观世界,都在不断地发出信息、传递信息。在现实生活中,"信息"一词的使用已十分普遍。因此,必须给信息一个恰当的解释。本书为了说明信息在创业中的重要作用,故从信息采集、开发和利用的角度来解释信息的涵义。

信息的概念有广义和狭义之分。广义的信息是指对各种事物的存在方式、运动状态和相互联系特征的一种表达和陈述,是自然界、人类社会和人类思维活动普遍存在的一切物质和事物的属性。这种对信息广义的认识,可以使我们看到信息存在的普遍性,有利于我们扩展认识信息和搜集信息的范围,并注意对尚未被开发的一些潜在信息资源进行开发利用。狭义的信息则是指具有新内容或新知识的消息,即对接收者来说是预先不知道的东西。这种信息的狭义认识,可以帮助我们把目光集中到那些与现实发展、创业实践密切相关的信息的采集上,使采集的信息更具效益。

在这里,要注意信息与消息、信息与知识等不同概念的区别。一般来说,消息的含义比信息广。虽然信息是消息的内核,但信息只是能够给人们带来新知识的消息。一则消息可能包含非常丰富的信息,也可能只包含很少的信息,甚至信息量为零。人们在获得信息之后,就能够消除某种知识上的不确定性,改变原有的知识状态。也就是说,信息能够增长人的知识,但这并不意味着信息就是知识。知识是一种特定的人类信息,信息只有经过科学的系统的加工,才能上升为知识。知识是经过浓缩、系统化和优化了的信息。

二、信息的特征

尽管信息的内涵尚未有公认的界定,人们还在不懈地试图给信息一个准确完整的定义,但对信息本质特征的认识却在逐渐趋于一致。尤其是对信息基本特征的揭示,使我们能够对信息的内涵作出比较全面的了解,对创业所需信息的基本特征有一个比较准确的勾勒。

信息具有以下一些基本特征:

(一)真实性

信息是事物存在、运动、变化特征与规律的客观描述,具有客观真实性。正因为如此,信息必须反映真实情况才能供创业者利用,创业者只有依据可靠的信息才能作出正确的创业决策。不反映客观实际的信息是虚假信息,不但没有价值,反而会导致相反的效果,造成创业失败。因此,真实、准确是信息的首要特征。

(二)知识性

对于创业者来说,信息的内容一定要是未知的,否则就不能算是信息。信息之所以能消除人们认识上的未知性或不确定性,正是由于它具有知识的特性。人们对客观事物发展的规律认识不清楚,就是对该事物缺乏必要的知识。信息能够改变创业者的知识状态,使自己的认识由不清楚、不确定向清楚、确定转化。可以说,一切知识都是信息赋予的,人们获得了信息,也就是获得了某种知识。

(三)共享性

信息作为一种资源,可以供全人类共同享用。它不是某个人、某个社会、某个国家的私有品和专利品。信息的发明、发现人是信息的所有者,传播给别人后自己仍然拥有。也就是说,信息可以同时被多个用户享有和使用。这一特征与物质和能量的特征不同。物质、能量被某人占有和使用后,其他人就没有了;如果占有者将自己拥有的物质和能量转让给他人,那么他就失去了这些被转让的物质和能量。而信息却不会因为利用的人数增加而丝毫减少。如一篇文章,一个人看和十个人看,提供的信息量都是一样的,但看的人越多,信息实现的价值就越大。发明创造要花费大量的时间和财力物力,而且要经历曲折和失败,但取得的成果别人只要很短的时间就可以学习吸收,成为自己的知识。所以,充分利用别人的成果是发展自己事业的有效的方法。

(四)时效性

人们获取信息的目的在于利用。信息的效用与利用时间有密切关系。过时的信息是贬值的或毫无价值的,有时甚至会给创业者造成损害。信息具有时效性的原因,就在于信息是描述事物和人类活动、人类知识的,事物在变化,知识在发展,随着时间的推移,原有信息与事物状态就会出现某种程度的不符,从而逐步过时、老化。作为信息利用者——创业者,是在特定条件下进行某种创业实践时提出信息需求的,所以这些信息必须与创业内容以及环境有关,超越这个时间,情况有了变化,原有的信息就没有价值了。因而信息有强烈的时效性,这要求在采集、处理、利用信息时都应注意及时。时效性表示并决定着信息的经济价值、社会价值和学术价值的大小和有无。

(五)依附性

信息必须借助某种载体记载与传递,信息的存储、传递和交流必须依附于物质载体。信息本身是看不见、摸不着的,它只能附着在载体上,以一定的形式表现出来。因此,创业者要获得信息,首先要获得携有信息的载体,通过对载体的利用,才能解析出其中的信息内容。同一信息可以转换使用不同的载体,用不同的符号表示,而不影响其性质和功能。这充分说明信息是独立于载体之外的。

(六)流动性

信息可以随其载体流动和传递,这是显而易见的。随着通讯和信息技术的日新月异,信息流动和传递的速度空前提高,创业者获取信息也更加方便、快捷。

三、信息的类型

为了了解、加工、存储和使用信息,需要按一定标准对信息进行分类。创业者必须了解信息的分类,以便在创业过程中有的放矢地选取、利用信息。

（一）按信息来源与流通情况划分

按信息来源与流通情况通常分为自然信息和社会信息两大类。自然信息是指自然界产生的各种信息,如山川、动植物、天体的状态与属性的描述。自然信息是认识自然界的媒介,人类利用这些信息开发利用自然物质,为人类社会创造财富,改善生存环境,保护自然环境。社会信息则是指在人类或社会维系生存、生产和发展过程中所产生的各种信息,是人和人之间发生交往的产物,也是人类从事一切活动的基础。社会信息包括经济信息、政治信息、法律信息、文化信息、军事信息、科技信息、社会生活信息等。人类越进步,社会越发达,所产生的社会信息就越多。

（二）按信息与人类的联系状况划分

按信息与人类的联系状况可以分为已记录的信息和没有记录的信息。已记录的信息是指被人们用各种方式记载下来的各种信息,如书写、印刷在纸上,刻在竹木石头上,记录在磁性材料上等。这类信息可以存储延续,成为人类的文化财富。没有记录的信息则不能积累,多数很快流失,被人遗忘。

（三）按信息的运动状态划分

按信息的运动状态可分为动态信息和静态信息。那些时间性很强、处于不断变化中的信息,如新闻、市场信息、金融信息等,就是动态信息;而那些相对稳定、固化的信息,如存在于各种文献中的信息,则是静态信息。

（四）按信息是否被人感知来划分

按信息是否被人感知来划分则可分为显性信息和隐性信息

两类。显性信息是指人们已经感知到了的信息,如一条新闻、一则广告,或对某事物特征、状况的报告和描述等,都是显性信息。只有显性信息才能直接为人类所利用。隐性信息是指人类还未能感知到的事物所包含的信息。这种信息尽管也是客观存在,但就目前来说,只能间接为人类所利用。

(五)按信息有无变动和处理来划分

按信息有无变动和处理来划分,还可以分为一级信息和二级信息两类。一级信息是从信息源采集来的未经处理的事实,一级信息源包括一个公司经理就其公司的规划、财务安排、技术或其他活动发表的讲话,公司的年度报告,政府文件及资料,个人观察到的资料,等等。来自这些信息源的信息是没有经过变动、调整和处理过的,因此,一级信息源提供的信息应被视为准确的,除非该信息源故意说谎。一级信息源是原始信息的最重要源泉,获得作为第一手资料的一级信息应是创业者的目标。

二级信息提供的是变动过的信息。二级信息源包括互联网、报纸、杂志、电视、电台提供的信息,商业名录、行业协会出版物中描写公司的信息,有关公司的学术论文、报告等。二级信息比一级信息更容易找到,有时它可能是唯一能得到的信息。二级信息与一级信息的不同之处在于:一级信息是原始的,没有变动过的,通常也是完整的;二级信息是从更大范围的信息源中有选择地剪裁过的,或按一定思想倾向改动过的,但这并不意味着二级信息不如一级信息重要或不如一级信息准确。区分它们的差别只不过是为了在采集信息时要根据其来源和经过的渠道,给予它们不同的权重。使用二级信息的一个重要原则是可以将它同一级信息对照,反之亦然,使获得的信息得到佐证,以提高信息的可靠性。

四、信息的功能

现代社会的各个学科和社会领域都谈论信息的问题,说明信息有广泛的用途。因此,创业者一刻也不能忽视信息的存在、信息的获取以及发挥信息的作用。那么,信息有些什么功能和作用呢?有人为信息归纳了八大功能:信息是生存的资源;信息是知识的源泉;信息是决策的依据;信息是控制的灵魂;信息是思维的材料;信息是实践的准绳;信息是管理的基础;信息是组织的保证。就信息的重要作用来说,这些评价丝毫也不过分。具体而言,信息的功能主要表现在以下几个方面:

(一)信息是认识事物的媒介

人们为了安排自己的活动,每天都要通过视听器官获取各种信息,以便了解情况,增长才干,更有效地安排活动和实施某些计划。作为认识主体的人,认识客体事物是通过客观事物发出的信息实现的。认识过程是接受和处理信息的过程,通过事物发出的信息观察事物的各种现象,进而综合、分析、探索、研究、了解事物的属性和本质。所以,信息是人类认识事物的媒介。

(二)信息是交流的工具

人类交流思想、交流知识是通过交流信息来实现的,交流信息使用语言、文字、图像等不同形式的符号,通过印刷品、磁带、胶片等载体及各种电信设备把信息传给接受者。

(三)信息是决策的基础。

决策,就是在充分掌握信息的基础上,根据客观形势和自己的实际条件,权衡利弊,确定目标和实施方略的过程,简言之,就是对做什么和怎样做作出决定。决策要了解情况,而掌握了信息才能了解相关情况。所以,掌握信息是第一步。古人说知己知彼者百战不殆,不知彼而知己者一胜一负,不知彼不知己则每战必殆,这说明了了解情况对决策和胜战的重要作用。决策首先是了解情况,了解情况全面而深刻,准确又及时,决策就会正确,反之决策就会失误。那种凭"长官意志"、"拍脑袋"的决策方法,只能造成决策的失误。

(四)信息是人类的第二资源

从社会发展和人民生活条件来考察,人类是越来越富有了,而且不少自然资源并不富有的国家也发展和富裕起来,或者说原来贫穷的国家赶上并超过了原先富裕的国家。通过观察可以发现:这些国家的发展和科学知识的进步与及时掌握信息有密切关系。提高、普及了知识,交流和了解了国际市场行情与科技进步的信息,国家也就迅速发展、繁荣和强大起来了。文化科学知识落后的国家,即使拥有丰富的自然资源也还是贫穷的,资源并没有成为财富。

从上述情况可以看到,人类物质财富的增长与知识水平的提高是密切相关的。人类对客观物质世界从不认识到认识,从认识到使用,从而构成物质财富,这也正是知识发展的过程。显然,科学技术知识使自然物质从无用发展到有用,从小用发展为大用,从一用发展为多用,不断扩大了人类的物质财富。所以,物质财富是自然物质与科学技术知识结合起来的结果。如果把被人类认识的自然物质看作第一资源,那么科学技术知识等信息就是第二资源。

第一资源与第二资源密切结合才能够构成物质财富,单独的任何一种资源不能起作用。没有被人们认识、没有与知识结合的自然物质不能成为资源,只有在被人们认识以后才能成为资源和财富。所以,尽管不少自然资源是不能再生的,但是人类不断地实践、研究、总结,认识与改造世界的知识随之不断增长和提高,资源领域也就不断扩展。实际上,某种自然物质是在历史发展的一定阶段,即由于作为第二资源的科技知识的发展,才被发现、采集、提炼、使用,从而才成为人类的资源和财富的。第一资源是随着知识的发展而不断扩展品种、增多用途的。在社会财富的增长过程中,知识是动力,起着决定作用。

(五)信息是推动科技进步的手段

当今世界是一个竞争的世界。个人之间的竞争、群体之间的竞争、国家之间的竞争,关键是科技方面的竞争。人们要想在激烈的竞争中始终立于不败之地,就必须下大力气推进科技进步。而促进科技进步最简单、最有效的手段就是广泛采集、引进、消化和吸收国内外的科学技术信息。科技信息不仅能帮助我们及时掌握国内外最新的研究动态,避免重复研究别人已有的研究成果,还能够帮助我们直接采用别人的先进技术,使我们的科技进步水平始终处于前列。

(六)信息是市场竞争的关键

在市场经济条件下,企业的发展无时无刻不与市场保持着联系。市场既是企业生产的出发点,又是企业生产的归宿。脱离了市场,企业的发展就会受到制约,其生存甚至也受到威胁。为此,企业应把市场调查和商品销售分别看作是生产过程的前奏和延伸,并把它们看成是企业经营活动的主要内容。实质上,市场调研的过程就是对各类市场信息进行采集、加工整理和分析的过程;商品销售的过程也包含着将经过加工、处理的信息以广告、宣传和实物输出等形式向市场传递的过程。显然,市场竞争,在很大程度上是信息竞争,市场信息已经日益成为当今世界经济发展的核心要素之一。

第二节 创业信息的采集

一、信息采集的基本要求

信息是客观存在的。创业者要把大量客观存在的信息经过有意识的采集或搜集,并把采集来的信息用文字、数字、符号记载下来,作为信息资料,再经过处理、分析形成创业信息。因此,信息采集是获取创业需要的信息的首要工作。

信息采集不仅仅是信息工作的起点,而且还贯穿于信息工作的全过程。在初始阶段进行一定量的采集工作之后,就应进行信息的加工整理。在信息处理中,一方面可能因为开始采集的信息不全或不准确,需要进行补充性的采集或追踪采集;另一方面,可能因为客观经济运动又有了新的变化,呈现出新的特征而需要进行再采集。在信息的传递、储存、利用等阶段中,也可能因为某种特定需要和这种特定需要的变化而要进行重新采集。这就是说,信息采集往往不是一次完成,而是贯穿于信息工作全过程之中的。

另外,信息采集工作的好坏,直接关系到整个信息处理工作的质量。经过采集得来的信息真实程度如何、时效性的高低、价值的大小等,直接影响和制约着信息工作的质量。如果采集的信息失真、时效性差,对这样的信息进行加工,得出的结果必然是一些不真实、没有时效的信息。信息处理和利用的质量在很大程度上取决于信息采集工作。为此,信息采集要符合以下一些基本要求:

第一,信息采集要求全面。信息的分布是不均匀的,不同的经济地区、不同的经济部门、经济活动的不同环节,信息分布的密度是不同的;在经济发展的不同阶段,信息生成量的大小也不相同。因而,信息的采集首先要进行大面积扫描。特别是采集经济活动的描述性信息,只有在大面积扫描的基础上进行深入搜寻,才能防止重要信息被遗漏。同时,信息采集者思路要开阔、敏捷,既要着重对经济活动现场进行信息采集,也要善于通过间接方式,从各种印刷文件、动态资料或其他途径采集信息,不断开拓信息采集的领域,保证原始信息采集的全面性。

第二,信息采集要求真实可靠。原始信息一定要真实可靠,这是一个最基本的要求。为了保证信息采集的真实性,首先要求信息来源的真实可靠,特别是通过间接方式采集信息时,更要注意这一点。在进行描述性信息采集时,文字表述要明确,数字要精确。同时,在采集过程中要随时注意鉴别,从一开始就要剔除不真实的信息资料。对一些模糊度较大的信息,要追根溯源,直到弄清楚为止,切忌让模棱两可的信息混杂其中。

第三,采集的信息要求保持系统性和连续性。经济运动本身就具有极大的系统性和连续性。因此,在进行信息采集时,对某一经济活动变化中的一系列动态状况和变化特征,要求进行系统的采集,并要对各个经济现象不同发展阶段的变化情况进行连续的采集。这里所说的采集信息的系统性,并非无所不包,贪多求全,而是要求所采集到的经济信息能够系统地反映某一经济现象在一定时期变化的概貌,它是长期的、连续采集的积累。

第四,要求采集那些信息含量大、价值高的信息。不同的原始信息所含信息量大小、价值高低是不同的,而且正因为是未经加工的原始信息,有的只表述经济活动的表面状态,有的是揭示了经济现象的本质特征和变化趋势。作为创业信息采集者来说,要求尽可能采集信息含量大、价值高的信息,特别是注意采集那些先兆性强、又有意义的信息。这就要求创业信息采集者具有敏锐的洞察力、判断力和科学的工作方法。

第五,要求信息采集者有极大的主动性。经济活动过程中时刻都在生成大量的信息,但必须靠人去采集,而且还要去搜集。信息采集工作要求采集者会找、会搜,要善于多搜、勤搜、追搜,只有积极主动地进行搜集,才能把每一个有价值的信息及时捕捉到手。

二、信息的来源

在创业的早期阶段,信息对创业者来说非常重要。创业者必须找准信息源,做好市场信息调研。而信息的来源不外乎两个方面:公共领域信息和非公共领域信息。

(一)公共领域的信息

公共领域的信息是能公开得到的信息,这种信息数量巨大,任何想得到的人都能得到。这些信息可以来自于各种传媒、互联网、图书馆、政府机构、行业协会、大学或专门的咨询机构。在图书馆里可以查找到已经发表的关于行业、竞争者、顾客偏好的趋向、产品创新等信息,甚至也可以获得有关竞争者在市场上所采取的战略方面的信息。互联网也可以提供有关竞争者和行业的深层次信息,甚至可以通过潜在的消费者对"聊天室"中某些问题的反应直接获得必要的信息。政府部门也是重要的信息源,要通过公共信息了解有关公司的信息,第一步可查看各级政府部门的资料。一般各级政府的经贸委都掌握国有企业的资料;外经贸委掌握有外来投资企业、合资企业的资料;工商局都保存有注册公司的名称、法人代表、注册资本、营业场所、经营范围等方面的资料;统计局存有有关产业的统计数据,包括详尽的库存情况、生产情况、需求情况;规划局可查询建筑许可的档案,这些档案告诉你竞争对手有哪些新的发展行动,等等。

由于公开发表的信息容易得到,容易组织,不需要人际间接触,而且不需要花费更多的成本,因此,创业者在需要花费更多成本在非公开领域采集信息之前,应先尽一切努力从公共领域中采集信息。

(二) 非公共领域信息

非公共领域的信息是不能公开得到的信息。不能公开得到的信息并不意味着就是保密信息或私有信息,只不过要获得这些信息需要一定的努力,动一些脑筋。采集非公共领域信息包括直接观察、访谈、试验以及问卷等。

直接观察是最简单的一种方法。创业者可以通过对潜在顾客的观察,记录下他们购买行为的一些特点。也可以通过参观竞争对手的工厂,直接观察其制造程序和生产情况。

访谈或调查是采集市场信息最常用的方法。这种方法比直接观察的花费更多,但能够获得更有意义的信息。访谈可以通过面谈、电话、信件等不同途径。这三种访谈方式的成本、灵活性、反应率、速度依次降低。

问卷作为采集信息的一种手段,创业者在使用时,应针对研究目标来设计特别的问题。问题应该是清楚而具体的,并且要容易回答,不应对回答者造成误导。由于问卷研究、设计对研究过程非常重要,如果创业者在这方面没有经验,可以寻求有关机构的帮助。

(三) 互联网与信息高速公路

互联网与信息高速公路是当今获取公共领域信息的重要渠道,对处在知识经济初露端倪的信息时代的创业者来说,很有必要加以了解,以便通过它们获取自己创业所需的信息。

1. 互联网(Internet)

1995年被人们称为互联网络年。在这一年,以互联网络为代表的网络热潮,在全球计算机领域掀起一股强大的冲击波,一个以网络为中心的计算机新时代,正在取代以个人计算机为代表的计算机时代,成为信息社会来临的显著标志。

计算机网络,简单地说,就是将各自独立的计算机处理节点通过线路连接成为计算机系统,节点之间可以通信和交流信息,通过网络可以联结分散于各处的信息系统,使所有的资源(包括人、计算机、信息)能够为人们所共享,使他们得以跨越时空和地域的局限协同工作。互联网被人称为"计算机网络的创始者"。

互联网是60年代随着计算机技术的发展而出现的,八九十年代以大大超出人们意料的速度迅猛发展。截至1995年底,互联网已扩大到155个国家和地区,用户达4 000万。据权威人士估计,互联网的"人口"以每月15%左右的速度高速增长。

互联网最早产生于美国。1969年,美国国防部高级研究项目局研制用于支持军事研究的计算机实验网络,主要用于联结美国从事国防项目研究的计算机。1988年底,美国国家科学基金会在全国范围建立了五大超级计算机中心。为了共享巨型计算机的资源,该基金会投入了全国组网工程,全美上百万台计算机及几百万个用户开始进入国家科学基金网络,作为互联网最主要的成员。与此同时,其他如能源科学网、航天科学网及商业网等统统串联起来构成互联网,并且各国的计算机网络很快纷纷加入到互联网,使之成为全球范围的公共网。所以说互联网是计算机网络的网络。计算机已把整个地球编织成一个小小的村落,世界形成了一个无边无际的网,甚至在南极洲的苏格兰基地的几台计算机也进入了互联网络,使南极点的基地与美国本土相联。

互联网像野火一样在全球蔓延,这样一个全球性网络是计算机专家梦寐以求的。互联网使计算机应用发展到一个新的水平,世界各地的信息和计算机技术资源任你选用。互联网已经延伸到地球的每一个角落,已影响到人们工作生活的许多方面,各行各业都试图在网上占有一席之地。因此,国内外许多专家认为互联网是未来信息高速公路的雏型。

2. 信息高速公路

自从1993年美国总统克林顿提出兴建信息高速公路的计划以后，从发达国家到发展中国家都对这个问题产生了极大的兴趣。很多国家和地区纷纷效仿，分别制订出本国或本地区类似的计划，并开始实施。

"信息高速公路"实际上是"国家信息基础设施行动计划"的一个形象的比喻。简单地说，就是把计算机通过光缆、卫星及其他通信设备连接在一起的通信网络。普通的高速公路，是为了满足运输物质资料的需要而建立起来的基础结构，信息高速公路则是为了满足交换信息资料的需要而建立起来的运输信息资源的基础结构。信息高速公路的建设，标志着人类正在从对物质资源的开发与利用转向对信息资源的开发与利用。

信息高速公路有几个基本要素。

首先是路。目前有线传输电子信息数据的媒介是铜线，而光缆是今后的主要发展方向，这也是信息高速公路上主要的信息传递方式。光缆是一种玻璃和塑料制成的缆线，它非常光滑、纯净，如果你在几十里以外点上一支蜡烛，透过光缆也可以看到，它的最大优点是传输速度无与伦比，是人类有史以来所发现的最快的传送媒介，一秒钟可以传送一整套大英百科全书。

第二是站。任何路都有起点和终点，都有站。信息高速公路上的站就是千千万万计算机或计算机终端。有的计算机还连接着电视机、录音机、传真机、电话机等各种媒体设备。有的是大型计算机，它是信息高速公路的枢纽。有的是连接到用户家庭的计算机终端，它将信息直接传送到用户面前。

第三是车。信息高速公路上的车就是电子，它以数字编码的形式，满载着人们所需要的信息、知识，在信息高速公路上以光的速度驰骋。

由此可见，所谓的信息高速公路，实际上就是以数字化光纤和卫星通信技术、计算机技术、多媒体技术装备的国家或国际规模的大容量、高速度、交互式综合信息网络系统。

信息高速公路的建立将从空间、时间上根本改变传统的社会信息交流方式,创造一种全新的学习、工作和信息交流系统,极大地改变人与人之间的交流方式,因此人们称之为信息交流方式的革命。信息高速公路的建立,必将对经济和社会发展产生更加深刻、更加广泛的影响,也使创业者获取所需信息变得更为便捷。

三、信息的传递过程

（一）信息流动的方式

世界上任何一家公司每天在生产、经营等活动中都要产生大量的信息。无论这家公司是大是小,是强是弱,它都必须同外界打交道,打交道就会传递信息,公司的职员、顾客、供应商、批发商等等都是信息传递的渠道,并随着他们向社会各层次扩散。所以,信息的流动是不可避免的。

要以较高的效率采集到有价值的信息,创业者还有必要了解一下信息的流动方式。商业信息的流动从交易开始,每当买卖双方洽谈生意时,商业信息便传递了,只要有交易,即使严格保守的秘密也很容易成为公开的东西。下表是一家公司在买地建新工厂过程中信息流动的情况。

行动	行动者	公开信息	揭示的信息
为建新厂购买地皮	公司管理人员、土地提供方律师、国土局、规划局	规划局文件 银行文件	生产能力细节、扩张计划

从表中可以看出,买卖除了买方和卖方以外,还涉及律师、国土局、规划局。这些活动产生的信息在流动,除了所有当事人

会谈论它以外,还有有关交易的申请文件——规划局和银行的文件,即使是漫不经心的观察人员也会很快发现有关交易的各种信息。这些信息可能与公司的生产能力或其整个扩张计划有关。从这个例子可得出结论:每一个商业交易都透露信息,通过对交易的了解,就可以发现有用的信息。

(二)信息的传递过程

一旦有关某公司的信息扩散出来,在到达公众场合之前有个传递过程。

现举例说明某信息的传递顺序如下:

1. 即将宣布某事的传言在公司内传播。
2. 在事件被公布之前,消息灵通人士已知道了信息,这些人包括供应商、经销商等。
3. 事件正式公布。
4. 有关消息通过展销会、商业报刊、销售人员传到产业界。
5. 普通报纸对事件加以报道。
6. 文章被录入光盘或编辑成册进入图书馆。

了解信息传递的过程,可使创业者更好地评估信息的价值。一般而言,越是靠前的信息价值越大,但准确度越低。

(三)信息的综合

信息有些像印象派画家的画,站得很近看,你只看到不同色彩的斑点,没有规律,没有整体感。但如果站远一点看,你会看到整个图画、形状等。信息的开发也与此相类似。在你搜集零星的信息资料时,你不知道它们如何组成一个整体,只有在你看到了所有的零星资料一个挨一个地排在一起的时候,你才会看到整个形象。也就是说,有价值的信息是通过大量零散信息的综合产生的。因此,要做好创业的信息工作,必须做到:

1. 随时留心采集和保存信息。你必须发现信息,信息不会发现你。

2. 信息工作是经常性的工作。你必须长期地跟踪你的竞争对手,否则,你可能误解你所发现的东西。你需要整幅图画,才能觉察其中的变化。紧急关头的临时的信息采集工作肯定会遗漏关键要点,因为你需要信息时它可能不在那里。

3. 信息采集应注意满足两方面的需要。一是为解决某一临时问题(比如为回答一个问题或为解决某一问题作准备)而采集的信息;二是为长期的数据库建设而要求针对某一公司、某一产业不断采集信息,并将它们存入现有的数据库,随后不断将数据库更新,使之跟上最新的发展。

四、信息的采集方法

面对繁多而庞杂的信息资源,创业者如何以比较经济的方法迅速采集到所需的创业信息呢?在采集信息时应注意以下几点:一是采集信息的目的要明确,做到心中有数,有的放矢;二是采集信息的途径和内容要可靠,尤其对那些道听途说的信息,要花功夫辨别真伪;三是采集信息的态度要务实,防止信息在传输、计量、反馈等环节出差错;四是采集信息的视野要开阔,要多方面、多角度、多层次捕捉信息,拓宽信息来源渠道。

具体地说,采集信息的途径和方法主要有以下几种:

(一)从互联网中采集信息

计算机信息网络系统的形成和完善,为创业者提供了新的信息采集渠道。创业者可以通过互联网有效地、便捷地、低成本地获取有关信息。

据《南京日报》报道,在南京城北某大型农副产品批发市场进行蔬菜贩运的某些农民,已经利用互联网提供的各地蔬菜市场的需求信息,及时将南京的紧缺蔬菜品种从各地调运来宁。由于他们掌握了先进的市场信息获取技术和方法,能够及时地获得蔬菜的需求信息,并迅速作出反应,既满足并丰富了南京市民的菜篮子,同时他们自己也取得了良好的经济效益。

互联网是准备创业时可资依托的一个非常重要的信息源,它可以为行业分析、潜在市场估计等提供必要的信息。同时,互联网还可以成为创业计划和决策制定的有价值的信息源。除了可以为创业提供信息以外,互联网还可以通过制作主页和设定网址为创业者的产品和服务提供市场。

据《新华日报》2000年7月27日报道:2000年春季,沭阳县北丁集、悦来、刘集、耿圩等乡镇的菇农们发现卖蘑菇一下子变得容易起来,南通、盐城甚至浙江一些地方的罐头厂家的收购人员带着现金悄悄出现在他们面前。菇农们好奇地问这些外地人:"你们咋知道我们这里有蘑菇呢?"客人们说:"从'网'上知道的。"原来是乡里的干部从县里学了互联网的知识以后,把他们的蘑菇也"上了网"。

通过互联网,创业者也可以进入竞争对手的网页,以获得更多的有关竞争者的企业经营和市场营销战略等方面的信息。

(二)从发明专利中获取信息

利用法律和经济的手段来保护技术发明,推进技术进步,是国际上通行的一种做法,这种做法称为专利制度。伴随着一项发明的专利申请、审查、确认和公布,往往会产生一系列文献,这就是专利文献。专利文献是世界上最大的技术信息源。据世界知识产权组织估计,全世界专利数量目前已超过3亿个,每年平均有近100万个新的专利申请。目前,各国每年出版的专利文献占科技出版物的1/4,但内容包含了世界科技信息的90%~95%。因此,专利是发现新技术信息的独特的、非常重要的信息源,专利文件提供的有关竞争对手及其产品的信息有许多是在其他地方得不到的。

由于专利数量巨大,人工查询专利可能十分困难。专利信息的查询可以通过电脑在互联网上进行,这是查阅大量信息,以较快的速度找到相关信息的唯一途径。目前许多网站都提供在线直接查询全国的专利。美国的专利局将过去20年的专利信息上了网,全世界都能查到。

(三)从各种媒体中采集信息

由于新闻媒体是二级信息源,它不仅包含了原始信息,而且通常都有一些分析。

报刊是一个十分重要的信息源。据科学统计,报刊所载的信息量占社会总信息量的40%。采集报刊信息的方式可以是摘抄,也可以是剪贴。

广播电视传播信息的速度快而且形象生动。如中央电视台的"经济半小时"栏目、广播电台"金桥"栏目等,都是专门传递信息的渠道,其信息容量大,辐射面广,内容新颖而且有吸引力。

新出版的书籍能够提供新的有价值的信息,尤其是科技类丛书,不仅信息新,而且系统、全面,有创造性。

有时最好的信息源是行业杂志。这些行业杂志公开出版,具有权威性,所发布的信息具有可靠性、真实性和现实性。在这些刊物上发表的文章总是比一般报刊杂志发表的更突出重点,许多文章是由企业管理者或工程技术人员所写的,由于作者对公司十分了解,信息常常是准确可靠的,创业者可以从中发现一些报纸无法提供的有价值的东西。

(四)从千变万化的市场中采集信息

市场变化莫测,创业者应经常深入市场,调查研究,了解信息,掌握动态。特别是在创业初期,更应多方面掌握市场信息,正确判断市场行情,确保创业的成功。

采集信息的渠道和方法还有很多,创业者应当根据实际情况和需要,寻找和开拓新的信息渠道。

第三节 创业信息的处理

一、信息处理的重要性

所谓信息处理,主要是指将采集到的信息按照一定的程序和方法,进行分类、计算、分析、判断、编写,使之成为一份真实的准确的创业信息。信息处理既是具体工作程序,又是思维活动过程,不仅要投入原始形态的信息资料,而且还要采用科学方法和耗费大量的智力劳动。

信息之所以都必须经过处理这个环节,是因为:

其一,无论是通过市场调查所获得的信息,还是通过上网或查阅文献资料所获得的信息,在进行处理之前,都是一种原始状态的信息。这类信息是一种初始的、零乱的、无序的、彼此孤立的信息。同时,信息资料形式又是复杂多样的。这样的信息无法使用,也无法进行传递和储存。只有按照一定程序、目的和方法进行专门加工,才能将零乱的、彼此孤立的信息资料变换成有序的、系统化的、彼此紧密联系的信息。只有经过处理后的信息才能进入使用、存贮、传递过程,这种信息才是我们所需要的信息。

其二,信息处理过程也是去粗取精、去伪存真的过程。初始状态的信息其真实程度、准确程度都比较低,其中还混杂着一些不真实、不准确的信息。我们对初始状态的信息进行分析、比较、研究和计算,实际上就是对这类信息进行一次全面校验、鉴别,剔除不真实、不准确的信息,从而可以大大提高信息的真实性、可信度,同时压缩信息的多余的无用的内容,使信息浓缩起来,变模糊为清晰。在处理过程中发现不足的地方,还可以进行补充采集或追踪采集,以便提供新的信息资料。

其三，通过信息的处理，还可以产生出新的更有价值的信息。信息处理是一个由此及彼、由表及里的过程。在这个过程中，信息处理人员通过分析、研究、计算等工作，投入了大量的智力劳动，对初始信息进行思维加工，还能产生一些有价值的新的信息，这些信息比初始状态的信息重要得多。

正是因为信息处理有这样重要的作用，所以它是整个创业信息工作的重要环节。

二、信息处理的基本内容

信息加工没有一个固定模式，不同的要求、不同的初始信息处理方式各不相同。一般信息处理包括如下基本内容：

分类：分类就像梳辫子，将杂乱无章的初始状态信息按问题、时间、目的要求等，分门别类，排列成序。

比较：比较就是一种分析，从各种信息资料的比较中分析经济活动变化趋势及其特征。

计算：是按照一定方法对数据状态的信息进行处理的运算，并从计算中得出所需要的新的数据。

研究：在比较、计算的基础上作进一步深度加工，这需要信息处理者的智力分析，从纷繁的信息资料中形成新的概念、结论，也就是形成新的富有指导作用的信息。

判断：就是对信息的准确性、可信度进行鉴别，剔除不可信、不真实的内容，同时对信息含量、价值、时效也进行判断，以便提供利用。

信息处理的这些内容不是彼此割裂的，而是相互联系、交叉进行的，它们共同组成了信息处理的有机过程。

三、信息处理的基本要求

信息处理是信息工作的重要环节。为了更好地完成信息处

理的任务,必须遵循一系列基本要求:

准确——这是信息处理的最基本的要求。所谓准确,是指经过一系列处理后的信息资料能真实地、准确地反映客观经济活动的变化和特征。只有处理后的信息准确,才能保证它的有效利用。因为,信息处理是一种人为过程,在处理过程中不仅要投入初始状态的信息资料,而且还要投入处理者的智力、观点、技能等,这就存在由于信息处理者的主观原因而使处理出来的信息发生变异,丧失准确性的可能。正因为如此,在信息处理中首先要求做到准确。

及时——这是要求在信息处理中保持信息的时效性。现代化大生产,使经济活动节奏加快,变化迅速,信息不断地生成。而处理又是一个过程,如果信息数量大,处理效率低,许多时效性强的信息处于待加工状态,这就很容易使信息丧失时效性。为了保证信息的时效性,必须强调工作效率。特别是对一些时效性要求强的信息,更要及时处理,以发挥信息时效性的作用。

系统——这是要求经过处理后的信息能全面反映市场变化及其特征,提高信息有序化程度,使之符合创业活动及其管理系统的要求。处理后的信息片面,实际上是信息的一种畸变。创业者在信息处理中,要从创业活动的整个系统出发,将有关各个方面的信息按系统要求整理在一起,使信息系统、有序。

适用——这是要求处理后的信息要符合创业活动的需要,尽量提高创业信息的适用程度和范围,因为在信息处理中,存在着技术上的先进性、经济上的合理性与企业实际情况之间的矛盾。有的信息处理技术先进,但不符合创业企业的情况,处理后的信息就不适用。

经济——这是指在信息处理过程中,要讲究经济效益原则,注意信息的价值与所耗费用之间的关系。一般要求费用少,处理的信息多而且质量好。

浓缩——这是要求处理后的信息十分简明、清晰,尽可能地降低多余度,提高信息的清晰度。

四、判断信息的可靠性

在处理信息的过程中我们可以发现,来自不同渠道的信息常常互相矛盾。哪个渠道的信息是对的?关键的信息是正确的吗?当你得到具有创新意义的信息时,它可靠吗?弄清这些问题对保证创业信息的质量有很大的影响。这些问题可通过两种方法解决:确定信息源的可靠性和资料本身的可靠性。

信息源的可靠性可通过对这样几个因素的考察来判断:一是该渠道过去提供的信息的质量如何;二是该渠道为你提供信息的动因是什么;三是该渠道是否拥有该信息;四是该渠道的可信度怎样。

资料的可靠性可通过参考其他来源查证。如果资料来自印刷品,可通过电话等方式询问查证。如果信息是人员提供的,可以向一些人查证,也可通过访谈中得到的其他地方的数据查证。如果该资料未能有其他信息源证实,则不能算是可靠的。单一的信息源不是可靠的信息源,因此,不能把单一来源的信息作为创业信息的可靠依据。通常在信息工作中,从单独信息源来的信息,其主要用途是作为第一手资料对来自第二个信息源的信息加以证实。经过两个或几个信息源证实的消息才可被视为可靠的。

近年来,随着我国信息产业的迅速崛起,各种各样的信息服务已渗透进每个人的日常生活中,给人们带来了方便,带来了效益。然而,少数唯利是图者趁机将形形色色的虚假失真的"信息垃圾"混杂其中,给人们的精神生活和物质生活都造成了危害。因此,我们对采集来的信息要去伪存真。这些"信息垃圾"一般有如下特征:

一是子虚乌有,言过其实。某地一姓赵的农民从一张致富小报上看到,热带作物咖啡已在北温带地区试种成功,种植咖啡是脱贫致富的新路子。他喜出望外,花大价钱买了种子,认真种植,悉心呵护,秋后收获果实150千克,推算价值为2万元。然而经行家辨认方知,所谓"咖啡豆"只是一种普通中草药,价值每千克2元钱。类似的种(植)、养(殖)、加(工)产业方面的"信息陷阱"在现实生活中常能碰到。

二是"秘方"欺骗。例如,街头巷尾常见的"祖传秘方"、"药到病除"、"绝招"、"成功秘诀"、"致富速成"等等,掩人耳目,诱人上当。

这些"信息垃圾"带来的是实实在在的损失。据专家估计,由信息问题导致的生产低效、投资失误、重复建设,每年给国家造成的损失数以千亿元计,给个人造成的损失则难以计数。1993年全国工商行政管理部门查获的违法广告有6 647件,其中纯属虚假编造的广告就有3 029件,占查获假广告总数的45%。所以,创业者在对信息进行筛选时,必须去伪存真,避免上当受骗、蒙受损失。

五、信息处理的方法

信息处理的方法很多,将信息分类、梳理、贮存、分析的最终目的是能利用信息采取创业行动。因此,分析、处理信息不必复杂,只要完整、准确就行。分析一个信息或一种竞争环境,也不必拘泥于某种单一的模式或方法。

(一)信息的分类、梳理和贮存

采集到的信息在筛选之后,对于需要保留的信息还要作科学的分类和梳理。分类和梳理的目的,是为了更好地贮存和提取,更有效地使用信息。信息的分类没有固定的模式和标准,只要符合自己的实际,需要和便于提取即可。一般可将同一类型的信息来源放在一起。就生产经营过程而言,有物资供应方面的信息,有产品销售方面的信息,有价格变化方面的信息,有生产技术方面的信息,等等;就生产经营的社会背景而言,又有政治、经济、人口、法制、文化、心理、自然等方面的信息。前面列举的几种类型的信息途径也可以作为归类的标准。还可以按照不同的专题来对信息进行分类,常见的有市场需求、消费者反映、市场营销组合影响、竞争情况、新产品开发等专题。

对信息分类时,还要通过梳理,来检查信息资料是否系统化、条理化,是否齐全,是否有重复、有差错、有矛盾;若有,则应补充、剔除、删改和订正。凡能用数字表示的资料,都应分门别类逐项列表记录;不能用数字表示的资料,如质量、技术水平、服务等,可通过综合性的归纳、排列,以便贮存和使用。

信息分类、梳理后,便是贮存。贮存的方式有图书、音像磁带、摘抄的笔记资料、电脑软盘等。贮存信息应注意以下三点:一是要考虑资料贮存的安全,防止资料毁坏或丢失;二是要从节约的原则出发,在安排场地、使用橱柜及磁带等物时尽量少花钱,以实用为主;三是要存取方便,满足信息传递迅速的需要。总之,要保证信息贮存的系统性和完整性,以利于提高创业决策的准确性和及时性。

(二) 信息的深度加工

信息分类、梳理和贮存的目的是便于提取利用信息,因此属于初级加工阶段。为了使信息真正服务于创业决策,进而使其转化为现实的经济效益,还有必要对其价值作进一步分析,这便进入了高级加工阶段——信息的深度加工。信息价值的分析涉及很多方面,但以下几组关系必须首先处理好:

1. 表象与实质的关系

信息的表象与实质并不总是一致的,何况还可能有假象混迹其间。因此,对举足轻重的信息,必须透过表象,排除假象,把握实质,保证创业决策有正确的依据。苏北一生产衬衣的厂家,一度产品滞销,来自各地的信息无一例外地反映市场饱和、产品积压。眼看工厂就要停产,厂领导和职工非常着急。该厂一位青年职工却对反馈的信息有自己的看法。他认为,衬衣的需求量相当大,市场不可须臾离开这类商品。本厂衬衣滞销的原因主要是颜色单一、款式陈旧,满足不了消费者衣着个性化、款式新颖别致的需求。如果下决心改进颜色与款式,产品滞销的问题便可解决。厂领导采纳了他的意见,很快更新产品,投放市场,结果销路很好。由此可见,对信息的深入分析加工非常重要。

2. 信息冷与热的关系

在变化莫测的市场行情中,有些行业的发展、产品的销售往往会出现时快时慢、时旺时滞的现象。如何认识和把握这些或"冷"或"热"的信息呢?正确的方法应当是掌握其出现的规律,绝不因"冷"而消极等待,失去信心;也不因"热"而头脑发胀,忘乎所以。

1991年底,当风靡一时的"呼啦圈热"席卷大江南北时,许多经销商日夜兼程赴外地购进大量呼啦圈,一时间呼啦圈成了市场的热销产品。殊不知这股来势凶猛的流行风仅仅逗留了几周时间便悄然离去了,那些本想大发其财的商人,只好望着一堆堆的呼啦圈自认倒霉。原来,作为一项健身活动,玩呼啦圈不可能以"霸主"的位置替代其他健身活动,它的"风光一时",是靠人们的短时兴趣或好奇心理支撑起来的,随着人们兴趣的减弱或好奇心理的逐步消失,它也就失去了昔日的"风采"。这也反映出一个规律,大凡易热的流行风潮,同时也是易冷的。经商者只看到一时的狂"热",却看不到"热"后的骤"冷",就只能做赔本买卖了。

而与这个例子正好相反的事也很常见。湖南陈某是个养殖土鳖虫的专业户。在当地,他养殖土鳖虫最早,技术也较好,因而收入可观。但他并未因此而踌躇满志,却清醒地看到,近年来远近养土鳖虫的人数激增,供大于求的局面很快就会出现。他决定提前转向,改养蝎子。因为他了解到蝎子正好以土鳖虫为食,且蝎子是贵重药材,目前又奇缺。这样,他以廉价的土鳖虫为饲料饲养贵重的蝎子,既占领了市场,又取得了主动地位。可见,于变化中分析出新的信息,未雨绸缪,方能使自己的创业立于不败之地。

3. 信息新与旧的关系

在市场经济条件下,许多类型的生产经营均有显著的周期性特征,即由投入期至成长期,再到成熟期,最后进入衰退期。有时,一种产品在市场上没有多少销路,这就容易给人造成该产品已进入衰退期的印象,其实它还有相当长时间的可用性和可生产性,如能提高质量档次,改进或增加功能,改变款式、增加品种等,就有可能起死回生。因此,创业者应对那些产品的新与旧的信息进行鉴别,如确属挽救无望就得放弃。否则就要通过改造革新,从节能、增加功能及降低成本等方面努力延长产品的寿命。比如,中小学生所用的书包,许多厂家就是通过不断改进样式、增加功能等手段抢占市场的。

4. 信息的远与近的关系

有时,某种产品单从信息反映看,形势不容乐观,一般人都会望而却步。而有人则能以战略家的眼光,透过重重迷雾预见到它的远大前途,再据此进行风险性决策,往往先人一步,而获取丰厚的回报。

1992年,苏北一养猪农户陈某因生猪价格长期未涨,经济效益大受损失,同期养猪的许多农户都纷纷歇业收兵。而陈某认准一个理:猪肉是人们的主要副食品,生猪价格问题政府不会不管。于是,他非但未放弃养猪,相反却扩大了养猪规模。半年之后,因多数农民的养猪积极性不高,生猪短缺现象严重,国家采取了提高生猪收购价格的措施以鼓励农民发展养猪事业,陈某果然获得了很大收益。

综上所述,我们在对信息进行深度分析、思考的过程中,要把信息的价值置于社会大背景之中,置于发展变化的动态过程之中去仔细衡量、斟酌,不可浮于表面、轻率下结论而贻误创业良机。

六、信息处理的手段

信息处理的手段可以是多种多样的。虽然就目前来看,手工处理信息仍不失为一种稳妥的手段,但计算机技术的迅猛发展,使得信息处理手段产生了革命性的变化,从而大大提高了信息处理的效率和质量。

信息处理技术的发展使信息处理变得更加简单而容易。"信息高速公路"的建设,使信息传输的触角直接通到工厂、学校、商店、医院、机关和家庭,让绝大多数人能更加方便、快捷地获取、处理和利用各种信息,使信息资源得以共享并最大限度地开发、利用。由于越来越多的企事业已实现电脑化,个人计算机已上了许多人的办公桌,用电脑处理信息变得越来越常见。人们将采集来的各方面信息输入计算机,进行归类,制成图表,使信息处理简单化,便于信息的补充、修改、提取、利用。电脑除了处理文字数据以外,还能大量处理图像和声音信息。在娱乐、保健等行业,图像储存较普遍,图像数据库现在越来越受欢迎。图像很占空间,但随着计算机容量的扩大,储存成本降低,越来越多的企业开始利用图像储存技术。比如零售连锁店可利用图像数据库储存它的商品的图像,以便于分析铺面安排、顾客流动等情况,制造厂商可利用图像、数据库分析工厂工人的工作情况。声音数据库随着语言识别技术的发展也必然会兴起,访谈结果、顾客评论、工厂经理现场报告、会议备忘录等内容通过声音数据库储存,分析时有时比文字数据更有效率。

第四节　创业信息的利用

信息的采集、分类整理、分析处理的目的,是为了在创业过程中有效地利用信息。

一、信息优化是有效利用的前提

首先,信息优化要确保信息的准确可靠,提高可信度,能够真实地反映经济活动的情况。这是信息有效利用的基本前提。只有做到这一点,创业者才能大胆地运用信息,从而有效地开展创业活动。在创业过程中,各个环节相互制约、相互联系,如果某一环节信息失真,就会使创业决策失误,甚至造成重大的经济损失,这就根本谈不上有效利用了。假的创业信息比没有信息更有害。我们讲创业信息优化,首先要在信息处理过程中认真进行鉴别,去伪存真,去粗取精,提高可信度,并使创业信息尽可能地浓缩,达到优化。

其次,信息优化要求提高创业信息的灵敏度,使之能够灵敏、及时地反映市场的变化。如果信息不灵敏,失去时效,在市场不断变化、不断发展的情况下,提供给创业者的信息呆滞、过时,价值丧失了,也就谈不上什么有效利用,甚至还会因为信息灵敏度低,给创业活动带来很大困难。为此,在可能的条件下,应采用先进的信息采集和传递手段,提高信息工作人员的洞察力、责任感,以达到信息优化的基本要求。

再次,信息的优化还要求提高创业信息高效化程度。所谓高效化的创业信息,就是它的适用性强,不同的创业信息能针对不同的创业需要,以提高创业工作效率。决定创业信息效能高低的一个重要尺度,就在于信息的适用程度,适用性越强,就越能符合创业活动的不同需要,其效能就越高,反之则低。这就要求在采集、处理信息时,一定要从创业的实际需要出发,正确选定采集范围,确定加工处理的要求,处理时应尽可能剔除那些适用性差的部分。这也是信息优化的一个重要方面。

二、信息的利用

信息的利用有两种情况:

(一)创业之初利用信息为创业决策服务

创业之初,创业者为了作出正确的创业决策,须进行广泛的信息采集和市场调研,经过对各种信息的认真分析,最后确定创业投资方向。这类例子很多。

南京李某计划投资餐饮行业,经过市场调研,发现南京各类高、中、低档餐馆不仅数量多,而且竞争异常激烈,要想创业成功,必须既迎合大众口味,又要与众不同。经过深入研究南京人的饮食喜好及原材料来源,发现龙虾是南京人爱吃的一道菜,它味道鲜美且原料价格低廉,就是清洗、制作较麻烦,制作方法单调。为此,他请人设计了龙虾系列烹饪制作方法,形成龙虾宴,并从苏北盱眙县采购优质龙虾,由于质优、价廉、味美,他所开的龙虾馆生意十分火爆,成为南京饮食业的一个新亮点。

又如,女工王某下岗两年多来,为了争取重新就业的机会,多次去劳务市场应聘,但由于年龄偏大又无一技之长等原因屡遭拒绝。痛定思痛,她决心自己创业。为此,她到下岗职工创业培训班学习了三个月,掌握了一些创业基本知识。同时,她积极进行广泛的市场调研,发现我国的老龄人口越来越多,而老年人问题尚未得到应有的重视,特别是年龄过大或因病又没有子女在身边照顾的老人问题更严重,国家也无力解决所有老年人问题。了解到这些信息后,她顿时眼睛一亮:开办敬老院——这正是她要找的一条适合自己的创业之路。创业是艰难的,但是,有志者事竟成。如今,王某所开的敬老院不仅解决了40余位老年人的困难,还聘请了7位下岗职工来敬老院工作。王某不仅找到了适合自己的创业之路,还为社会作出了贡献。

(二)在创业过程中提取和利用信息

人们常在创业过程中提取已经采集、分类处理的信息用于创业实践,提取信息的类型一般有三种:

1. 信息利用的意向性提取

意向性提取是指创业已经有某一方面的打算,而这种打算又往往是不确定的。在这种情况下,提取信息分析一下打算的价值和可行性。

苏北孙某在职业高中读的是市场营销专业,毕业后在一村办厂当推销员,在三年的创业实践中一直为本厂生产的一次性茶杯打不开销路而犯愁。他明白,并非市场不需要这种商品,而是推销途径没找准。路子在哪里?他苦思不得其解。后来他想到自己的小信息库,便去检索信息。当看到一本列车时刻表时,他顿时醒悟:人们在乘火车时,需要一次性茶杯的可能性较大,何不在杯上印出列车时刻表、沿线站名等到各车站去推销呢?照此办理,果然打开了销路,为工厂带来了较大的经济效益。可见,信息的意向性提取有时能给创业带来新的转机。

2. 信息利用的实践性提取

实践性提取是在生产经营过程中遇到凭原有经验难以解决的问题,通过提取类似方面的信息寻找解决问题的答案。

1994年夏季,苏北出现了多年未遇的旱灾,一位学农机的中专毕业生朱某,面对水源枯竭的状况,想到了多年收集的信息。他从收集的三年前的信息中,提取了"水稻喷灌培育"技术的信息,及时购置了喷灌设备,掌握了"喷灌培养"技术,保证了水稻的正常生长,最终使本乡获得了比其他乡镇高三成的好收成。

信息的实践性提取,是一种针对性很强的信息利用方式,可直接帮助创业者解决迫切需要解决的实际问题。

3. 信息利用的探索性提取

探索性提取,是指对生产经营的未来性问题进行超前的探索和研究。信息的探索性提取的目的,是依据已经掌握的信息,去分析、判断未来的发展趋势、发展方式、发展途径、发展条件等,以便提前做好准备,争取未来发展的主动权。

三、信息利用应注意的问题

信息的利用是一个复杂的思维过程,需要注意的问题很多。创业者主要应注意以下几个方面的问题。

(一)信息的利用要力求及时

有些信息的时效性很强,比如商品销售情况之类的信息,往往是瞬息万变、稍纵即逝,捕捉不及时或者利用不及时便失去其价值。因此,对于这类时效性强的信息要及时采集,及时利用,使之及时产生效益。

(二)信息的利用要力求充分

在采集信息、分类梳理信息、深度加工信息时,人们已经付出了劳动;如果对信息的利用不充分,不仅对信息资源是一种浪费,而且对已付出的劳动也是一种浪费。因此,信息利用要务求充分。所谓充分利用信息,就是要使信息得到最大限度的利用,使创业活动产生最大的效益。

(三)信息的利用要系统化

有些信息在零散状态下,其价值可能不大;如果将其按不同要求加以组合,就很有可能在组合过程中提高信息的价值。比如,对主行业信息和边缘信息的组合,有时就能给创业活动带来十分显著的效益。因此,创业者在利用信息时,应很好地关注其系统化的问题。

■自学指导

一、学习目的与要求

通过本章的学习,应该了解、掌握信息的基本特征、类型和功能,信息的基本概念;着重掌握创业信息的采集、处理和利用的方法及手段;要掌握在互联网上采集信息的方法和用电脑处理信息的手段;能够在创业过程中广泛采集创业信息,并加以有效利用,确保创业成功。

本章共分四节:

第一节是信息概述。本节介绍了信息的基本概念、信息的特征、信息的类型和信息的功能。

信息无时不有,无处不在。不同的学科领域对信息的描述和定义各不相同。创业者主要应从信息采集和利用的角度来了解什么是信息。信息的概念有广义和狭义之分。为了对信息的概念有一个全面的把握,必须对信息的特征、类型、功能有全面的了解和清楚的认识。

信息的基本特征有:真实性、知识性、共享性、时效性、依附性和流动性。

为了了解、采集、加工、存储和使用信息,需要按一定标准对信息进行分类。

信息的功能主要表现在以下几个方面:信息是认识事物的媒介;信息是交流的工具;信息是决策的基础;信息是人类的第二资源;信息是推动科技进步的手段;信息是市场竞争的关键。

第二节是创业信息的采集。本节主要介绍了信息采集的基本要求、信息的来源及其传递过程;着重讨论了采集信息的主要途径和方法。

信息采集要符合以下基本要求:信息采集要全面;信息采集要真实可靠;采集的信息要求保持系统性和连续性;要求采集那

些含量大、价值高的信息;要求信息采集者有极大的主动性。信息的来源不外乎两个方面:公共领域信息和非公共领域信息。要充分利用作为公用信息领域的互联网和信息高速公路获取创业信息。了解信息传递的过程,可以更好地评估信息的价值。采集信息的途径和方法主要有以下几种:从互联网中采集信息,互联网是准备创业经营计划的一个非常重要的信息源,它可以为行业分析、潜在市场估计等提供必要的信息;从发明专利中获取创业信息;从各种媒体中采集信息;从千变万化的市场中采集信息。创业者应经常深入市场,调查研究,了解信息,掌握动态,正确判断市场行情,确保创业的成功。

第三节是创业信息的处理。本节主要介绍了信息处理的重要性、信息处理的基本内容和基本要求以及判断信息可靠性的方法;着重讨论了信息处理的方法;特别说明应用电脑可使信息处理简单化。

信息处理是将大量零散的、有时看起来似乎毫无意义的信息集中、研究比较和重新组合,从而发现新的可用于战略和战术决策的创业信息的过程。随着经济的全球化和通讯技术的迅速发展,现在的信息变得越来越复杂,信息量越来越大。信息必须经过分析处理才能使用,经过两个或几个信息源证实的消息才可被视为可靠的信息。在对信息进行筛选时,一定要花大力气去伪存真,避免上当受骗、蒙受损失。信息处理的方法很多,将信息分类、梳理、贮存、分析的最终目的是能利用信息采取创业行动。信息处理技术的发展使信息处理变得更加简单和容易。利用电脑处理信息变得越来越常见。电脑除了处理文字数据以外,还能处理大量图像和声音信息。

第四节是创业信息的利用。本节主要介绍了信息优化的重要性、信息的利用方法和提取信息的几种类型;讨论了在信息利用中应注意的问题。

信息的采集、处理,是为了在创业过程中能有效地利用信息。为了有效地利用信息,必须对信息进行优化。在创业之初,创业者为了作出正确的创业决策,须进行广泛的信息采集和市场调研,经过对各种信息认真地分析处理,最后确定创业投资方向。提取已经采集、分类处理的信息用于创业实践的类型一般有三种:信息利用的意向性提取;信息利用的实践性提取;信息利用的探索性提取。信息的利用要力求及时、充分、系统化。

二、本章重点和难点

1. 信息的特征、类型及功能
2. 创业信息的采集途径和方法
3. 创业信息的处理方法
4. 创业信息的利用

■ 练习题

一、多项选择题

1. 信息具有的属性有_____。
   A. 流动性　　B. 灵活性　　C. 时效性　　D. 滞后性
2. 下列信息源中属于一级信息源的有_____。
   A. 政府文件　　　　　　B. 电话访谈记录
   C. 公司的财务预算　　　D. 电视广告
3. 下列信息源中属于二级信息源的有_____。
   A. 顾客反馈的意见　　　B. 互联网上下载的资料
   C. 报纸上的报道　　　　D. 企业名录上的资料
4. 信息采集的途径有_____。
   A. 互联网　　B. 大学　　C. 书籍　　D. 政府
   E. 发明专利

二、判断题

1. 所有采集到的信息都必须经过分析处理后,才能用于创业实践。（   ）
2. 信息采集的目的是为了将信息分为一级信息和二级信息。（   ）
3. 要确保创业成功,信息是前提。（   ）
4. 消息中包含信息。（   ）
5. 信息就是知识。（   ）
6. 来自一级信息源的信息是被处理过的信息。（   ）
7. 一级信息的可靠性可以由二级信息来证明。（   ）
8. 上网查询专利信息是快速找到相关信息的唯一途径。（   ）

三、简述题

1. 信息有哪些特征?
2. 信息有哪些功能?
3. 信息处理的基本内容和要求是什么?
4. 除了本书所述的几种采集信息的渠道外,请你再列出五种以上采集信息的渠道。
5. 为什么信息必须经过处理才能利用?
6. 如何才能做好创业信息工作?
7. 在信息采集过程中有哪些基本要求?
8. 如何判断信息的可靠性?
9. 提取信息一般有几种类型?各适合什么样的情况?
10. 创业者从何处获得某一特别行业的信息?

四、论述题

1. 试述信息采集的方法。
2. 试述信息处理的重要性,并举例说明。
3. 试述信息处理的方法。

4. 如何应用互联网采集创业所需的市场信息？
5. 试述信息的来源及其渠道。

第四章

创 业 计 划

　　计划是对目标及完成目标途经的选择。创业计划则是对创业活动的目标及构想所作出的具体安排,它规定并指导着创业活动的方向,是创业活动的行动准则与纲领。创业计划的一个重要目的,就是在快速变化的市场环境下,为创业者提供指导原则与管理架构。创业计划的确立也为创业者提供了自我评价的机会。计划过程迫使创业者把他的设想带到客观现实中去考虑,诸如:这个设想有意义吗?这个设想可行吗?我的顾客是谁?我的竞争者又是谁?需要多少投资?投资回报又如何?我能管理好这个企业吗?这个过程类似于角色的预演,要求创业者仔细考虑各种情景,并考虑所有可能阻碍成功的因素。这个过程允许创业者计划通过各种方式来克服这些障碍。另外,创业计划也是创业者谋求潜在投资的敲门砖,潜在投资者通过创业计划来熟悉企业,了解它的目标,判断是否值得提供资金。本章我们首先讨论创业目标的选择,然后再讨论创业计划的编制。

第一节 创业目标的选择

一、创业目标的内涵

创业者成功的关键是有强烈的目标意识。在正式制定创业计划之前,应先问自己一个问题:你的目标是什么?

创业目标可以看作是创业者要完成的任务或是创业者的指向、抱负或使命。创业目标一般包括干什么、为什么干和干的结果是什么三方面的内容。

干什么,是创业目标的第一个方面的内容。回答这一问题看似很简单,其实很需要费一番思考。干什么,是目标确定的逻辑起点。如果这个"点"选准了,创业就有成功的希望;如果选得不够准确,创业活动就会走弯路;如果完全选错了,创业就会失败。比如,北京太阳火图片公司董事长岳杰1983还是个医务工作者,后来他迷上了摄影,当北京的影楼还不多时,他就以超前的眼光办起了"增益摄影工作室"。在市场调研的基础上,岳杰发现许多企业家都缺少他们满意的个人肖像照片,于时适时推出了为企业家拍肖像的业务。同时他把目光瞄准国外的一些企业,酬金即使比外国摄影师低也不计较,拿出的漂亮活儿一点也不比外国摄影师逊色,因此赢得了许多外商的认可。他先后为康柏电脑、惠普公司、西门子公司、大众汽车、雪铁龙汽车等一批著名外商企业拍产品图片。目前,他的摄影事业正如他公司的名字一样红红火火。岳杰选准了他的事业并获得了成功,而苏北农民张某却因目标选择失误而吃了苦果。张某与他人合办一家小型化工厂,开始工厂效益不错,但造成附近河水大面积污染,结果被勒令停产。可见,我们在确定目标时要慎之又慎。

为什么干,是创业目标的第二方面内容。创业的直接动机和间接动机都包含赚钱的内容,也确实有些人就是为了赚钱开始创业活动的。不过有的人赚了钱却堕落了,有的人赚了钱又赔了进去,有的人则成就了一番事业。创业无法回避赚钱问题,但如果仅把赚钱当作目的,事业就不会得到持续发展。赚钱应是创业的手段和条件,创业者既不能背离法制的约束,又要考虑自己所应承担的社会责任。"同仁堂"是一家历经百年而长盛不衰的老字号药店,目前已经发展成为一家大型集团公司。它的创始人不过是一名贩药材的药商,但在办店一开始他就确立了"汲汲济世,兢兢小心"的经商目标。在制药、卖药的同时,还举办许多慈善事业,如冬季设粥厂,救济贫民;夏天送暑药,预防瘟疫;兴办义学,资助教育……"同仁堂"历经变故,但靠在社会上享有的声誉,始终不倒。今天的"同仁堂"不但在国内享有盛名,而且名扬海外,事业仍在不断发展。

创业目标的第三方面是干的结果,或者说对创业最终结果的期望。某软件公司的创业目标是成为本地区软件行业的领头羊;果友纸业有限公司的创业目标是成为中国水果套装行业的市场领先者。干的结果是创业者、合作者和员工不断努力、执著追求的目标,是大家为之努力的方向。

创业目标不是唯一的,而是由众多目标组成的目标体系。有的属于长期目标,有的属于中期或短期目标;有的是全面性的总体目标,有的是局部性的个体目标。创业过程的每一个行动、每一个阶段都应有目标。

创业目标有以下功能:一是具有指向功能,使创业者的目的性、针对性更强;二是具有激励功能,能激发创业者加倍努力,克服困难,为实现创业目标而奋斗;三是具有标尺功能,即用已制定好的目标去衡量和判断创业行为的成效;四是具有凝聚功能,使参与创业的所有成员都能心往一处想,劲往一处使。

二、创业目标确立的依据

创业者要使自己的事业健康发展,为社会作出贡献,应根据时代趋势和社会需要,依据自身的特点与优势,立足于客观条件来确立自己的创业目标。

(一)努力满足社会需求

社会是创业的大舞台,要想在社会大舞台上获得创业的一席之地,就必须使创业目标与社会需求相一致。社会的需求既是创业者确立奋斗目标的首要依据,又为创业者施展才能提供了良好的外部环境和广阔的创业领域。正如人们常说的那样,急社会发展之所急,供社会发展之所需。只有这样,社会才能支持你的创业行为,认同你的创业成果。如东县新林乡青年王荣藩在确立创业目标时,能够自觉地从农村的生产实际出发,将创业目标置于农民迫切盼望的农业生产工具的技术改进上。他发明的手动喷雾器球状过滤装置,解决了喷施农药时容易堵塞的难题,不仅提高了雾化效果,而且还使用药量减少四分之一,用水量减少四分之三。王荣藩确立的创业目标,既有较大的经济效益,又有较好的社会效益,因此得到了社会的充分肯定。社会需求,不仅是指为了保证社会生活正常运转所必需的职业岗位,而且是指其中较少有人问津的职业岗位。要想从没有路的地方开辟出一条路来,一般地说,当然宜避开竞争激烈的热门行业,而选择那些较少有人问津的职业更易成功。这个道理并不难懂,但要照着去做并不容易。总之,创业者要摈弃职业有贵贱的陈腐观点,以社会需求作为确立创业目标的首要依据,力争在社会发展的大舞台上有所作为。

(二)促进社会进步

促进社会进步的条件包括物质文明和精神文明。就物质文明而言,最核心的就是科学技术的发展。创业者要使自己的产品或提供的服务在市场上有竞争力,最根本的途径就是提高自己经营业务的科技含量,增强创新意识。创业者如能做到这一点,就能把自身的进步与社会进步的要求结合起来。另外,创业者还应努力为社会主义精神文明建设作贡献。如果创业者所确立的目标与社会主义精神文明相背离,即使在短期内能获得暴利,也必然要遭到社会的否定。比如,制造黄色音像制品等,是社会主义精神文明所不允许的,到头来既危害了社会,又断送了自己的前途。

(三)合理利用社会资源

这一问题在我国尤其值得关注和重视,因为我国是一个资源短缺的国家。这一客观条件的制约,决定了谁能最有效地利用社会资源,懂得珍惜社会资源,谁才有可能在竞争中成为优胜者。太湖流域的乡镇企业有一个时期发展很快,但没有注意保护环境,使太湖受到了污染,结果又不得不治理污染,许多企业不得不停止生产,因为已没有环境资源可供利用了。

(四)创业者自身能力

不同的行业因其性质、特点的不同,对创业者的能力要求也不同,而任何人都不会全能全知,精于此,往往疏于彼。创业者在选择创业目标时,必须正确评价自己的能力及优势所在,力求与创业的具体要求相匹配。能力是指人们成功地完成某种活动所必需具备的个性心理特征,它是成功地完成某种活动的必要条件。一般认为,能力有两种含义:一是指已经发展出或是表现出的实际能力,如会开拖拉机,一分钟内打出60个英文单词,能讲三种外语等。二是指潜在能力,它不是指已经发展出来的实际能力,而是指可能发展出来的能力。潜在能力是一个抽象的概念,它只是各种实际能力展现的可能性,只有通过后天的学习才有可能变成实际能力。潜在能力是实际能力形成的基础与条件,而实际能力是潜在能力的展现,二者不可分割地联系在一起。从这一意义上讲,能力是一个动态的概念,对于年轻一代的创业者而言更是如此。创业者在评价自己的能力时,既不能采取狂妄态度,也不能有自卑心理。正确的态度是全面客观地分析自己的潜能,因为任何创业成功者的素质都不是天生的,成功的根本原因是最大限度地挖掘自己的潜能。人人都有创业的潜能,只是由于这种能力潜藏着,令人难以捉摸罢了。凡是善于运用这种潜在能力的人,便容易获得成功;而未能做到这一点的人,则其一生很可能是碌碌无为。

所以,创业者在创业的过程中,应充分扬其所长去取得成功。苏北农民王某职高毕业后一时没有创业项目,在家人的鼓励下开起了出租车。他干了一年,也积累了一些钱,但他始终提不起精神来,原因是他所学的应用美术专业没有派上用场。后来经过反复思考,他毅然放弃了当出租车司机,选择了制作广告的业务。在不到两年的时间内,他就顺利地打开了创业局面,承揽了不少广告制作业务,其创业成绩令人刮目相看。王某充分认识到了自身的有利条件,并利用自己的有利条件从事广告制作业务,从而取得了成功。

(五)符合兴趣

兴趣是个体积极探究事物的认识倾向,它使人对自己感兴趣的事物给予优先注意,积极地探索,并且带有感情色彩和向往心情。兴趣是干好一件事的动力。凡是符合自己兴趣的创业活动,就容易提高创业者的积极性,使创业者积极愉快地从事创业活动。兴趣对于创业者来说有以下几个作用:(1)对未来创业活动的准备作用;(2)对正在进行的创业活动的推动作用;(3)对创业活动的创造性态度的促进作用。根据自己的兴趣确立创业目标而取得成功的例子不胜枚举。网易公司创始人丁磊在高中时就接触电脑,那时进入了学校的计算机小组,编制的软件还获得了比赛的第二名。1989年考大学时,虽然选择了通信专业,但出于对计算机的热爱,在大学里他还是自学了计算机专业的几乎所有课程;同时,因为学的是通信工程的缘故,很自然地把计算机和通信结合得很好。前面提到的太阳火图片公司创始人岳杰选择摄影事业,就是出于自己对摄影的热爱。

当然,人的兴趣并不是绝对地固定不变的。由于诸多原因,有时创业目标的确立与自己的兴趣不完全符合。在这种情况下,就应当从与自己兴趣相近的职业中进行选择,并培养自己的职业兴趣。否则,完全拘泥于自己现有的兴趣,反而会作茧自缚,不利于创业目标的正确选择。1971年,谭正清与人合伙凑了1万加元,在蒙特利尔买下一个欠债17万加元的铸造厂。谭正清原先是学习电气工程的,并不懂得精密铸造技术。买下工厂后,他就一点一滴认真学习,每道工序都亲自动手。短短几个月内,他就掌握了全部加工过程,2年后工厂起死回生,4年后还清了所有欠债,而且资产发展到120万加元。1983年,他在美国开办了第二个精密铸造厂,然后又于1986年在蒙特利尔买下第三个精密铸造厂。在加拿大,华人经营具有世界先进水平的企业,且又如此成功,谭正清无疑是创业的典型。

三、创业目标确定的原则

既切合实际,又可以付诸实践,是创业目标确立过程中必须注意的两个方面。

创业目标切合实际,主要是指要切合社会实际需要,切合已经具备的和能够争取到的创业条件,切合创业者自身的能力和兴趣。这三个方面如果有某一个方面产生了脱离实际的问题,都有可能导致创业活动的受挫或创业目标的落空。这是因为任何创业目标的实现,都需要必要的先决条件;不考虑创业所必需的先决条件,那种仅凭着主观想像而制定出来的创业目标,不仅难以指导创业实践活动,难以带来创业的成功,而且还会将创业引入歧途。

制定创业目标不仅要注意切合实际,还必须注意创业目标的可行性问题。这是因为任何好的创业目标,都要通过实践才能变成现实,否则充其量只能是纸上谈兵而已。泗阳县屠园乡西于村农民陈某于1995年开始筹办规模较大的家庭养牛场,他认为搞养牛项目可行,其优势有三:一是当地饲草多,价格便宜;二是泗阳是酒乡,酒糟多且可以转化为饲料,变废为宝;三是泗阳县的周边地区养牛数量较少,市场牛肉价格较高,牛肉不愁无销路。由于陈某的创业构筑在坚实的可行性基础上,所以,1996年春他毅然投资82万元购进黄牛、水牛506头,建牛舍138间,聘请饲养人员11名。在喂养上,实行粉碎饲草、加料精养的科学方法,肉牛增重快、出肉率高。由此可见,创业目标的可行性大小,确实是创业能否获得成功的又一关键问题。

第二节 创业计划概要

一、创业计划的概念

创业目标为创业者指明了方向,但任何目标都不可能一下子实现,它只能分阶段分步骤地达到。为此,还需进一步制定实现目标的计划。创业计划是对创业活动的目标及实现目标过程中所涉及的内容所作出的具体安排,一般以书面的形式表现出来。创业计划通常包括各项职能计划,如市场营销、财务、生产、组织计划的集成;同时,它也提出创业经营的头几年内所有短期的和长期的决策方针。掌握制定创业计划的方法,并坚持实施计划是创业者必备的素质。

二、创业计划的组成

创业计划一般包括以下主要内容：

（一）简介

这是对创业经营计划内容所作的简要的概括，一般是在具体的经营计划制定之后再来撰写的。这部分内容有利于激起潜在投资者的兴趣，投资者通过阅读这部分概述，再来确定整个的经营计划是否值得全部阅读。因此，这部分内容应该是以简洁的和可信的方式强调创业经营计划的要点，即该新创企业的特点、所需要筹集的资金、市场潜力以及该风险企业将会成功的理由。公司的名称与创业者人员构成及背景也应在这部分得到描述。

（二）创业目标陈述

创业目标也应包括在创业计划之中，这部分主要用简要的语言清楚、明白地阐述创业者的创业目标与抱负，有关内容在第一节中已作了论述。

（三）创业设想描述

创业设想就是对创业活动进行全面勾画和描述。任何人在开始创业之前，都要对自己所从事的创业活动进行构想，其目的是分析自身的条件和市场状况，确定自己的经营特色与经营方向，实现创业目标。

这种描述也将使得投资者明确企业经营的规模和范围。关键要素包括产品和服务及其特点、目标市场、在目标市场上企业自身的优势和劣势、企业的地点和规模、所需人员和办公设备、创业者的背景等。对于任何一个企业，其所处的地理位置可能是成功的关键，当企业从事零售业和服务业时，尤其如此。创业经营计划中，企业地点的选择与企业类型有关。在考察企业将占用的建筑和空间时，创业者需要对一些因素进行评价，如公路或水路到有关设施的路径，公司到客户、供应商、分销商的路径，送货率及城镇的法规或城市规划法规等。一个放大的区域地图可以为创业者提供企业所在地周围的道路、高速公路进出口等情况。

（四）市场分析

有了创业设想，还必须进一步考虑：你的产品或服务会被市场接受吗？顾客会信赖你的产品吗？市场上有无提供类似产品或服务的竞争者？为了对将来自己的事业会变得怎样有一个可靠的预测，必须进行市场调查与分析。

市场分析包括对所在行业的展望，即分析各种影响行业的环境因素，提供关于该行业新产品开发的看法。竞争分析也是这一部分的重要内容，创业者应该识别每个主要的竞争对手，分析他们的优势与劣势，特别是分析竞争对手将如何影响创业企业在市场上取得成功。还有顾客是谁，应该对市场进行细分并识别目标市场。市场分析还应估计市场容量和市场趋势、市场份额和销售额。

（五）生产计划

如果新创企业是属于制造业的，则有必要制定一个生产计划。这个计划应该描述完整的制造过程。产品的制作过程可能包括许多工序，有的企业自己完成所有的制造工序，但也有的企业可能会将制造过程中的一些工序分包给其他企业去完成，这要视何种方式的成本较小来定。如果新创企业准备将某些甚至所有制造工序分包给其他企业，则应该在生产计划中对分包商加以说明，包括地点、选择该分包商的原因、成本，以及该分包商以往执行合同的情况等。对于创业者自己将要实施的全部或部分制造工序，也需要描述厂房的布局、制造过程中所需要的机器设备、所需原材料及供应商的姓名、地址、供货条件、制造成本以及任何资本设备的将来的需求等。对制造运营中的这些条款的讨论，对于潜在的投资者评估资金的需求很重要。

如果新创企业不是属于制造业，而是零售店或服务型的，则一部分计划内容可以命名为"经商计划",其内容应包括对货物购买、存贮控制系统以及库存需求等的具体描述。

(六)市场营销计划

市场营销计划是创业经营计划中的一个重要组成部分,它主要描述产品或服务将如何被分销、定价以及促销。而为了估计风险企业的盈利能力,需要对其产品或服务进行预测。营销战略决策过程中所需要的预算及相应的控制也应作讨论。

营销计划应该每年制定(在密切监控下按周或月作必要的改变),并把它当作制定短期决策的指路图。下一节我们将更详细地讨论营销计划。

(七)组织计划

作为创业经营计划的一部分,组织计划主要描述新创企业的所有制形式,即新创企业的所有制是独资、合伙,还是公司的形式。如果新创企业是合伙制,计划中应加上合伙的有关条款。如果新创企业是一个公司,就应该具体写明被核准的股票份额、优先认股权、公司的经理及高层管理者的姓名、地址及简历。除此以外,还应提供组织结构图以及职务描述与说明,用以明确组织内成员的授权及责任。有关组织计划将在第四节中作进一步讨论。

(八)财务计划

正如营销计划、生产计划及组织计划一样,财务计划也是创业经营计划的一个重要组成部分。它确定新创企业所需要的潜在投资承诺,并表明创业经营计划在经济上是否可行。通常,有三个财务项目需要在这部分进行讨论。

(1)创业者至少应该给出新创企业开始的三年中的预计销售额及相应的支出,其中第一年的有关预测还应按月提供。它包括预测的销售额、商品销售成本,以及一般费用和管理费用。通过收入税的估计可以预测出税后净利润。

(2)需要预测开始三年的现金流量,其中第一年的预测也要按月提供。因为现金是在每年的不同时间支付的,因此,按月确定现金需求就显得很重要,特别对第一年来说更是如此。要知道销售额可能是不规则的,而顾客的付款也可能会延期,因此,有必要借入短期资本以备稳定的支出(如工资、公用事业费等)的需要。

(3)需要预测资产负债表。资产负债表表明企业在特定时间的财务状况,它概括地给出企业的资产、负债、创业者及其他合伙人的投资以及保留盈余等重要财务信息。

(九)风险评估

在某一特定的行业和竞争环境下,每个新创企业都将面临一些潜在的危险,创业者有必要进行风险估计以便制定有效的战略来对付这些威胁。企业主要的风险可能来自于竞争者的反应,来自于自身在市场营销、生产或管理方面的弱势,来自于技术进步带来的其产品的过时。即使这些因素对新创企业不构成威胁,创业经营计划中也应讲清为什么不存在这种风险。

创业者也有必要提供备选战略以应对上述风险因素的发生。这些应急计划和备选战略向潜在的投资者表明,创业者对经营中存在的风险是十分重视的,而且对这些可能发生的风险是有充分准备的。

(十)附录

创业经营计划一般应有附录。附录中一般包含一些在正文中不是必需的补充材料。来自顾客、分销商或分包商的信函应作为例证信息而包含在附录中。任何资料文件,即用来支持计划有关决策的第二手资料或主要研究数据也应包含在附录中。租约、合同或已经发生的其他协议也应包含在附录中。最后,来自供应商和竞争者的报价单也应附在后面。

第三节　市场营销计划

对于创业者来说,营销计划是其创业计划中一个十分重要的组成部分。一般而言,营销计划应该是一个以年度为基准的计划,它着眼于与营销组合变量(产品、价格、分销及促销)有关的决策,并考虑如何将计划付诸实施。如年度预算一样,营销计划也需要每年制定。无论创建的企业属于何种类型,具有多大的规模,每一个创业者都需要编制营销计划。

就时间跨度而言,营销计划一般应着眼于新创企业前三年的策略。计划的详略程度因跨度的远近而不同。第一年的目标和策略应该最为充实,并按月加以制定;对于第二年和第三年的计划,创业者需要根据新创企业的长期战略目标来预计市场销售结果。每年,创业者应该在作出任何其他有关生产或制造、人员变动以及所需财务资源的决策之前制定市场营销计划。这个过程也常常被认为是运营计划过程,因为它包含短期的特别的目标和战略,它是企业其他方面计划的基础。

表 4.1　　　　　　　　营销计划大纲

市场分析
新创业企业的背景
细分市场研究
市场机会和威胁/优势和劣势评估
营销目标
营销战略和行动计划
目标市场选择
核心战略/定位确定
营销组合策略
营销计划实施的责任
预算
控制

表 4.1 给出了一个营销计划的大纲。这个营销计划大纲中的第一部分"市场分析",我们已经在第二节中作了简要讨论。市场分析是创业营销计划制定的前提,市场营销计划应是创业设想和市场分析的自然延续,这一过程体现了新创企业经营的市场导向性。在营销计划中,可以将已经完成的市场分析作一简要论述,作为其基本的背景资料。

另一方面,值得注意的是,营销计划大纲的模式并不是千篇一律的,特别是许多具体内容应视市场和产品特征以及企业的总体目标而定。本节的重点在于营销计划的短期方面,但这并不表明其长期计划就完全不重要。一般而言,创业者还需要对未来2~3年甚至5年的市场需求与市场销售作出预测,并将其作为企业经营计划的一部分。

一、市场分析

(一)新创企业的背景

这部分主要描述公司的背景资料。公司的背景资料要在对影响企业的主要宏观环境要素进行考察的基础上,回顾公司产品及服务的特点,明确创业面临的市场条件,如市场规模、增长率、市场分布、供应商的来源和可获得性、创新或新技术的威胁、新的企业进入的影响等。创业者还应对竞争环境作具体的评价,对每个主要竞争者都加以识别,并就他们的规模、目标、市场份额、产品质量、营销战略,以及其他能被了解的竞争者的意图行为的特征加以阐述。最后,上述各项可能发生的变化也应包含在这一部分中。

(二)细分市场研究

从前面所作的市场研究中,创业者应该对谁是顾客或目标市场是什么有一个清楚的了解。所定义的目标市场通常代表整个市场的一个或多个细分市场。因此,在确定适当的目标市场之前,有必要了解如何细分市场。

市场是由消费者组成的。消费者的需求存在着很大差异,任何一个企业都不可能同时满足消费者各种不同的需求。因此,创业者不能笼统地说面向市场,而应在市场细分的基础上选择特定的细分市场,针对特定的细分市场深化经营。所谓市场细分,就是根据消费者明显不同的特征,把整个市场划分为两个以上的消费群,每个消费群就是一个细分的子市场,每个细分子市场内的消费者应具有几乎相同的需要与欲望。市场细分使得创业者能够更有效地对同类顾客的需求作出反应,否则创业者就得确定一种能够满足市场上每一个顾客的需求的产品或服务。

创业者对市场进行细分一般按照如下过程进行:

其一,确定你希望追求什么行业和市场。

其二,根据顾客的特征及购买情况对市场进行细分。

(1) 顾客的特征:

地理的(例如,洲、国家、城市、地区);

人口统计的(例如,年龄、性别、职业、教育、收入和种族);

心理的(例如,个性和生活方式)。

(2) 购买情况:

期望的利益(例如,产品特征);

使用(例如,使用率);

购买条件(例如,时间的可获得性和产品的目的);

购买动机的意识(例如,对产品的熟悉程度及购买意愿)。

其三,对各细分市场进行评估。

(三) 市场机会和威胁、优势和劣势评估

在对各细分市场进行评估的基础上,创业者应当明确在自己面临的细分市场上的机会和威胁、优势和劣势,以便为目标市场的选择奠定基础。

例如,一个创业者开发了一种液体清洁剂,这种清洁剂可以用来在工作温度下清洁餐馆的烤架,可以除去家具上的油脂,清洁白色墙面、汽车减震器、室内装潢以及发动机,并且可以清洁轮船。那么,从它的用途中至少可以确定几个市场:饭店、家庭、汽车、轮船。对每个市场又可以根据以上的变量进行细分。就饭店市场而言,又可根据饭店的地理位置、饭店的类型(如快餐店、家庭饭店)以及饭店是否属于医院、学校、公司内部而对这个市场进行细分。然后,对每个细分的市场进行评价,发现家庭饭店这个市场具有极大的机会,因为,还没有其他产品能够在工作温度下对烤架进行清洁而又不会损坏烤架。而这个市场存在的威胁在于进入比较容易,易被主要竞争者模仿——实际上,有许多大公司也可能对这个市场感兴趣。创业者进而还应考虑在主要细分市场上的优势与劣势。例如,上述这类烤架液体清洁剂,在它的目标市场上的主要优势显然是它的独一无二的应用:它可以用在炙热的处在工作状态的烤架上,而不会释放能够分辨得出的气味;其他优势在于公司有饭店经营的经验,因此能够理解顾客。劣势在于,公司的场所和设备制约了其生产容量。另外,公司缺少针对该产品的强大的分销系统,不得不依赖于制造商的销售代表。除此以外,公司还缺乏足够的现金以支持强劲的促销。

二、确立营销目标

在营销战略决策制定以前,创业者必须确立现实的和特定的目标。营销目标是创业目标的细化,它反映了"我们想去哪里"。营销目标应当建立在对机会和竞争优势分析的基础上,应该特别指明诸如市场份额、利润、销售额、市场渗透、分销商的数量、新产品的上市、定价策略、销售促进以及广告支持等。

举个例来说,目标可能为 2001 年产品纯利润达到 150 万元。这一目标又可进而细化为:2001 年实现总销售收入 1 500 万元,产品销售量61 200单位,市场份额达3%,品牌知晓度为30%,销售网点1 000个等。

营销目标都是可以定量化的,并且是可以控制和度量的。把目标的数目限制在6到7个比较好,因为太多的目标将使控制和监管过于困难。显然,这些目标都应代表保证市场营销成功的关键方面。

三、确定营销战略和行动计划

一旦营销目标已经确立,创业者就能开始制定实现这些目标的营销战略和行动计划。这些营销战略和行动计划是对这一问题的回答:我们如何到达那里?为此,要选择特定的细分市场作为目标市场,确定核心战略,决定起支持作用的营销组合变量。

(一)目标市场

目标市场就是在市场细分与评估的基础上,企业选择的为之服务的市场。上例中的创业者最终选择了位于四个州的交界地界的独立的家庭饭店为目标市场。创业者发现该产品在饭店市场上竞争性很弱,该产品的优势最明显,进入该市场并不需要大量的营销资源。在此基础上,尽管存在某些威胁,但面对巨大的市场机会,公司还是决定把这个家庭饭店烤架清洁市场定为它的目标市场。

(二)核心战略

核心战略确定的是要传达给顾客的差别优势,它常被称为产品定位战略。可供利用的产品优势可以分为两类:(1)成本、价格差别优势;(2)基于产品或服务特点的差异化。换句话讲,你要么采取能够只通过降低成本长期支持的低价格,要么最好依靠产品中顾客认为是产品利益的某些元素,"高不成,低不就"是要不得的。例如,1991年康柏计算机公司遇到了麻烦,这个以前曾以其优质高价的手提计算机出名、经营业绩飞速增长的计算机公司首次出现了季度亏损。原因是,在竞争激烈的计算机市场上,它既不是低价位计算机的领导者,也不是质量、性能方面的领导者。

(三)营销组合

营销组合是公司用来在目标市场上实现营销目标的一整套营销工具。营销手段有几十种,一般把营销手段归纳为四个重要的营销变量:产品或服务、定价、分销和促销。以下我们对每个变量作具体阐述。尽管灵活性同样值得考虑,但创业者仍然需要有一个较强的决策基础,以便能对每天的营销决策提供指导。每个营销组合变量涉及的关键决策在表 4.2 中加以描述。

表 4.2 营销组合的关键决策

营销组合变量	关键决策
产品	品种、质量、性能、设计、特征、品牌、包装、规格、服务、保证、退货
定价	定价单、折扣、快速支付限额、信用条款、支付期
分销	批发商或零售商的使用、分销渠道覆盖面、分销渠道的长度、仓储、运输
促销	销售促销(展示、赠券等)、广告、人员推销、公共关系

1. 产品

这个营销组合要素是对新创企业即将上市的产品或服务的描述。随着经营设想的形成,又通过深入细致的市场分析,你的产品就自然形成了。这儿所说的产品包括服务业中服务项目的设计和形成。对产品或服务的定义不仅要考虑它的有形特征,还必须考虑其无形特征。

在考虑市场战略时,创业者需要考虑产品的所有方面:品种、质量、性能、设计、特征、品牌⋯⋯牢记满足顾客的需要这个目标,当顾客的需要发生变化时,就应在相应方面作出调整。

2. 定价

在营销计划这部分中,最难的决策就是为产品或服务确定适当的价格,亦即顾客必须为产品而支付的一定数目的金钱。一个质量好而且零部件较贵的产品需要以较高的价格来维护其产品形象。但创业者还应该考虑其他很多因素,诸如成本、折扣、运输以及毛利。估价的问题常常与成本估计的困难联系在一起,因为它们常常反映在需求中,而需求本身又是难以预计的。市场研究能够帮助创业者确定顾客愿意接受的合理的价格。

3. 分销

这个要素代表了为使企业产品能接近和适应顾客而采取的一系列行动。它为顾客提供效用,也就是说,它使得产品在需要的时候方便顾客购买。这个变量必须与其他市场营销组合变量相一致。例如,一个高质量的产品不仅有较高的价格,而且应该在质量形象较好的批发店分销。创业者在考虑分销产品的时候有许多选择。营销计划的这部分应该描述这些问题,诸如渠道类型、中间人的数量以及分销渠道成员所处的位置等。

4. 促销

促销代表了公司所进行的沟通和促进其产品到达目标市场的各种活动。创业者有必要设法告知潜在顾客有关产品的可获得性,或运用广告媒体如印刷资料、广播或电视等来告知消费者。创业者应该对每个可选媒体仔细评价,不仅考虑成本,还要考虑这些媒体满足市场目标的效果,也可以运用宣传手段作为产品引入市场的一种方式。独特的或创造性的营销设想常常会引起媒体的特别兴趣。地方报纸或贸易杂志常常会刊登有关新办企业的文章。通过运用公共关系战略向这些媒体发布消息,往往会起到免费广告的作用。创业者应该考虑把这些宣传方式与其他促销手段结合起来。

四、确定计划实施的责任

制定营销计划仅仅是营销过程的开始。为了实现所确立的所有目标,必须有效地实施计划,必须有人负责实施营销计划中的每个战略和行动计划。在创业之初,创业者可能要对所有的营销工作承担责任,因为他或她对控制和监督这个新创企业具有最强烈的动因和兴趣。随着公司的发展,可能再安排专人来负责营销工作。

五、营销战略预算

有效的计划决策必须考虑计划实施的成本。如果创业者遵循营销战略或具体行动计划,成本应该是合理而清楚的。如果有必要的假设,应该对这些假设作清楚的陈述,以便其他评价该书面营销计划的有关机构和个人(风险资本公司)能够理解这些实施计划。

六、控　制

计划的最后一个部分为控制,用来监测计划的进度,保证实际作业与计划动态适应,及时纠正偏差。控制部分应明确规定市场研究和其他信息的类型,它们对于测算完成既定目标的进度是必不可少的。要收集的信息依赖于目标。例如,如果目标是扩大市场份额,就必须及时收集这方面的信息。

最后,在这部分中包含应急计划是十分有用的,特别是在一个动态的市场中更应有应急计划。应急计划的目的在于鼓励创业者们预先考虑可能出现的困难,勾画出对特定负面发展所作出的反应,如对价格战或新进入者应采取的对策等。

第四节 组织计划

建立一个有效的组织,把人、工作与企业目标有机地结合起来,是每个创业者走向不断成功的必经之路。组织计划的主要内容是进行组织结构设计及确定企业组织的法律形式。

一、组织结构设计

组织结构表现为组织中所设置的各个层次的不同岗位,每个岗位上的成员所承担的责任和拥有的权力,以及各个岗位之间、组织成员之间的信息沟通和相互关系。

结构规定了人们在组织中的正式关系,它反映了一整套的创业活动。结构是全心全意地为组织的目标服务的。为了实现创业的目标,需要设置不同的岗位机构。工作人员为了有效地工作,必须在一定结构中顺畅地处理相互的关系,这就涉及权力与职责之间的关系,涉及分权与集权的关系。健康的组织是通过全体员工的工作得到发展的,这就是说每位员工知道他的责任与权利,在令人愉快、生机勃勃的气氛中,最大限度地发挥他们的才智与潜力,他们不但完成自己的工作目标,而且关注其他的员工,共同形成一个合力,保证甚至带动企业向前迈进。

组织结构设计的任务是提供组织结构系统图和编制职务描述及职务说明。

(一)组织结构系统图

组织结构系统图的基本形式如图 4.1 所示。图中的方框表示各种管理职务或相应的部门;箭线表示权力的指向;通过箭线将各方框连接起来,表明了各种管理职能或部门在组织结构中的地位以及它们之间的相互关系。

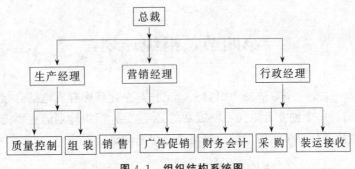

图 4.1 组织结构系统图

组织发展一般可以划分为三个阶段。在第一阶段,新创企业基本上由一个人经营,这个人就是创业者本人。刚开始,生产、市场和销售、行政这些部门可能都由创业者自己管理。在这个阶段,一般没有必要再下设管理人员(如图的上面二层),创业者与企业中的每一个人和经营活动的各个方面打交道。在这个例子中,总裁要管生产(可能会分包给别人)、市场和销售(可能会采用代理或代表方式)及所有行政事务如记账、采购和装运等。在这一阶段中,计划、衡量和评价、奖励、用人和培训等事项对组织来说还不是至关重要的。

当经营业务扩大以后,第二层次的管理人员被雇来协调、组织和控制业务的不同方面,组织发展进入第二阶段。在图 4.1 中,生产经理负责质量控制、组装各分包商的成品;营销经理制定销售和广告的战略,协调处于增长中的各代理机构;行政经理则负责企业经营中的所有行政事务。于是,衡量、评价、奖励、选任和培训等各项因素的重要性都逐渐凸显出来了。

当企业达到更大规模(如 1 000 人以上)时,就发展到第三阶段。此时,第二阶段各个经理的职能将会进一步分解,并由第三层次的经理人员(如质量控制经理)具体负责。图 4.1 省略了第三阶段的组织图,它与第二阶段的组织图类似,只是增加了一个层次。

随着组织的发展,经理阶层的决策对企业的动作变得越来越关键。在第一阶段,创业者可能是唯一的经理人员,此时所关心的主要是适应环境变化和寻找新点子。新点子找到后,创业者必须推动企业的发展,此时企业几乎所有的重要活动都在直接监控之下。等到企业发展到第二阶段,经理阶层就将不仅包括创业者本身,还包括属于第二层次的那些管理人员,此时创业者必须把许多责任和权力委托给组织中的其他人。经理们除了起到改革者的作用之外,还需要能对压力作出反应,如不满意的顾客、违约的供应商或关键雇员的辞职要挟等。

创业者的另一个主要职能是分配资源。经理必须决定谁能得到什么,这涉及预算的分配与责任的委派。对创业者来说,资源分配将是个十分复杂和困难的过程,因为一个决策会强烈地影响到另一个决策。经理的最后一个决策职能是作为谈判者进行谈判。关于销售合同、薪金、原材料价格等各项谈判是经理工作不可分割的组成部分。在第一阶段,所有的谈判需要创业者亲自为之,因为只有他或她才有适当的权威;到了第二阶段,许多谈判就可以委托第二层次的经理人员进行,但最高管理者必须把握大局。

(二) 职务描述和职务说明

组织计划中最重要的是职务描述和职务说明。职务描述帮助创业者弄清员工的职责。职务描述应该是很细节化的,必须包含要完成什么任务、每个任务的重要性和所需时间等方面的信息。职务描述能告知应聘者,企业想要的是什么样的人。职务描述应用清楚、直接、简单的语言写出。以下是职务描述的一个实例:

■职务描述

职务名称：秘书

隶属：经理

职务摘要：履行一般秘书工作，包括口述的笔录、打字、处理书信文件、安排约会事宜

任务：

1. 笔录口述的或录音的信息
2. 抄写或以打字机打出信件、备忘录或报告文件
3. 在会议上负责记录工作
4. 拆阅外来文件并分送各有关单位
5. 为经理进行电话联系及其他联系
6. 接听电话并录下信息。倘若经理忙碌，应分辨电话的重要程度以决定立即转请经理接听还是暂缓接听
7. 处理零用金
8. 招待顾客并安排约会
9. 申领与保管办公用品
10. 处理机密性文件

机器设备：打字机及口述录音机

工作环境：一般办公室所具有的环境

危险事物：无

职务说明主要也是用来让未来的员工能弄清楚其工作是什么，但比职务描述的内容更为具体。职务说明旨在指出为履行"职务描述"中各项任务所需具备的资格。"职务说明"内容通常包括：教育程度、经验、所受训练、判断力、体力、技巧、情绪特征、听力、嗅觉、适应力等。现再以上述秘书职务为例，说明如下：

■职务说明

职务名称:秘书

隶属:经理

教育程度:高中毕业或同等学历

专业训练:至少半年秘书实务训练,包括打字及速记训练

技巧:双手及手指的正常活动足以胜任电动打字机的操作,每分钟打字速度不少于40字

适应力:必须能适应经常性的工作转变,例如,打字、草拟文件、接待访客、翻阅档案等工作变换

判断力:有足够的能力判断访客的重要性、事情的轻重缓急,并决定是否立即呈报上司或延缓处理

仪表及谈吐:必须仪态端庄、谈吐文雅

企业内每一种职务均须备有"职务描述"及"职务说明"。这两种文件除了可作为招募职工的依据之外,还可作为草拟职工培训计划、考核职工工作表现、职工晋升或调遣,以及核定职工薪酬的参考。

为了提供上述两种组织设计的最终成果,组织设计者要完成以下三个步骤的工作。

1. 职务设计与分析

这是组织设计的最基础的工作,是在目标活动逐步分解的基础上,设计和确定组织内从事具体管理工作所需的职务类别和数量,分析担任每个职务的人员应负的责任及应具备的素质要求。

2. 部门划分

根据各个职务所从事的工作内容的性质以及职务间的相互关系,依照一定的原则,可以将各个职务组合成被称为部门的管

理单位。

3. 结构的形成

职务设计和部门划分是根据工作要求进行的。在此基础上，还要根据组织内外能够获取的现有人力资源，对初步设计的部门和职务进行调整，并平衡各部门、各职务的工作量，以使组织机构合理。如果再次分析的结果证明初步设计是合理的，那么，剩下的任务便是根据各自工作的性质和内客，规定各管理机构之间的职责、权限以及义务关系，使各管理部门和不同的职务形成严密的网络。

二、企业的法律形式选择

创办新企业时，首先遇到的问题是选择一种合适的法律形式，这是对企业未来产生深远影响的关键决策。任何一种企业的法律形式都会有利有弊，关键是要了解每一种形式的特征，并根据创业者企图达到的目标和自身条件选择一种最合适的形式。

企业的主要法律形式有个人独资企业、合伙企业和公司制企业三类。各种企业组织在具体形式上还有不同的情况。

个人独资企业——是单个人出资、独立经营并承担法律责任的企业，通常规模较小。这种企业在法律上为自然人企业，是被普遍采用的企业形式。

合伙企业——是由任何两个或两个以上的合伙人共同出资、共同承担经营责任、共同分享利润的企业。合伙企业这种法律形式一般用于专业性服务行业，如律师事务所、会计师事务所、投资金融企业和风险资本企业等。合伙企业是在合伙协议的基础上建立的。协议要对以下内容作出规定：每一个合伙人的权利和义务；各合伙人的职权以及对职权的约束方式；合伙人之间如何分享利润和分担亏损；明确合伙人之间可能出现争议的领域及其处理办法；等等。

公司——是企业的三种基本法律形式中最复杂、也是最符合现代企业制度需要的一种。公司与独资企业和合伙企业的最基本的区别在于：公司是法人企业，而独资企业和合伙企业是自然人企业；公司的财产属于公司所有，不是股东的共有财产；公司的经营业务由公司自己的组织机构执行，与股东没有直接关系；公司是法人，在法律上具有独立的人格，有权以自己的名义从事经营活动并参与其他有关的民事活动。

创业者选择企业法律形式时应考虑的主要因素有：税收负担、承担企业债务的责任、资金筹措、对企业的控制、创业者的目标、所有权转移和开办费用等。

1. 税收负担

不同法律形式执行不同的税种和税率，政府调整税则的频率也有差别。在决策前要以企业逐年的预计收入按照不同法律形式企业所实施的税种、税率试算税收负担，衡量选择哪种形式对创业者最有利。

2. 承担债务的责任

资金运行、产品滞销和经营决策失误都可能给企业带来债务，但在某些法律形式下，一旦出现债务诉讼时，可以对创业者个人资产提供更多的保护。因此，在选择企业的法律形式时，创业者必须决定自己愿为企业的债务及应履行的其他义务承担多大的责任。

3. 资金筹措

不同法律形式的企业筹措资金的能力有差别。因此，要视创业者所需资金的多少及自己可能找到的集资渠道选择最合适的法律形式。

4. 控制

选择某些法律形式会使创业者自动放弃对企业的一部分控制权。他必须及早决定：为了调动各方面的积极因素，选择合适的合伙人,做到优势互补,愿意在对企业的控制上作出多大牺牲。

5. 经营管理能力

创业者对自己的经营管理能力应有自知之明。如在某些领域经验不足或能力不强,应使具有这种才能和经验的人进入企业,选择最有吸引力的企业法律形式。

6. 企业目标

对企业规划的发展规模和盈利目标而言,创业者选择哪种企业的法律形式会产生相当大的影响。如果考虑不周,往往会在将来扩大经营规模时被迫改制,并为此付出很大代价。

7. 所有权的转移

创业者在选择企业的法律形式时,必须预见到有朝一日总会将企业产权移交给继承者或其他人接管,选择哪种法律形式更易于进行产权转移。

8. 筹办费用

某些企业法律形式所需的创办费用和起动费用很高,选择这种形式时必须量力而行,慎之又慎。

独资企业、合伙企业和公司制企业等三种主要形式,各有自己的长处和弱点,在选择企业法律形式时,必须根据自身条件以及要求达到的目标,避害趋利,全面分析,才能作出科学的决策。

第五节 财务计划

财务计划是对企业资金运用过程的规划和安排,它为创业者展示了一幅完整的图画:公司何时能够得到资金,资金投向何处,有多少资金可用,公司未来的财务状况怎样,等等;它使经营者对未来的经营和财务活动有事先的估计和预测,有较明确的目标。财务计划规定了企业经营活动预期达到的销售收入,各项开支的范围和金额,以及应实现的利润总额,这给企业经营活动指明了努力的方向,有利于企业合理地使用和占用资金,避免现金短缺,以获得最大的收益。同时,也是创业者对未来生产经营活动和财务活动考核的标准。

财务计划要使潜在的投资者明白,创业者计划怎样来满足各项资金需求,维持适当的现金流量,保证债务的偿付,获得良好的投资回报。一般说来,为了满足外部投资者的要求,财务计划要求有三年的预估财务数据,且其中的第一年需要有月度数据。

财务计划的编制一般采用表格的形式,使人一目了然。主要财务表格有损益预估表、资产负债预估表、现金流量预估表。

一、损益预估表

损益预估表是新创企业在一定时期内经营活动收入和费用的预估,一般按月、季、年度编制。由于它按规定时期反映所有收入和费用的情况,因而是日常决策过程非常需要的信息。在企业投入经营一段时间后,损益表就为将实际经营情况与计划目标进行比较,并据以进行必要的调整创造了条件。

一切从销售收入开始。没有销售产品或服务的收入,企业就无法生存。编制损益预估表的步骤如下:分析、预测商品或劳务活动开展的情况,测算各类商品的销售量或销售额;根据预计的销售量、销售额预测材料费用、工资费用,以及管理费用、财务费用和销售费用等各项支出;列出销售收入,减去产品销售成本,得到毛利;减去经营支出,得到规定时期的净利,将所有收入与费用汇总。典型的损益预估表见表4.4。

表 4.4　　　　　　　　　　　A 公司首年经营损益估计表

单位：千元

	1月	2月	3月	4月	5月	6月	7月	8月	9月	10月	11月	12月
销售收入	240	300	360	480	480	480	540	570	570	600	660	690
减：销售成本	156	204	240	324	300	300	348	366	360	384	432	456
毛利	84	96	120	156	180	180	192	204	210	216	228	234
经营费用												
销售费用	18	24.6	27.6	36	36	36	45	46.8	46.8	49.8	54	57
广告费用	9	10.8	11.4	15	15	15	18	42	18	21	24	27
工资与薪金	39	39	40.8	40.8	40.8	40.8	48	48	48	49.8	57	60
办公与设备	3.6	3.6	4.2	4.8	4.8	4.8	5.4	6	6	7.2	8.4	9
租金	12	12	12	12	12	12	12	12	12	12	18	18
公益费用	1.8	1.8	2.4	2.4	3.6	3.6	4.2	4.2	4.2	4.8	5.4	6.6
保险费	1.2	1.2	1.2	1.2	1.8	1.8	1.8	1.8	1.8	1.8	3.6	3.6
税务	6.6	6.6	7.2	7.2	7.2	7.2	9.6	9.6	9.6	10.2	11.4	12
利息	7.2	7.2	7.2	7.2	7.2	7.2	7.2	9	9	9	9	9
折旧	19.8	19.8	19.8	19.8	19.8	19.8	19.8	19.8	19.8	19.8	19.8	19.8
其他	0.6	0.6	0.6	0.6	0.6	0.6	0.6	1.2	1.2	1.2	1.2	1.2
经营支出总额	118.8	126.6	134.4	147	148.8	148.8	171.6	200.4	176.4	186.6	211.8	223.2
税前利润	−34.8	−31.2	−14.4	9	31.2	31.2	20.4	3.6	33.6	29.4	16.2	10.8
税务	0	0	0	4.5	15.6	15.6	10.2	1.8	16.8	14.7	8.1	5.4
净利润	−34.8	−31.2	−14.4	4.5	15.6	15.6	10.2	1.8	16.8	14.7	8.1	5.4

这张损益预估表告诉我们，A公司从第四个经营月份开始盈利。在损益预估表的编制过程中，首先按月计算销售收入。对新创企业来说，总要经过一段时间的经营，销售收入才能达到一定的规模，这一点并不奇怪。而且有的月份，推动销售收入增长所付出的成本可能会不成比例地增高，这在企业成长的特殊时期也是正常的。

新创企业除了编制第一年度按月统计的损益预估表外，还应该对第二、第三年的损益进行评估，这将有利于企业吸引投资。另外，新创企业在制定原始计划的过程中，坚持谨慎原则最为重要。计算预估的经营成本时，通过保守的估计，赢得理性的收益，将为新创企业的成功前景奠定良好的信用基础。

二、现金流量预估表

有时候，企业出现了盈利却同时出现了亏损的现金流量，这在新创企业中尤为常见。这究竟是为什么呢？作为创业者，应该知道现金流量并不等同于利润。利润是从销售收入中扣除支出后的余额，而现金流量则是真实的现金收入与现金支出的差额。只有当真实的偿付行为发生时，才会有现金数额的增减。销售收入不能等同于现金，因为销售收入可能只是应计收入，一个月之内可能还拿不到实实在在的现金；而且，并不是每一张票据都要立即支付的。另一方面，归还贷款本金而支付的现金，并非经营支出，却是现金减少的因素之一。还有，对资产的折旧是一项支出，可以减少利润额，但并不是现金的支出。

因而，现金流量问题也是新创企业面临的主要问题之一。一个可以盈利的公司也会因为现金的短缺而破产，这样的例子也很多。因此，如果现金流量出现明显的亏空，仅利用利润这个指标来判断新创企业是否成功，就可能得出错误的结论。

要预估现金流量，比较困难的问题就是如何精确地确定每月的现金收入与支出。这需要在假设的同时,还要坚持谨慎原则,以保证有足够的资金来应付入不敷出的月份。对上述例子中的这家公司,估计每月销售收入的60%是用现金来支付的,剩下的40%则将延期一个月收款。因此,2月份的现金收入包括60%的2月份的销售收入和40%的1月份的销售收入。对其他的收入,也可以进行类似的假设。例如,根据经验,可以估计80%的货物成本将在购买月份用现金支付,剩下的20%则可在下一个月里付款。根据这样的估计,就可以得出每月的现金流量。随着业务的展开,还要对现金流量的估计不断进行修正,这样才能保证其准确性。

现金流量表可以表明企业偿还到期债务的能力。这张表对企业投资者来说异常重要,企业应认真制定。企业需要按月制定出前三年的现金流量预估表。

表 4.5　　　　　　A 公司第一、二季度现金流量预估表

单位:千元

	1月	2月	3月	4月	5月	6月
收入						
销售收入	144	276	336	432	480	480
支出						
设备	600	600	240	0	0	0
货物成本	124.8	194.4	244.8	307.2	304.8	300
销售费用	9	21.3	32.1	31.8	36	36
工薪	39	39	40.8	40.8	40.8	40.8
广告费用	9	10.8	11.4	15	15	15
办公费用	1.8	3.6	3.9	4.5	4.8	4.8
租金	12	12	12	12	12	12
公益费用	1.8	1.8	2.4	2.4	3.6	3.6
保险费	4.8	4.8	4.8	0	2.4	0
税务	4.8	4.8	5.4	10.8	5.4	5.4
还贷付息	51.6	15.6	15.6	15.6	15.6	15.6
支出总额	822.6	908.1	673.2	440.1	440.4	433.2

(续表)

	1月	2月	3月	4月	5月	6月
现金流量	−786.6	−632.1	−277.2	−8.1	39.6	46.8
期初资金	1 650	969.6	339.3	62.1	54	93.6
期末资金	971.4	339.3	62.1	54	93.6	140.4

三、资产负债预估表

创业者也应编制资产负债预估表，汇总创业者的资产、负债和财产净值。资产负债表显示三方面的内容：资产——企业所有的财物；负债——企业所欠的财物；资产净值——资产总额超出负债总额的部分。资产负债表可以用以下公式表示：

资产（所有者的财物）＝资产净值（投资）＋负债（所欠的财物）

或：

资产净值＝资产－负债

资产净值可以用许多名称，如所有者的资产净值、所有者的投资额、所有者权益等。

为了使得其中的数据合理，资产负债预估表的制作必须与损益预估表以及现金流量预估表保持一致。另外，新创企业经营的每一笔业务都将影响资产负债表，但是考虑到时间、成本和必要性，资产负债表通常是按一定时间间隔分期（如季度、年度等）编制的，一般需要四张资产负债预估表。第一张表在企业开工前提供，另外三张在项目运行的前三年的每年年末提供。因此，资产负债表描绘了企业一定时期某一时刻的企业资产、通过何种途径进行融资以及企业计划借入多少、股东投入多少等状况。

表 4.6　A 公司第一年末资产负债估计表(2000 年 12 月 31 日)

单位：元

资产		负债及所有者权益	
流动资产		流动负债	
现金	302 400	应付账款	142 200
应收账款	276 000	长期负债的流动部分	100 800
商品存货	62 700	流动负债总额	243 000
其他	7 200	长期负债	
流动资产总额	648 300	应付票据	1 255 200
固定资产		负债总额	1 498 200
设备	1 440 00	所有者权益	
减：折旧	237 600	资本金	300 000
固定资产总额	1 202 400	未分配利润	52 500
资产总额	1 850 700	所有者权益总额	352 500
		负债与所有者权益总额	1 850 700

　　在这里,需要讲一下产权交易。产权交易涉及所有者资本和企业信贷资本(负债)的关系。举债过多的企业一般是指与企业筹措的信贷资金比较,所有者投入的自有资金过少的企业。当所有者权益比率低于 50% 时,在企业所需资金中,外部债权人供应的资金多于业主的自有资本,在大多数情况下,将会难以再从贷款、销售证券或其他投资者那里获得资金。这些企业确实处于举债经营状态,需要业主投入更多资金。

　　所有这些情况与预估不仅是为了编制损益预估表、现金流量预估表、资产负债预估表,更重要的是,它能令创业者熟悉影响经营的各种因素,了解这些因素的变化对企业的经营将会产生怎样的影响,并为创业者提供相应的决策依据。

■自学指导

一、学习目的与要求
1. 理解创业目标的概念、内涵、功能；
2. 明确创业目标确定的依据及原则；
3. 理解创业计划的概念及作用；
4. 掌握创业计划的组成；
5. 能够结合自身实际编写创业计划。

本章共分五节：

第一节是创业目标选择，主要介绍了创业目标的概念、内涵及功能，创业目标制定的依据及原则。由于创业计划是对创业活动的目标和构想所作出的具体安排，创业计划的制定首先要明确创业的目标。创业目标可以看作是创业者要完成的任务或者是创业者的指向、抱负和使命。创业目标可以从三个方面去阐述，即干什么、为什么干、干的结果。这也反映出创业目标不是唯一的。实际上创业目标是由众多目标组成的目标体系。明确了创业目标的内涵，也就不难理解创业目标的指向功能、激励功能、标尺功能及凝聚功能。在掌握创业目标的概念、内涵及功能的基础上，还应进一步掌握创业目标确立的依据及原则。创业目标应当努力满足社会需求，促进社会进步，合理利用社会资源以及创业者自身的能力与兴趣。创业目标的制定还应符合实际，切实可行。创业目标确立的原则实际上是对创业目标确立依据的进一步归纳。

第二节主要介绍了创业计划的概念及创业计划的组成。创业计划是对创业活动的目标及实现目标过程中所涉及的内容作出的具体安排，一般以书面的形式表现出来。创业计划一般包括以下主要内容：简介、创业目标陈述、创业设想描述、市场分析、生产计划、营销计划、组织计划、财务计划、风险评估。在掌握创业的计划组成时,应当明确各部分的内涵及各部分内在的逻辑关系。简介部分实际是对创业计划的扼要的介绍,以便使有关人员在有限的时间内把握创业计划的要点,决定是否继续往下读。所以,这部分内容非常重要。创业目标陈述是创业计划的起点,明确了创业目标,如何实现创业目标就需要创业设想。创业设想是否切合实际,这需要市场分析。如果创业设想切实可行,如何具体来实施创业设想以达成创业目标,这需要进一步制定生产计划、营销计划、组织计划与财务计划,并要对可能面临的风险作出评估,作出应急计划。

第三节主要讨论市场营销计划。这一节实际上是第二节的进一步展开。这一节主要包括市场分析、营销目标制定、营销战略和营销组合、营销预算及控制。在学习过程中应当注意上述步骤是个连续的过程,市场分析是制定营销目标、战略和行动计划的前提;营销战略和行动计划则是在市场分析的基础上,实现目标的具体措施;营销预算则是实现行动计划的成本;控制活动旨在保证实际作业活动与营销计划相适应并及时纠正偏差。此外,一些重要概念如市场细分、目标市场、市场营销组合等必须理解和掌握。

第四节组织计划主要讨论了组织结构设计以及组织法律形式的选择。组织结构设计的任务是绘制组织结构图和编制职务描述与职务说明。应当注意企业在不同发展阶段组织结构图是不一样的,创业者在不同发展阶段的作用也是有变化的。职务描述与职务说明则是两个相近的概念。职务描述明确了职务的职责,职务说明指出了为履行职务描述中各项任务所必须具备的资格。为了完成组织结构设计,首先要进行职务设计与分析,然后进行职务划分,最后形成组织结构。创办新企业面临的另一个问题是法律形式的选择,这是对企业未来产生深远影响的关键决策。为此,必须了解企业的主要法律形式。企业的主要法律形式有：独资企业、合伙企业、公司制企业三种。在具体选择何种法律形式时，应当在税收负担、承担企业债务的责任、资金筹措、对企业的控制、创业者的目标、所有权转移和开办费用等方面对各种法律形式作出评估，以选择最适合自己的组织形式。

第五节财务计划主要讨论了损益预估表、资产负债预估表、现金流量预估表。要编制损益预估表，首先要预测销售量、销售收入，然后根据预计的销售量、销售额预测各项支出；用销售收入减去产品销售成本，得到毛利；再减去经营支出，得到规定时期的净利；最后，将所有收入与费用汇总。现金流量表则可以表明企业偿还到期债务的能力。这张表对企业投资者来说异常重要，应认真制定。作为创业者，应知道现金流量问题也是新创企业面临的主要问题之一。一个可以盈利的公司也会因为现金的短缺而破产。现金流量并不等同于利润。利润是从销售收入中扣除支出后的余额，而现金流量则是真实的现金收入与现金支出的差额。只有当真实的偿付行为发生时，才会有现金数额的增减。要预估现金流量，比较困难的问题就是如何精确地确定每月的现金收入与支出。资产负债表显示三方面的内容：资产、负债、资产净值。资产负债表可以用以下公式表示：资产（所有者的财物）＝资产净值（投资）＋负债（所欠的财物），或资产净值＝资产－负债。应当注意编制损益预估表、现金流量预估表、资产负债预估表，这是创业者熟悉影响经营的各种因素，了解这些因素的变化对企业的经营将会产生怎样的影响，以及为创业者提供相应决策的依据。

二、本章重点和难点

1. 创业目标的内涵
2. 创业计划的组成
3. 市场营销计划、财务计划的编制

■ 练习题

一、单项选择题

1. 营销组合是指_____的组合。
   - A. 产品、品种、质量、价格
   - B. 产品、价格、渠道、促销
   - C. 产品、价格、渠道、广告
   - D. 品种、价格、渠道、广告

2. 说明履行工作中各项任务所必须具备的资格的是_____。
   - A. 职务说明
   - B. 职务描述
   - C. 组织结构
   - D. 组织形式

二、多项选择题

1. 创业目标具有_____。
   - A. 指向功能
   - B. 激励功能
   - C. 凝聚功能
   - D. 风险功能

2. 以下_____属于市场分析。
   - A. 竞争分析
   - B. 顾客分析
   - C. 成本分析
   - D. 市场份额分析

三、填空

1. 创业目标可从_____、_____、_____三个方面去阐述。

2. 制定损益预估表首先应当_____；然后_____；再次_____得到毛利；_____得到净利；最后将所有_____、_____汇总。

四、判断题

1. 创业目标是唯一的。   (   )
2. 现金流量就是指企业的销售收入。   (   )

五、简答题

1. 简述创业计划的功能。

2. 简述创业计划的组成。

六、论述题

试论述创业目标制定的依据。

第五章

创 业 管 理

确立了自己的创业目标,并作出了科学的决策,开始按照既定计划行动之前,我们还必须了解:现代企业处在科技、经济、社会迅猛发展的时代,处在广泛分工、密切协作、社会联系空前复杂的时代。随着我国经济体制改革的深入,我国的企业管理已经由生产型转变为生产经营型,由封闭型转变为开放型,企业再也不能等待和依赖,而必须能动地去适应由"买方经济"步入"卖方经济"的时代变革,自觉地去贴近市场经济的需要,勇敢地去迎接竞争的挑战。

第一节 创业管理理念

作为一个创业者,必须把自己的目光从内部扩大到外部,从眼前延伸到长远,系统地、发展地进行思考。计划确定以后,必须规定企业的经营目标和经营方针,确定企业的经营范围和经营规模,选择企业的组织结构、管理体制等,从而从整体上影响企业的工作秩序,影响企业的长远发展方向。英国通用电气公司的董事长威尔逊说过:"我整天没有做几件事,但有一件做不完的事,那就是计划未来。"可见,作为企业的舵手,创业管理者必须花相当的时间和精力去思考、研究、处理企业的战略性问题,而

不是仅仅充当"消防队员",把自己降低到浅表层次的管理者的位置。创业管理的基本因素有如下两个方面:

一是谋划全局。现代企业是一个复杂的开放系统。从内部看,其管理要素有人、财、物、技术、信息等,其管理环节包括供应、生产、销售等;从外部看,它要服从于市场需求,考虑竞争对手,而这些又要受政治、经济、技术、文化、自然等众多因素的制约和影响。因此,现代企业的整体综合性加强了。这就要求创业者必须具备整体意识、宏观意识甚至全球意识;既要有全局性,又要有层次性;既要高屋建瓴,统筹兼顾,全方位进行思考,防止顾此失彼,出现遗漏,又要分清不同层次,区别轻重缓急。美国的汽车业之所以被日本击败,是因为美国汽车业忽视了能源这个因素对汽车消费市场的影响。当石油危机来临之时,美国一些汽车厂家还在闭门造车,继续生产耗油量大的大型轿车。创业史上也不乏舍车保帅的成功例子。美国刀片大王吉列,曾经一度兼营计算机、电子表等电子电器产品,结果不仅在这些方面敌不过竞争对手,而且影响了原有产品的经营。他从挫折中认识到,转向生产电器产品是吃力不讨好,便毅然割爱,回到自己熟悉的业务上,重点经营剃须刀和美容用品等,重新夺回了经营的主动权。

二是思虑长远。现实是未来的基础,而未来是现实的发展;现实是立足点和出发点,而未来是着眼点和目标点。一个创业者在制定自己的管理方案时,只有立足现实,着眼未来,才能有所创新,适应内外环境的变化和发展,从而长期保持主动和领先,把握和赢得未来。因此,创业管理要体现出未来意识和超越意识,树立"明天即今天"的观念。

谋长远先要从长远观察问题。在我国农村实行家庭联产承包责任制初期,农机行业许多人认为"包产到人,小拖关门",于是一些拖拉机厂便转产自行车、缝纫机等热门货。而江苏常州拖拉机厂却不然。他们经过广泛深入的调查之后认为,随着农村经济的发展,必然有越来越多的农村劳动力摆脱土地的束缚,向工业、商业领域进军,因而以机械代替手工操作必然成为越来越多的农民的愿望,农机产品的市场有着广阔的前景。他们特别注意那些地多人少的地区,每户承包二三十亩,甚至三四十亩耕地,就更迫切盼望能买到小拖拉机。因此,他们坚持不转产,按原计划继续生产,在别的拖拉机厂降价销售时,他们坚持保证产品质量不降价,甚至花钱租下仓库,把一时卖不出去的产品存放起来。时过不久,他们科学预测的市场情况出现了,小拖拉机成了市场的紧俏货。那些转产自行车、缝纫机的企业,上也上不去,下又舍不得,几经折腾,元气大损。就这样,前者深谋远虑,后者只看到眼前一时的利益,最后的结果是天壤之别。瑞士在与日本的"手表战"中败北,其原因也是目光短浅。1969年,当瑞士人研制出世界上第一只石英电子表时,他们瞧不起这只"丑小鸭",认为它只不过是昙花一现的"玩乐商品",代表不了手表行业新产品的方向。而日本人却抓住不放,把发展石英电子表作为战略方向。出乎瑞士人所料,手表业的电子时代不可阻挡地降临了,他们在日本人的强大攻势面前只有无可奈何地节节败退。第二次世界大战之前,全世界90%的手表都是瑞士厂家生产的,到了70年代,这个比例骤降至40%。70年代末,瑞士全国有178家手表厂被迫倒闭,五年中从业人数从8万锐减到5万。就这样,由于目光短浅造成了企业未来发展方向上的错误选择。这使人想到那位叱咤风云的拿破仑说过的一句话:"在战争中不深谋远虑,将一事无成。"这同样是现代企业经营管理中的一条规则。

谋长远必须作出长期安排。日本日立公司的总经理小平曾要求公司的研究人员:"请你们在进行研究时,要考虑到十年、二十年以后的情况。"日本的多品种小批量生产方式,也是经过三代人的努力,才得以成功和推广。可见在创业经营管理中,"思想和行为短期化"是很难摘取成功的桂冠的。

一、人本意识

现代心理学的研究表明,人都有一种强烈的表现个性的欲望,喜欢做富有挑战性的工作,希望通过个人的努力,实现自己的理想和抱负。这一点对于创业者来说,表现得更为突出。古人高唱"天生我才必有用",正是这种强烈欲望的注脚。这种欲望在古代称之为追求功名,在现代管理心理学上称之为实现个人价值的需求。每一个人通过追求自己的自觉期望的目的而创造自己的历史。因此,个人价值的实现是激励一个人充分发挥潜力的内驱力。日本企业家土光敏夫认为:"人越早担负重担,进步也就越大。"他总结出的一条管理企业的成功经验,就是"重任主义"。美国《企业管理百科全书》中指出,造成人才外流的三个因素之一是缺乏"发展机会",一个欣欣向荣的企业能够吸引员工;反之,一个暮气沉沉的企业则容易使人产生离去的念头,因为在这样的企业中,丧失了个人发展和成功的机会。有个成语叫做"树倒猢狲散",很能说明其中的道理。精明的创业管理者,就要不拘一格地重用和提拔人才,敢于向富有事业心的人特别是年轻人压担子,公平地给每个人提供发展和施展自己聪明才智的机会,创造出能使人才脱颖而出的良好环境。只有这样,才能提高个人对组织目标的效率,让人分享组织目标实现时的喜悦,让这种喜悦能够不断刺激个人认识到组织存在的价值,培养个人对组织的认同感和归属感,从而为实现组织的整体目标而尽心尽力。

"人是世界上最宝贵的因素"这个杰出的命题,正是在继承传统文化中积极因素的基础上抽象出来的。有人认为这只是句老话,但它显示出了永久的生命力。现代科技的应用和发展不但没有使这个命题丧失其正确性,反而更加认同了这一命题。即使在现代化程度极高的企业里,人作为生产过程的设计者、发动者、操作者、调节者的地位依然是绝对的。人的脑力在现代社会依然起着关键作用,而体力作为一种真实的物质力量,无论小到什么程度,也永远为创业管理过程所须臾不能缺少。脑力劳动在创业过程中所占的比重越大,科学技术在创业管理中就应用得越广泛,创业的成功就越要依赖于员工的积极性、主动性和创造性,因为创业管理者本人代替不了员工去能动地思考,不可能掌握现代生产和管理的一切科学技术知识,不可能亲自了解复杂多变的情报信息,不可能包揽各种巨细事务。尤其是初露端倪的知识经济,由于主要依靠的是知识、信息、脑力,它将引起生产规模、组织结构、社会生活的日益多样化、小型化、分散化、个体化。在这种管理模式中,只靠经营战略、组织结构、管理工具等,是难以调动、约束、协调成千上万个劳动者所进行的体力劳动,特别是创造性的脑力劳动的。能起到这个作用的,只能是劳动者高度的自觉性和献身精神,是劳动者个人的自我管理和自我激励。管理战略可以规划宏伟的蓝图,但代替不了员工艰苦扎实的贯彻落实;组织机构可以定职定位,但解决不了人浮于事、效率低下等问题;制度和标准可以管理常规和表象,但包罗不了"例外",代替不了特殊情况出现时的非常规管理;权力的增加,可以增加"威",但不一定增加"信",不一定能树立起完美的创业管理者的形象,不一定能利于指挥和提高效率;先进的电子计算机可以储存、处理许多数据,但解决不了员工的态度、作风问题……概言之,它们都代替不了人的无私的奉献精神和高度的工作热情。但是,正是无私的奉献精神和高度的工作热情,才能创造出奇迹。作为中国当代的一位创业者,坚持以人为本,就要树立三个正确的观点:一是正确的要素观。企业的管理要素有许多种,其中人是最宝贵的资源和财富。二是正确的主人观。企业的真正主人是广大员工,而不是管理企业的厂长和经理。三是正确的重心观。创业者的工作千头万绪,最根本的是要做好人的工作,唤起员工高度的热情和奉献精神。衡量和检查创业者的工作,首先应该看他是否树立了人是最宝贵的资源的观念,看他在考虑人的问题上花费了多少时间和精力,在唤起员工的献身精神上做了哪些切切实实的工作,取得了多少成效。那种见物不见人、管物不管人的创业者,是缺乏战略头脑的创业者,与成功企业家的标准是大相径庭的。

重视人的因素,曾经是我们社会主义国家管理的高明之处。广大员工"以厂为家"和无私奉献的优良传统和作风,曾经是我们引以自豪的优势和战无不胜的利剑。可惜的是,我们的不少企业逐渐淡化了人的观念,丢掉了传家的法宝。武汉柴油机厂的"洋厂长"格里希说过:"要办好一个企业,根本的途径取决于工人的劳动态度,职业道德","工人没有真正的自觉性,这个生产是没有希望搞好的"。

二、竞争意识

有市场经济的存在,就必然会产生竞争。在竞争的条件下,商品生产者或创业管理者总是优者胜劣者败,这就是基本的竞争之道。这个规律是强大的压力,它可以转化为巨大的动力,促进员工拼搏向上,推动创业者搞好经营管理。竞争取胜的基本途径有两条:

一是以力取胜。实力是制胜的客观基础。比如,大企业战胜小企业,技术基础良好的企业战胜技术落后的企业,资金雄厚的企业战胜资金不足的企业,等等。在创业管理水平相当的情况下,在同一个市场上,一般说来,实力强大的企业总能执市场之牛耳,掌握着竞争的主动权。这是因为,这些企业的产品一般质优、量大、成本低,因此,可以向市场提供物美价廉、数量充足的商品;同时,有条件增加服务项目,搞好售后服务。这恰恰符合消费者购买商品的一般规律。特别是随着商品生产的不断发展,人们对商品的要求日益提高。因此,一个创业者要高度重视提高自己的经营实力,不断加强自己的竞争地位,建立和保持自己的竞争优势。

二是以谋取胜。人们的消费需要是多样化和多层次的,影响消费需求的因素也是千差万别的。比如人们的感情动机,常常使购买行为呈现冲动性、即景性和不稳定性;市场上不仅存在着大量的现实需求,而且无时不在萌发新的潜在需求;在买方市场的情况下,满足同一消费需要的同种商品,常常是蜂拥而来,购买者很难在短时间里掌握扑朔迷离的市场信息,进行全面的比较选择。这种种原因,使得消费者对商品的需求多种多样,而且存在着隐蔽性,有时还附加了感情色彩,甚至带有一定的不准确性和盲目性。这一切,就给创业者施谋用计、以巧制胜提供了广阔的舞台。在现实的经济生活中,不乏这样的例子:一个新的企业像弱小的幼苗在参天而立的大企业群中从小到大挺立起来,一个年久资深的老厂面对着勃勃生气的小厂的竞争却束手无策,每况愈下,步履艰难;一个名不见经传的企业超过了颇有名气的大企业,一个势单财薄的企业战胜了势大财雄的企业;同样的产品在市场上,有的红极一时,有的却黯然滞销;某种质优价廉的产品压在库里,而质量稍逊一色、价格稍高一筹的却畅销市场……在这里,更多的是依赖于创业者独到的眼光和创新的智慧。

竞争是实力和智慧的较量,更确切地说,用智力比用实力更为重要。这是因为,用智是一条以小胜大、以弱胜强的胜利道路;是一条从小到大、从无到有的发展道路;是一条识诈防骗、避免跌跤的安全道路。从效益的角度讲,用智是一条省力、高效的道路。以力取胜仅仅是以一定的消耗取得等量的效益;而以智取胜,却可以用较小的投入换取较大的效益。

松下幸之助的发迹史,就是一典型的例证。被日本人称为"经营之神"的松下幸之助,年轻时就是个勤于思考且善于思考的人。有一次他在市场闲逛,听到几个购买东西的家庭主妇议论,现在的家用电器的电源插头是单用的,很不方便,如果一件多用,能够同时插上几种电器就好了。说者无意,听者有心。松下听到后灵机一动,产生了新的想法,回去后马上组织力量研究,不久便生产出了"三通"电源插头,结果大受欢迎。就这样,小小的心计,不大的改动,方寸的产品,很少的追加投资,却为松下王国的万丈高楼奠定了第一块基石。当代的创业者要在竞争中异军突起,在竞争中扬帆竞渡,在竞争中创造奇迹,必须学会竞争的谋略,掌握和运用竞争的艺术。

三、时效意识

我们所处的时代是信息时代,在这样一个瞬息万变的时代里,求生存,求发展,科学地利用时间十分关键。"时间就是金钱,效率就是生命",这是当代创业者的座右铭。时间把握不好,就可能失去一个项目、一份合同、一次机遇;时间把握得好,抓住的机会就多,就能带来明显的效益。

"时间就是金钱",是概括了当今竞争时代特征的经验之谈。它可以从狭义和广义两个方面来理解。

从狭义来看,时间之所以等于金钱,是因为时间可以直接影响资金的价值。在现代经济生活中,同样数量的货币,随着时间的推移,其价值要发生变化。比如,某企业有100万元资金,存入银行,假如年利率是2%,那么第二年就变为102万元,第三年就变为104万元;如果是投入生产,年利润率是20%,第二年就变为120万元,第三年就变为144万元。反之,如果企业把这100万元资金闲置不用,那就丢掉了存入银行或投入生产相应回收的价值,明年、后年的100万元,贴现为现值,就少于现在的100万元。在这里,时间直接可以使资金增值或贬值。

从广义上理解,时间影响资金的占用和周转速度。企业的生产资金处在不断的运动之中,正是这种运动才能带来增值的价值。这种周而复始的运动,就是资金的周转。资金周转一次的时间越短,在一定时间内周转的次数就越多,占用的资金总额就越少,等量资金带来的增值就越多,经济效益就越好。因此,企业要使等量资金发挥更大的作用,就必须千方百计地加快资金周转。千百年来,我国商人津津乐道"货如轮转",总结出"货不停留利自生""有钱不置半年闲""小本经营,朝资夕卖"等生意经,正是体现了这个普通的道理。

  时间影响机会的捕捉。对创业者来说,机会常常是腾飞的转折点,是成功的起步处。只有抓住机会,创业者的战略才能奏效。机会存在的内涵是一定的市场需求;机会存在的外延便是特定的时间阶段。因此,创业者必须在某种需要出现的那段时间内,迅速采取行动。比如,人们在生活中对很多商品的需求有时间性,而有的商品也有自己的销售旺季,"夏购单衣冬购棉,冬置火炉夏备扇",这是一般的常识。其他如瓜果蔬菜等农副产品,都有较强的季节性。因此,一个创业者要做到"货卖当令不违时",否则就要招致失败。黑龙江某厂转产冰刀,但是等到该厂产品上市时,北国已经冰消雪融,产品只好压在仓库等待来年。这样的"马后炮",只能是"一场辛劳空喜欢"。1984年夏天,广东水果市场缺货,价格见涨,大批北方果农向这里运送水果,结果有的大发其财,有的大蚀其本。原因在于有的信息快、行动快,抢了头市;有的等到国庆节才把水果运到广州,很多水果腐败变质,只好削价处理。即使是非季节性商品,在各家都有、都新、同价的情况下,"早"便是竞争取胜的重要条件。谁先投入市场,谁就能控制市场的"制高点",这就是巧妙地运用了产品的"时间差"。有一家街道小厂,创办时非常简陋,它生产的第一个产品是当时市场上还没有的塑皮铁芯衣架。由于以塑代木,成本低廉,价格不高,加上干净结实,很受消费者欢迎。不少工厂眼见这个产品有利可图,便一轰而上仿制该产品。这时,该厂独辟蹊径,迅速转产塑料"飞碟",这种产品一上市,很快在年轻人中掀起了一股"飞碟热",这又惹来了不少竞争对手。当别人又一哄而上时,该厂却戛然而止及时转产"魔方"……真是"小荷才露尖尖角,早有蜻蜓立上头"。由于该厂善于把握时机,总能抢到头市。而那些亦步亦趋者,最多抓住机会的尾巴,得些蝇头小利,弄不好还得守着一大堆过时货而无奈叹息。时间对于捕捉许多偶然的机会,显得尤为重要。市场需求是一种必然,但这种必然常常以偶然表现出来,所以创业者在竞争之中,经常会遇到各种偶然的机会。由于市场多变,竞争激烈,这些机会常常是昙花一现,稍纵即逝。如果反应迟钝,拖拖沓沓,不能迅速看准和抓住市场闪现的这些机会,就会被捷足者先登。所以,创业者要十分重视"机会损失",对时间争分夺秒,见机会果断出击。河北某县某乡有一家不大的服装厂。一年春节,正当职工沉浸在节日的欢乐中时,突然乡广播站里传来了马上上班的通知。原来厂长刚刚得到一个信息:一家美国客商要我方在短期内拿出一批西装样品,否则就转向别国定货。厂长当机立断,一路小跑来到广播站发出通知,工人很快返厂,只用三天时间便拿出一批质量上乘的样品。美商见货后啧啧称赞,当场拍板签订了一万多套的西服合同。就这样,一个乡办小厂,因善于捕捉机会,仅仅用了三天时间就敲开了国际市场的大门。

  时间观念在市场经济中地位突出。当今世界流行着这样一种说法:在现代经济生活中,空间贬值了,时间升值了。就是说由于现代交通通信工具的日益先进,已经出现了统一的国际市场和跨国企业,远隔重洋的经济联系似乎近在咫尺。而时间却日益显得宝贵,它意味着财富,包含着节约,孕育着强盛,蕴藏着机会,象征着胜利。创业者要在竞争中取胜,必须善于驾驭时间,善于节约时间,善于成功地运用"时间差"。据报道,日本不少企业已实行"二十四小时备战体制",一是为了在激烈的国际商战中争分夺秒,抓住任何一个瞬间的机会;还有一种情况是为了加强跨国公司之间的联系。比如日本的影印公司和美国的影印公司,两年前开始通过互联网系统共同开发电脑软件。日方在每天工作结束后,就将当天的工作成果送往美国;美方再像接力赛跑一样继续研究下去,以求更快地创造出新的产品。日本企业界的一些人士认为,"不眠不休"应该是一个"环球企业"(即置身于全球竞争和合作中的企业)必须具备的条件之一。

与时间具有同等价值的就是效益。所谓效益,就是企业产出与投入之比,也就是要以最小的投入获得最大的产出。创业管理必须时时处处以效益为重,进行认真的经济核算,努力节能降耗,提高劳动生产率,以降低成本,加快周转,提高设备和资金的利用率,获得最大的经济效益。

四、质量意识

俗话说:"不怕不识货,只怕货比货。"这里比的就是产品质量。质量是指产品或工作的优劣程度。没有质量,企业就无法在激烈的市场竞争中扎根立足,产品质量就是企业的生命。

给顾客一个好的"印象",是成交的第一步,但赢得顾客的根本是靠物美价廉,货真价实,因为顾客购买行为的目标就在于此。俗话说:"好酒不怕巷子深","人叫人千呼不来,货叫人点首即到"。从强调产品质量来说,这些话无可非议。一个企业,必须靠优质廉价的产品,树立起自己的高大形象,去征服顾客和市场。如果产品、价格不能使顾客满意,甚至质次价高,以次充好,冒牌顶替,即使表面行为上能"取悦"顾客,亦属徒劳无功。北京"同仁堂"在长期的经营中,以配方独特,选料上乘,工艺精湛,疗效显著,在海内外享有盛誉。一次,一个旅游团体由导游陪同来店购买"牛黄清心丸",导游对营业员说:"我们给你店拉来这么多生意,你们得给些提成,下次还往你店带人。要不,我们把客人领到别处去,你们就做不成这笔买卖了。"营业员态度和气地顶了回去:"我们店没有给提成这个规矩,就是靠'同仁堂'三个字。"那位导游不大高兴,给旅游者讲,这里的"牛黄清心丸"不如某某市的好,让他们退货。可是旅游者非但没有退货,还多买了50多盒。在这里,正是"同仁堂"三字所代表的产品质量的信誉,像磁铁一样吸住了顾客的心。

五、法制意识

市场经济是一种法制经济,健全的法制是市场经济的内在要求,任何一项经济活动也都是一次法律活动。如果创业者法制观念淡薄,不会用法律来指导和约束自己的行为,不知道怎样用法律手段来维护自己的正当权益,有法不依、执法不严,唯上不唯法,重感情不重法,以信任代替契约,认为厂规大于法,结果往往是违法犯法现象发生了还不知是怎么回事。

河北省衡水地区某电缆厂,一直向江苏某地供货。后来,因对方不再用该厂电缆,提出退货。电缆厂为此向法庭提出申诉,要求对方赔偿经济损失。法庭在办案中,发现双方并没有签订合同,遂宣布申诉无效。结果,电缆厂不仅白白损失了几千元申诉费,而且使一批货积压下来,成为滞销产品。又如,某乡镇企业两年间共被乡政府、上级主管部门、社会团体乱集资、乱摊派计17.8万元,企业领导人为了避免"麻烦",只好"认"了,导致企业严重亏损。一个具有悠久历史的名牌酒厂,为牟取暴利,在厂长的直接授权下,有计划地生产假酒,并告诉生产和销售人员,如果被发现抓获,放心去坐牢,厂里给奖金,给家属生活费。这条不成文的规定,使这个厂的假酒制造者肆无忌惮,结果受到了法律的制裁。

在市场经济条件下,创业者离开了法制轨道抓经济,就像少了一只翅膀的鹰,再雄健也飞不起来。作为创业经营者,应该像运动员熟悉比赛规则那样熟悉与自己生产经营相关的法律、法规,使生产经营过程中的一切行为严格地限制在法律、法规允许的范围内。

六、责任意识

一个当代中国的创业者,要具有强烈的社会责任感,抱有"以天下为己任"的远大志向。创业者要着力于培养良好的企业精神,注重用远大的理想、崇高的信仰、美好的道德统一广大员工的价值观,激发他们的工作热情,为整个社会的精神文明建设添砖加瓦。创业者要注意企业的方向、道路,在考虑"本企业应该是一个什么企业"的问题时,应贯彻国家的方针、路线、政策,执行国家的法规、法令,自觉接受国家的监督和控制。创业者要正确处理各方面的利益关系,在维护和增加集体、个人利益的同时,按时、足额上交税利,履行自己对国家的责任和义务。创业者要努力完成下达的生产计划,严格执行经济合同,了解市场需求,满足社会需要,为国家的繁荣昌盛多作贡献。创业者要重视树立企业在整个社会、在广大消费者心目中的形象,注意以良好的信誉赢得长远的兴盛,而不贪图眼前的暂时利益,沾沾自喜于一时的侥幸取胜。创业者要自觉防止"行为短期化",在追求当前经济效益的同时,注意企业的技术进步和智力开发,为企业今后的长期发展积蓄充足的后劲。创业者应注意把经济效益和环境效益结合起来,重视环境的治理和保护,为人的生活增美,为子孙后代造福。一言以蔽之,创业者要自觉地把个人的事业、企业的发展和社会的需要、人类的进步有机统一起来。

世界著名的银行家、新加坡丰隆集团主席郭芳枫,有一次在传授他的生意经时说道:"做生意要有远大的眼光,符合时代的需要。"这可以说是他40年来创业经验的精华。当第二次世界大战的战火刚刚熄灭,郭芳枫就马上认识到,由于战争的严重破坏,许多国家和地区需要重建家园,因此,必然出现物资短缺。新加坡是个重要的转口贸易港,又具有大型船舶的修理能力,战后通航后,必然有大量轮船经过新加坡,一定会购买大量的用品和设备。于是他立即投入资金,以低廉的价格从本地和周围地区收购大量的战争剩余物品,比如五金、建筑材料、轮船配件等。情况的发展和郭芳枫的推断一致,在战后的几年里,郭芳枫收购的物资都成为紧俏商品,从而给丰隆公司带来了巨大的财富。这时,郭芳枫进一步预料到,随着各国经济的恢复,不久将会出现经济的大发展。届时,地皮、建筑材料必然成为热门货。他便从1947年开始,在继续经营战争剩余物资的同时,看准时机,选好地点,把有发展前途的地皮一块一块廉价买了过来,并联合其他公司,建厂生产水泥,又一次适应了社会的需要。到了70年代,郭芳枫根据时代发展的潮流,进行了更有效的投资,陆续在早期收买的地皮上,除旧布新,建成了新颖舒适的住宅区和现代办公大楼,又一次获得了丰厚的回报。

第二节　现代管理策略

　　创业者要想在市场竞争中取得主动权,获得成功,必须在创业管理策略可行性分析的基础上,学会决策,讲究策略,增强竞争能力,在实践中不断锻炼自己。

　　美国学者马文曾对一些公司经理提出三个问题:"你认为每天最重要的事情是什么?""你每天在哪些方面花的时间最多?""你在履行你的职责时感到最困难的是什么事情?"结果90%以上的回答都是两个字:"决策"。一提到决策,往往使人联想到那些手指夹着香烟,在办公室里踱来踱去,或是在会议室里作总结报告的领导者形象。其实,生产经营者同样是决策者,生产经营的关键就在于决策。创业者必须谙熟的管理策略,主要有以下四种。

一、管理定位策略

管理定位策略就是创业者立于企业生产经营定位的基础上所选择的管理策略。

经常被采用的管理策略有如下类型:

一是集中型市场管理策略。它是生产经营者把经营的力量集中投入到某一种商品的开发生产上,即"一只篮子全部装鸡蛋"的策略。这种策略的特点是风险大,但力量集中,容易形成拳头产品,形成优势,经营效果明显。农村生产经营项目一般规模不大,技术力量薄弱,设备设施较差,要想在市场上获得较高的占有率很不容易。因此,不如集中生产一种或少数几个品种,以一个或少数几个市场为目标,集中力量在设计、工艺上精益求精,提高产品的知名度,从而获得更多的利润。世界上最大的饮料公司——美国可口可乐公司的董事会主席葛施达,正是具有出奇经营思想的人,人们评价他善于以"超常识"的想法实施"超常识"的经营手段。1981年他一上任,便出人意料地做了两件事:一是把可口可乐公司的钱袋抛向中国,在北京制作和出售可口可乐汽水,很快打开了广大的中国市场。二是收购了一家与饮料业风马牛不相及的大公司——哥伦比亚电影公司,令人惊愕不已,而他却解释道:"一定要使每一个观众在看哥伦比亚影片的时候喝可口可乐汽水。"这些措施,使该公司跨入了更加广阔的市场,呈现出勃勃生机。

二是一体化市场管理策略,又称龙型策略。这是指生产经营者充分利用自己在产品、技术、市场上的优势,不断向深度和广度进军;同时,生产与原有产品同属一个领域的系列产品。例如,从事畜禽业的生产经营者靠养鸡鸭鹅起家,靠羽毛发家。然后,联合组成养禽—羽毛—羽毛服装—羽毛工艺品一条龙生产,即利用鸡鸭鹅的羽毛,生产中低档服装、坐垫、枕头等;利用高档绒毛,生产高档服装;利用残碎羽毛,生产羽毛球、鸡毛帚等。这样,从单纯提供鸡鸭鹅蛋肉到提供制成品,扩大了经营的规模和范围,提高了经济效益。

三是多样化市场管理策略。这种策略风险小,可以预测到"东方不亮西方亮,黑了南方有北方",保证有稳定的经营利润。北京的"天源酱园"与"六必居"同为北京著名的酱园,但"天源"创建之时,"六必居"已有三百多年的历史,在京都享有很高的声誉。因此,如何树立自己产品的声誉,打进京都市场,成为"天源"的当务之急。他们经过周密调查,发现"六必居"酱菜以咸为主,是典型的北方风味。而当时的北京已不全是北方人的天下,越来越多的南方人已经进入北京,南方风味的食品已有较大的市场。于是,"天源"决定"你北我南,各占半边",生产微咸带甜、咸甜适度的南味酱菜。产品投放市场后,果然大受欢迎。由于风味独特,不仅受南方人的喜爱,而且许多北方人特别是当时的旗人也纷纷购买他们的产品。近几年来,国内自来水笔和圆珠笔市场疲软,供应基本饱和,但上海制笔行业却能在不利的形势下一直取得良好的经济效益,究其原因就在于他们刻意创新,不断向市场提供出奇的新产品,其中有书写二三小时之后仍可擦去字迹的圆珠笔,有字迹是两种颜色的镶边记号笔,有世界上刚刚流行的、书写流利滑润的微孔塑料墨水笔等。这些功能独特的产品,一经上市便风靡市场。

二、市场定价策略

有的企业力戒步前人后尘,努力确立自己的经营方向,以出奇的特色诱人购买。比如对于大路货,"薄利多销"常常能赢得优势,但对于某些名贵产品来说,不妨来它个"暴利少销"。北京内联升鞋店原创办人曾说过一句话:"要想赚大钱,就得在坐轿子的人身上打主意。跟抬轿的再打算盘,也抠不出一个元宝来。"本着这一经营方向,内联升当时的主要服务对象是皇亲国戚、达官显贵。由于制鞋用料考究,做工精巧,一双鞋要卖几十两银子,确实赚了"大钱"。当然,这一经营方向中迎合追求享乐、奢侈的做法不应提倡,但它"特色诱人"的市场定价、经营策略却不无参考价值。

市场定价策略也很多,主要有:

一是高价法。指对新上市的产品,需求弹性比较小,暂时没有或很少有竞争对手,可以有意识地使定价偏高,以便在短期内获得较多的利润。这多用于富有新鲜感的产品,如流行性时装定价就多用此法。

二是低价法。对于新上市的产品,采取低价投入市场的策略,以便生产的产品能迅速占领市场,最大限度地渗入市场,扩大销路,当市场打开以后再逐渐提高价格。如日本在二次大战后,采取低廉价格把商品大量推销出去,在顾客心目中形成日本货便宜的观念,从而占领了广阔的市场。

三是折扣让价。一般有业务折扣、数量折扣等。业务折扣是因销售渠道成员完成一定的商品流通工作而给予的优惠价格。数量折扣是为促成客户大量订货的一种策略,如订货量超过多少,就可以降低多少价格等。

四是差别定价。即根据各种不同的情况,对同一产品采用不同的定价策略,它包括季节差价、地区差价、批零差价、质量差价等。如空调在夏季因需求增加,价格就可定高一些,在淡季价格又可以降低一些。

五是心理定价。即从消费者的心理特点出发而采用的定价策略。如非整数定价,就是在定价时采用"取九不取十"的方法,一元的商品定价为九角九分,让顾客心目中产生价格便宜、计价准确的感觉。

三、经营销售策略

在现代商品销售中,经常采用的经营销售策略有如下三种:一是无差异性经营策略。创业者把整个市场看成一个无差别的整体,认为所有消费者对某种商品的需求基本上是一样的。采用这种策略可使创业者大批量生产、运销,渠道广阔不单一,有利于降低成本。二是差异性经营策略。这是创业者为满足市场不同层次消费者的需要,生产多个品种的不同规格的产品,运用不同的经营方式来扩大市场份额的一种策略。这种策略有利于适应与启动消费者的需求,有利于扩大销售额和提高市场占有率。如某乡办鞋帽厂,针对城市和农村、南方和北方,以及不同职业、不同年龄的消费者需求和审美特色,生产便帽、老头帽、鸭舌帽、礼帽等多个品种,从而打开了市场销路。三是集中性经营策略。这是指创业者将全部精力集中于市场的某一部分,实行专业化的生产销售。现在已经出现的诸如"银发市场"、"情侣市场"、"礼品市场"、"发烧友市场"、"儿童市场"等等,均属此类。如"娃哈哈"的销售对象主要是儿童,深圳"太太口服液"的销售对象则主要是妇女。

在同类产品势均力敌的情况下,出奇的销售绝招往往可以击败平淡无奇的销售方式。比如,现在许多企业仍然抱着"商品出厂(店),概不退换"那一套旧传统不放,倘若有哪一家企业宣布"商品出厂,负责到底",提供良好的售后服务和商品保险,那一定会大受消费者的欢迎。德国的奔驰汽车公司在广告中声称:"如果有人发现奔驰新汽车产生故障,被修理厂拖走,我们将赠送一万美金。"特有的销售策略是他们在激烈的国际汽车大战中得以生存和发展的重要原因之一。再如,现在的许多家电修理部门都"坐店修理,等客上门",这似乎合情合理,天经地义。但是,如果我们的创业者来个"修理上门,服务到户",那会大大方便顾客,从而赢得越来越多的消费者。在广州的南方大厦,不仅已经为顾客提供"送货上门"、"上门维修"等各项服务项目,而且还制定了这么一条规定:凡在该店购买的电视机,如果在保修期内坏了,一时修理不好,可以先从该店抱回一台同样的电视机回去使用,直到修好后再换回。商店为此专门准备了50台电视机作周转使用。如果是外地顾客,不便将电视机送回广州保修,该店即将2%的维修费退还给顾客。这项规定使消费者醉心向往,而无他顾,商店自身则"生意兴隆通四海,财源茂盛达三江"。这是以创新的信用,赢得奇妙的反响;以诚实的信用,赢得企业的声誉;以出奇的招数,赢得可观的经济效益。

四、宣传促销策略

人们往往欣赏"好酒不怕巷子深,药好何需尽摇铃"的经商之道,这从强调商品质量的重要性,重视以优取胜来说,是颇有道理的。顾客的着眼点归根到底在于商品本身,商品的"实"是竞争取胜的根本原因。因此,产品适销对路,物美价廉,经久耐用,加上良好的销售服务,应该是每个企业坚持不懈的努力方向。另外,在卖方市场的情况下,同一商品的生产厂家不多,市场竞争不太激烈,"好货不愁卖,好店不愁客"。但是,在今天瞬息万变、竞争激烈的买方市场上,这些经验却显得非常狭隘、难以灵验了。当今的商战经验是:商品好还要宣传好。竞争者要善于大造声势,以适度、适时、准确、生动的宣传,提高本企业的知名度,增强企业产品对消费者的吸引力,达到抢占市场、扩大销售的目的。

一种商品所以能够迈向社会,实现自己的价值,有一个为消费者所知、为消费者所喜、为消费者所购买的过程,也有产生购买动机、落实消费目标、强化购买动机、消除疑虑心理、比较购买、用后满意、进一步再买等一系列心理变化和连贯行动的过程。在这两个同时发生的过程中,"用后再买"属于重复购买行为,主要靠商品的内在质量来赢得。某种商品在开始阶段受到消费者的青睐,往往不是因为商品本身,而是有效的宣传起了作用。正因为如此,竞争者对于自己的新产品,对于将要开发的目标市场,必须做好宣传。在一些商品经济高度发达的西方国家,销售宣传的作用越来越显得突出,甚至发展到离开销售宣传,企业就难以生存的地步。1962年12月28日,纽约报业发生了罢工,罢工持续了四个月之久。在这段时间里,尽管各种商业广播、电视继续营业,但仅仅由于丧失了报纸这个广告媒介,工商界就蒙受了巨大的损失。据当地广告局统计,在这段时间里,旧汽车的销售额下降了40%,房地产交易额缩减了50%,花店的销售额削减了15%～20%。完全靠广告进行活动的职业介绍所和零售商业,则遭到了更沉重的打击,前者每天的接待人数从10万锐减到4.5万,后者几乎陷入瘫痪状态。所以在西方发达国家,各个资本家和资本家集团对于销售宣传可以说是不遗余力和不惜工本的。仅广告费一项,一般都占国民生产总值的1%～3%。比如美国,1971年的广告费总额为210亿美元,1977年为231亿美元,1980年高达500亿美元,整个趋势是有增无减。世界上最大的快餐公司——美国麦克唐纳公司,1986年的宣传费用就高达7亿美元。

随着我国经济的对内搞活和对外开放,越来越多的企业认识到宣传销售是企业经营管理的一个重要组成部分,是直接向现有和潜在市场传递信息,促进商品销售,推动社会主义商品经济发展的必不可少的活动。人们已经不再死守着"人叫人千呼不来,货叫人点首即到"、"店有喜人货,不用多吆喝"等一套旧的生意经而沾沾自喜,而是主动积极地造声势,在广告宣传中千方百计地开拓市场,不少企业从中尝到了甜头,得到了好处。

在我国近代企业发展史上,不少民族工商业者高度重视宣传销售。为了提高自己企业和产品的知名度,他们积极运用各种广告策略,创造出很多独特的广告方式。上海的"老介福"绸布店在1935年搬入新建大楼时,利用新店开业的时机,努力扩大影响,整个商店里喷洒香水,并向参观者、供货者免费供应茶点、化妆品。不久,他们承接了两家大旅馆的全部窗帘、床单、沙发罩、台布等订货。为了借机扩大影响,他们进行了认真研究,做了精心准备,决定采用高级丝织品做面料,并专门为这些装饰品设计了别具一格的各种图案。交货后,旅馆老板非常满意,不仅获得了一笔厚利,而且引起了旅馆客人的极大注意,纷纷询问生产厂家。"老介福"的声誉从此不胫而走,传遍全球,连电影大师卓别林也慕名向该店订了货。

沈阳岩石切割机厂1986年4月研制成功了LQJ-1型大理石带锯切割机,它的特点是耗能低,出材率高,并且是国内唯一可生产薄板材的新型大理石切割设备,但是生产后购买者却为数不多。于是该厂努力搞好售后服务,注意以用户的效益为例子宣传新产品。沈阳新城子区某大理石厂购买了该厂一套设备,在该厂大力支持下,半个月就安装试车完毕,不到三个月就生产出大理石薄板材1 000多平方米,盈利3万多元。该厂就将此事登在《经济消息》等报上。不久,广西、浙江、山西、山东、四川、内蒙古、福建、广东、黑龙江等地的用户纷纷要求订货,仅两个月时间,就来函100多封,来电30多封,来人洽谈30多人次。就这样,《经济消息》上的一则小小广告,使该厂增加产值240万元,增加盈利30多万元。该厂厂长感慨地说:"酒好也怕巷子深,我们真正尝到了产品宣传的甜头。"内蒙古自治区德县羊绒絮片服装厂的厂长焦维,也有一番从困苦到开心的经历。1986年初,他拿着厂里生产的羊绒絮片来到北京百货大楼,好说歹说,售货员才同意代销一点。可是上了柜台,顾客却不光顾,急得老焦心急火燎,一筹莫展。这时,一位热心的顾客对他说:"你们的产品是好东西,就是宣传不够。"这一句话,使老焦豁然开朗。他急忙请人设计了说明书,印好后亲自在百货大楼的门口散发。这个办法真灵,购买羊绒絮片的人越来越多,销路终于被打开了。焦厂长再接再厉,把羊绒絮片制成了防寒服,在百货大楼的西单商场租下专柜进行销售,购买的顾客挤得水泄不通,有一次竟把柜台的玻璃挤碎了,销售额直线上升,厂里加班加点还供不应求。从此,说明书的星星之火,燃成了燎原大火,焦厂长的新产品,很快风靡北京、天津、沈阳、石家庄等十几个大城市,并被内蒙古自治区有关部门列为1987年的"星火"计划。

  宣传促销可以在不同时期,根据市场状况进行不同内容的重点宣传。一种是产品宣传,主要是宣传介绍企业的新产品,说明产品的新用途,解释产品的使用方法,介绍产品的价格以及可以提供的种种服务,从而引导和诱发市场需求,为开启各种销售渠道鸣锣开道。另一种是企业宣传,一种产品能不能被购买者所信任,除了产品本身的原因以外,还直接间接地决定于生产厂家的知名度和信誉。因此,精明的创业者珍视企业的知名度和信誉如同珍视自己的眼睛一样。一个企业有必要向购买者说明自己工厂的规模、设备、技术力量和生产历史,建立消费者对自己的信赖,消除消费者的疑虑。还有一种是争取消费者的宣传。当众多同类产品出现在市场上以后,企业就要通过宣传强化消费者的购买动机,争取消费者购买自己的产品。这类宣传要具有强烈的针对性,突出产品的质量、价格或销售服务方面的鲜明特色,强调比其他牌号产品的优异之处,使顾客产生"非此不买"的心理。

  宣传销售的形式,应该针对不同情况,实现多种类和多样化。广告是一种很重要的宣传形式,但不是唯一的宣传形式。有些企业的产品,如高技术的机电产品,专门的原料、材料等,专业性较强,供应对象比较集中,可以采取邮寄或赠送样本、产品目录单以及技术说明书的办法进行销售宣传,不但对象明确,而且具有一定的内容深度和恰当的范围广度;同时,符合宣传的经济性。橱窗是吸引顾客的重要手段,俗语说"橱窗妙,生意到","高声喊,不如摆得显"。不论是生活资料还是生产资料,只要体积许可,产品供应面广泛,都可以利用橱窗进行实物展览宣传。大型产品则可以利用模型、图片,配以文字说明,通过橱窗进行宣传。一个企业可以在自己开设的商店里进行橱窗宣传,也可以租用其他商店的橱窗进行宣传。组织产品展销会和在商店开设专柜,也不失为一种好的宣传形式,它可以使消费者和产品直接见面,进行面对面的宣传。此外,产品的包装装潢、厂标、商标,都可以起到一定的宣传作用。近年来,有的企业别出心裁,利用企业信封、企业明信片进行宣传,也收到了意想不到的效果。社会生活中的人际关系好比庞大的通信网络,纵横交错,四通八达,触及社会的各个层次和各个角落。一个企业拥有几十名、成千名甚至上万名员工,他们的亲戚、朋友、同学等社会人际关系常常遍及全国许多地方,甚至远在海外。企业在小小的信封上印有自己的主要产品及其性能、质量介绍,在方寸大小的明信片上配以本厂的厂貌和主要产品的彩色照片,分寄出去,就可以与社会上千千万万个家庭和消费者沟通联系,增进了解,在充满乐趣和亲切的感受中,宣传自己的产品,撩起消费者的兴趣,扩大企业的知名度和产品的市场覆盖面,收到"无本万利"的显著效益。至于一些现身说法的推销宣传,更是争奇斗艳,美不胜收。像茅台酒的推销员在巴拿马博览会上,故意失手打碎酒瓶,让四溢的酒香招来乱纷纷的顾客,堪称推销宣传的千古绝作。

宣传销售要具有真实性、创造性、思想性、艺术性、经济性,其中首要的是真实性。"广告虚夸,等于自杀",夸张吹牛、言而无信、隐恶扬善、沽名钓誉的宣传,即使能一时招来一部分顾客,销售一部分商品,但终究不会长久,它带来的只能是企业声誉的一落千丈,失去的只能是广大消费者的信任。这提醒我们的创业者,要杜绝企业在宣传销售中的种种不实或虚夸现象。在宣传销售的同时,更要注意对生产和销售过程的锐意经营,坚持为社会主义的两个文明建设服务。

上述介绍的各种创业管理策略,无论采用哪一种,都要符合下列一般原则:一是创业管理策略的选择和运用,必须建立在满足市场需要、不损害国家和消费者利益的基础上;二是创业管理策略的选用,必须符合社会主义竞争原则;三是创业管理策略的选用,要有利于提高经营水平,提高经济效益。

第三节 创业管理模式

管理科学自20世纪初诞生以来,在曲折中不断发展和演化,而今大有"返朴归真"的趋势。这个"真",正是在对传统学说的扬弃中,更加逼近绝对真理,重新认识并真正理解到人在生产经营活动中的决定性地位和作用,把"职工是企业最宝贵的财富"、"人心是永恒的课题"作为现代企业的一个首要价值观念。松下幸之助把自己毕生的管理经验总结了三十八条,第一条就是要重视个人对工作的热情和对工作的事业心。日本企业界提倡"尊重每一个员工",激励职工的"忠诚心"、"爱社心",倡导"自发、自觉、自治"的"三自"精神,追求企业上下的"精神一体"。正是基于以上的认识,20世纪80年代开始,欧美出现的"管理文化"新潮流,同样是实行面向人、重视人、以人为核心的管理理念和模式。

一、以事为中心的管理模式

"经济人",又称"实利人",是资产阶级古典政治经济学的代表人物亚当·斯密于1776年提出的概念。他认为,人们在经济活动中都要追求个人利益,社会上每个人的利益都要受到他人利益的制约。共同利益是为了追求个人利益,同时兼顾他人的利益,因此,社会利益正是以个人利益为立脚点的。这种所谓"经济人"的观点,后来成了整个资本主义管理的理论基础。他们认为,经济人是以追求经济利益为一切活动目的的人。经济利益可以激励和推动人:企业主追求最大利润,工人争取最高额工资。

泰罗制就是"经济人"观点的典型体现。以泰罗为代表的科学管理理论,大致可以归纳为这样八个方面:(1)科学管理是从对生产事务的系统观察——工场作业的研究和分析发展出来的。它关心的是一些特殊技术,如动作研究、工时研究、生产计划和控制、工厂布置、工资刺激、人事管理以及人类工程——全都以效率和生产为中心。(2)为了提高效率,必须为工作挑选头等工人,并对工作制定恰当的定额、合理的日工作量。(3)必须对工人进行训练,使之掌握最好的工作方法。(4)为了鼓励工人努力工作,完成工作定额,采用"差别计件工资制"。(5)财富是人创造的,财富的总额不是固定不变的。只要劳资双方来一场全面的心理革命,把注意力从被视为最重要的分配剩余的问题上移开,而把注意力共同转向增加剩余上,一直到剩余大大增加,以至没有必要就如何分配剩余的问题进行争吵。这就要求劳资双方不要互相敌视,而要进行合作,使工人的工资有大大增加的充分余地,制造商的利润也会大大增加。(6)为了提高效率,把管理与实际操作分开。(7)在工厂里实行职能工长制,实行职能管理。(8)提出了管理中的"例外原则",即高级管理人员把一般的日常事务处理权授予下级管理人员,自己只保留对例外事项(重要事项)的决策和督促权,如有关企业的重大决策和重要的人事任免等。

泰罗的科学理论提出了一切管理不能单凭个人的经验,即个人意见来决定,而应通过科学实验、科学分析。因此,科学管理的一些方法,诸如标准动作、标准工具、计件工资、劳动定额、计划控制,等等,一直沿用至今。但是,这种理论的明显缺陷在于:第一,它忽视了人在生产过程中行为活动的心理动机,把工人当成机器的一部分;第二,它忽视了管理组织的作用,低估了统一指挥在整个系统中的作用。因此,泰罗的理论受到了后来的行为科学学派的严厉批评。

二、以人为中心的管理模式

(一) 霍桑实验

20世纪20年代,位于美国芝加哥郊外的西方电器公司的霍桑工厂,虽然具有较好的娱乐设施、医疗制度和养老金制度等,但工人却愤愤不平,生产成绩也不理想。为了探索原因,1924年,美国国家科学院的全国科学研究会决定对霍桑工厂进行研究,以考察工作条件与生产效率之间的关系。他们进行了多种试验,其中的一个主要试验称为"照明度试验"。

在试验开始时,研究小组设想,增加照明会使产量提高。他们指定了两组女工,一组为试验组,一组为对照组,分别在两个照明度相同的房间中从事相同的工作,研究工作者对各小组进行观察并作出准确的生产记录。随着研究工作的进展,其结果完全出乎意料:不管照明如何(有一次甚至降低到近于月光的程度),对照组和试验组的产量都是上升的。全国科学研究会的实验从1924年持续到1927年,在整个实验期间,每个工人每周的平均产量从2 400个增加到3 000个。研究工作者感到迷惑不解,没有一个参加研究的人员能够解释这种现象,以致他们都认为这种实验没有什么用处而准备放弃它。

1927年,哈佛大学副教授梅奥对霍桑工厂实验的情况很感兴趣,他被邀作为顾问参加这一研究。他很快就组织了一批哈佛大学的教授,会同西方电器公司人员,组成了新的研究试验小组,继续进行试验工作。作为该协作组的核心人物的梅奥敏锐地指出:解释霍桑实验秘密的关键因素是"小组中精神状态的一种巨大改变"。霍桑工厂的实验经历了四个阶段:照明度实验、福利实验、访谈实验、群体实验。

(二)霍桑实验的几点启示

梅奥在《工业文明的社会问题》一书中总结了霍桑实验的结果,得出了如下重要结论:

第一,霍桑实验表明,人是"社会人",在提高生产率的刺激因素中,社会心理因素占有头等重要的地位,金钱或经济激励因素只是第二位的。因为金钱只能满足工人的部分需要,而不能满足他们进行社会交往、获得社会承认、归属于某一社会群体的需要,因此,在生产或工作中,处理好人际关系比物质奖励和管理制度更重要。霍桑实验表明,传统的管理理论把人看成是"经济人",认为一般人为了经济利益而工作,金钱或物质利益才是工人上进的唯一动力的观点是片面的。

第二,生产效率主要取决于职工的"士气",职工心理需要的满足是提高产量的基础。与职工的士气即精神状态相比,他们的工作条件和工作方法只具有第二位的意义。职工的态度、情绪是工人所得到满足程度的函数,因此,工人的满足程度越高,情绪就越好,生产效率也就越高。

第三,在企业中,除了存在正式组织外,还存在着"非正式群体"。这种特殊组织,是成员在共同的工作过程中,由于抱有共同的感情和爱好而形成的非正式群体。这些群体有自发形成的不成文的惯例和规范,并对其成员的行为产生较大的影响。因此,管理者不能只重视正式组织而忽视了"非正式群体"。

第四,霍桑实验还提出,必须有新型的人际关系型的领导者。这种新型领导者既要能理解通常的逻辑行为,也要能知晓非逻辑的行为;要善于倾听意见,并掌握信息交流的技艺来理解职工的感情,从而增大一种在正式组织的经济需要和非正式群体的社会需要之间维持平衡的能力,使职工愿意为达到组织目标而协作和贡献力量。总之,霍桑实验表明,人不是"经济人",而是"社会人",因为工人并非是孤立存在的个体,而是处在一种社会关系中的群体成员。

在霍桑实验的基础上,梅奥提出了"人群关系理论":管理者不应只注意工作、完成生产任务,而应把注意的重点放在关心人、满足人的社会需要上;管理者不应只注意计划、组织和控制等,而应更重视职工间的人际关系,培养和形成职工的归属感和整体感;在奖励方面,提倡实行集体的奖励制度,而不主张实行个人奖励制度;在管理者的职能方面,他们不仅要负起组织生产的责任,还应在职工与上级之间充当联络人,注意倾听职工的意见,了解职工的思想感情,并及时向上级反映。

梅奥的人际关系理论在 20 世纪 30 年代至 50 年代的西方管理界受到重视和欢迎。它使人们认识到,在生产中工人积极性的发挥和工效的提高,不仅受物质因素的影响,更重要的是受社会的和心理的因素影响。因而,管理理论也开始从过去的"以人去适应物"而转向了"以人为中心"。

三、人、事兼顾的管理模式

从 20 世纪初泰罗的"经济人"假设,到 30 年代梅奥的"社会人"假设,薛恩考察了这几种对人性的假设,认为人类的最大需求不可能都是一样的,而是因人、因时、因地而异的;不可能有纯粹的"经济人",也不可能有纯粹的"社会人",实际存在的只是在各种情况下采取不同反应的"复杂人"。因此,薛恩等人在60年代中期提出了一种新的人性假设——"复杂人"。"复杂人"的假设要点是:

一是人的需要是多种多样的。人们是怀着许多不同的需要加入工作组织的,而且人的需要是随着人的发展和生理条件的变化而变化的。每个人的需要各不相同,需要的层次也因人而异。

二是人在同一时间内会有各种需要和动机。它们会发生相互作用并结合为统一整体,形成错综复杂的动机模式。例如,两个人都想得到高额奖金,但他们的动机可能很不相同。一个可能是要改善家庭的生活条件,另一个可能把它看成是达到技术熟练的标志。

三是人在组织中的工作和生活条件是不断变化的,因此会不断产生新的需要和动机。这就是说,在人生活的某一特定时期,动机模式的形成是内部需要与外界环境相互作用的结果。

四是一个人在不同单位或同一单位的不同部门工作,会产生不同的需要。例如,一个人在工作单位可能落落寡欢,但在业余活动时或非正式群体中却可以使交往的需要得到满足。

五是由于人的需要不同,能力各异,对于不同的管理方式会有不同的反应。因此,没有一套适合于任何时代、任何组织和任何个人的普遍的行之有效的方法。这一理论要求根据具体人的不同情况,灵活地采取不同的管理措施。也就是说,要因人而异,因事而异,不能千篇一律。

经济人、社会人和复杂人关于人性的假设都在某一方面有其合理性,只有把它们结合起来去考察人才是全面的。因此,在管理上,应当充分考虑到个体与组织、正式组织与非正式群体、物质条件与社会因素和心理因素、企业目标与个人目标等各项因素及其相互关系,才能较妥善地处理管理上的各种问题。这一理论并非要求管理人员采取某种特定的、不同于上述三种措施的新措施，而是要求根据具体情况采取相应的措施，不因循守旧，不搞条条框框，不受某种预定设想的束缚。

上述理论已贯穿于西方企业管理实践领域之中，西方管理学界还从这一理论观点出发进行了大量具体的研究工作。他们认为企业组织的性质不同，职工工作的固定性也会不同。所以，有的企业需采取较固定的组织形式，有的企业就需要有较灵活的组织结构。企业领导人的工作作风也需随企业的情况而有所不同。在企业任务不明确、工作混乱的情况下，需采用较严格的管理措施，才能使生产秩序走上正轨。反之，如果企业的任务清楚，分工明确，则可以更多地采取授权形式，使下级得以充分发挥自己的能动性。此外，根据这一理论，要求管理人员善于观察职工之间的个体差异，根据具体情况采用灵活多变的管理方法。

■自学指导

一、学习目的与要求

通过第五章的学习，应着重掌握创业管理中的重要概念，明确创业管理过程中的基本内容，能比较准确地运用相关的管理学知识，分析、处理创业过程中出现的问题和案例。

本章共分三节：

第一节是创业管理理念。本节首先从创业管理的两个基本因素着手，主要涉及的内容有六个意识，即人本意识、竞争意识、时效意识、质量意识、法制意识、责任意识。在创业管理的两个基本因素中，教材中强调的是：谋划全局、思虑长远。而在"思虑长远"中，尤其提示学习者从"先要从长远观察问题，必须作出长期安排"的角度予以掌握。对"六个意识"的阐述，教材并未平均着力，而是有详有略。对前三个"意识"重点突出，分层解析。"人本意识"是本章乃至是本教材编写过程中贯穿始终的一条红线,是提纲挈领的精髓,"人是世界上最宝贵的因素"这一杰出命题具有永久的生命力。竞争取胜的两条基本途径和对"时间"的双重理解,都是本节需要重点掌握的知识点。"法制意识"、"责任意识"在一定程度上又是"人本意识"的内涵提升和外延扩展。而"以人为本"(人本意识)和"以产品质量为根本"(质量意识)是创业者在创业管理过程中必须"两手抓,两手都要硬"的基本道理。

第二节是现代管理策略。本节着重介绍了四种有利于创业者发展的管理策略。在"管理定位策略"中,教材主要介绍了三类管理策略,对集中型、一体化和多样化类型的市场管理策略进行阐述,对这三个类型的名词概念需要识记。在"市场定价策略"中,对高价法、低价法、折扣让价、差别定价、心理定价五个定价方法,学习者需要在理解的基础上熟记。在"宣传促销策略"中,根据市场状况进行不同内容的重点宣传,针对不同情况采取富有成效的宣传销售形式,以及不论采用何种创业管理策略都必须坚持的一般原则均要重点掌握、识记。

第三节是创业管理模式。在本节中,学习者梳理的知识要点是三种模式,需要掌握的简答题、论述题和名词解释有:经济人、社会人、复杂人;泰罗制及其优缺点;霍桑实验和几点启示;梅奥的"人群关系理论",非正式群体;薛恩的"复杂人"假设要点等。本节是第五章的精华所在,须透过以事为中心,以人为中心,人、事兼顾的三种管理模式理解和掌握;在欧美企业管理界,"以人为本"的"人本主义"是贯穿始终的实证指导思想。

二、本章重点和难点

1. 人本意识
2. 竞争意识
3. 创业管理的三大模式
4. 泰罗制

5. 霍桑实验

6. 非正式群体

7. 梅奥的"人群关系理论"

■ 练习题

一、填空题

1. "经济人"是由古典政治经济学的代表人物_____于1776年提出的概念。
2. 梅奥在《工业文明的社会问题》一书中,总结了著名的"_____"的成果,提出了"人群关系理论"。
3. 创业管理的三大模式是以事为中心、以人为中心和_____。

二、判断题

1. "人是世界上最宝贵的因素"这一命题,虽然是句老话,却具有永久的生命力。( )
2. 权力的增加,可以增加"威",但不一定解决"信",不一定能树立起完美的创业管理者的形象,不一定利于指挥和提高效率。( )
3. 竞争是实力和智慧的较量,更确切地说,用实力比用智力更为重要。( )
4. "货如轮转"、"小本经营,朝资夕卖"、"货不停留利自生"、"有钱不置半年闲"等,正是对"时间就是金钱"的最好注脚。( )
5. "以天下为己任",对政治家而言很重要,而对创业者来说却无关紧要。( )

三、名词解释

1. 低价法

2. 折扣让价法
3. 集中型市场管理策略
4. 龙型策略
5. 社会人
6. 复杂人
7. 非正式团体

四、简答题

1. 竞争取胜的两条基本途径是什么?
2. 您对"时间"的双重理解如何看待?
3. 泰罗制及其优缺点是什么?
4. 试述梅奥的"人群关系理论"的基本内容。

五、论述题

1. 霍桑实验给我们以哪些启示?
2. 从"经济人"、"社会人"到"复杂人"假设要点,给创业者以什么启迪?

第六章

创业融资

开创新的企业,最大的困难就是如何获得资金。亚里士多德曾经说过:"若给我一根杠杆,我就能撬起整个地球。"也有雄心勃勃的企业家说过:"假如给我资金,我将重建洛克菲勒的功勋。"创业者往往因有诱人的投资项目却没有足够的资金而困惑,为企业在急需扩展空间时资金缺乏而焦虑,为设备陈旧影响质量却又难于及时更新而一筹莫展。资金是企业的血液,也是企业发展不可缺少的杠杆。创业融资在创业者的整个创业过程中是不可或缺的,它对于创业者实现创业理想有着非同一般的意义。

第一节 创业融资

一、创业融资的意义

融资,即融通资金,通俗地说是筹集资金。筹措一定数量的资金,是创业者实现创业理想的必要前提。新创企业如何选择筹资方式,根据什么来确定融资的数量、时机等,都是创业者在筹资时必须首先考虑的问题。创业者的融资谋略就是对资金筹措进行总体性的筹划,也就是说为企业融资最优化作好准备。创业融资对于创业者来说具有十分重要的意义。

(一)融资是实施创业计划的关键环节

创业者在正确衡量自身的各种创业能力,并有很好的创业计划的前题下,及时进行融资就成了实现创业计划的关键环节。有这样一个例子。而立之年的李翠花虽然已在服装厂工作了16年,但还是遭遇下岗的命运。在家呆了20多天后,在家人、朋友的支持下,她走出家门,带领几个下岗的姐妹,开始了艰难的创业。1996年,当她得知附近一个矿区一家大型服装厂因经营不善,准备向外招标承包时,她毅然提出了申请,经批准被任命为厂长,承包期5年。初到厂里,面临的最大困难是缺乏资金。但她凭自己多年创业中积累起来的信誉,主动向银行借贷13万元,向亲友借款12万元。不到10天,厂里就按市场要求开始生产。接着她狠抓管理,大胆改革,当年就实现了赢余。李翠花的创业实践表明,在创业过程中,特别是遇到有利于实现自己创业计划的良好机遇时,建立在良好信誉基础上的融资渠道、融资的速度是创业从成功走向更大成功的关键。

(二)融资能够体现企业或创业者良好的信用水平

什么是信用?经济学上的解释是:不同所有者之间的商品和货币的借贷,以及赊销预付等行为,其最基本的特征就是以偿还为条件的价值的单方面让渡,包括企业间买卖商品,以延期付款或预收货款的方式发生借贷活动的商业信用;企业、个人与银行发生借贷行为的银行信用;个人、家庭间发生借贷行为的民间信用;等等。在这里我们较多地是指银行信用。过去,我们通常是从道德的范畴上去认识信用的,事实上信用更重要的是一种经济行为。

在各种经济领域都有信用的烙印,特别是市场经济,其本质就是信用经济。西方发达国家和跨国公司的经济竞争优势不是一天形成的,其背后是长期累积而成的信用资本。在这些国家中,几乎所有的企业行为都有记录,对个人也一样有严格的信用记录。每个在美国生活、有经济活动的人,都有一个社会安全号,求职、领薪、纳税、购物、租房以及还债、失业等情况都通过这个号码,记录在国家统一的电脑网络中,留下个人的信用记录。如果个人信用出现不良记录,别说是从银行等金融机构贷款,就连日常生活也受到制约。

在我国,长期以来,由于种种原因,信用制度建设一直滞后于市场经济的发展,很多企业和个人作为经济活动主体的信用基础、信用观念十分淡薄。随着我国市场经济的发展以及银行的商业化改革,低劣的信用状况已经暴露出种种危害。由于缺乏信用,出现了我国特有的"三角债"和其他各种形式的付款违约与货款拖欠现象。因为缺乏信用,许多企业只敢与老客户打交道,不敢贸然寻找新的合作伙伴和进行经营扩张,资源配置效率低下,对未来的投资和贸易活动更趋谨慎和收缩。因为缺乏信用,更有一些企业成了惊弓之鸟,不是现付或没有足够数量的预付款就不敢交易,商品交易和经济往来中出现愈来愈倚重现金和实物资产,交易方式向现金交易和以货易货等更为原始的方式退化的现象,资金流转的倍增效益无从产生。在这种情况下,银行等金融机构对于那些处于创业初期的创业者来说,就显得爱莫能助。在缺乏了解的情况下,银行及其他金融机构是不会贸然向创业者贷款的,这恐怕也是我们日常生活中经常遇到的向银行借款难的根本原因所在。银行等金融机构面对成千上万的申请贷款者,为了规避风险,不得不采取繁琐的手续以确保"万无一失",从而增加了交易成本,降低了交易效率。改革开放20多年来,我国居民储蓄的年增长率保持在29%～39%的较高水平。但是,居民向银行的借款率还很低,城市居民只有5%的人向银行借过款。在这种情况下,作为创业者筹款主渠道的银行和其他金融机构就不可能在人们的创业活动中发挥较好的作用。

这种情况是银行及金融市场所不愿看到的。

为了适应我国市场经济的发展,改变我国信用经济不发达的状况,国家有关部门也进行了一系列有益的探索。针对部分企业隐瞒自身不良信用记录,在多家银行开户、向多家银行申请贷款而引发潜在风险的问题,中国人民银行已在全国301个城市建立了信贷等登记咨询系统,通过这一系统,任何一家金融机构都可以实时查询借款企业的主要财务指标。从2000年4月1日开始实施的居民储蓄存款实名制,也是未来全面建立个人信用评估体系的一项基础性工作。我国的信用时代就要到来,这是一个道德的时代,但更是一个"契约"的时代。每个人的信用不是天生的,是持续不断的累积行为。处在这个时代中,企业也好,个人也好,都应该时时记住中国的那句古训:"言而无信,行之不远。"在社会主义市场经济条件下,作为一个创业者来说,不可避免地要与银行打交道,因为从目前来说,向银行贷款是筹措资金特别是大笔资金的重要途径。俗话说:"好借好还,再借不难。"每个创业者一定要牢记这一原则,在整个创业过程中,通过自身的努力,营造自己良好的信用形象,这对创业者从创小业到创大业的发展是大有好处的。

(三)融资是创业者及时抓住创业机会的重要手段

创业融资与世间许多事物一样,也有一个机会问题。在创业者具备了各种创业能力,有了切实可行的创业计划,具有较好的信用的情况下,融资将成为创业者及时抓住创业机会走向创业成功的一个重要手段。通过及时融资来筹措创业资金,能够很快地将自己的创业计划付诸实施,使自己的创业投资取得较好的效益,并获得创业成功。

创业者的创业目标有大有小,创业计划的实施过程有长有短,创业的形式也各有不同,但是无论如何也离不开资金的支持。创业者绝不能因为缺乏资金而不去将创业计划付诸实践,否则就永远不会取得创业的成功。有这样一个例子,说的是有个年轻人,对中小型餐馆的管理很注意观察和分析,并收集了不少中小型餐馆经营管理方面经验教训,自己还形成了对中小型餐馆经营管理的独特想法。朋友们听了他的见解后都劝他尽快将计划付诸实施。两年后,当朋友们相聚谈起此事时,年轻人面有愧色地说:因诸多困难,尤其是缺乏启动资金阻碍了自己美好想法的实现。创业融资在创业者创业过程中的重要作用,由此可见一斑,它是创业者在具备其他各项创业条件的基础上,及时把握创业机会,开展创业实践的重要手段。在这里有必要对创业机会作一简单分析。

（四）创业融资是把握住创业投资机会的前提条件

机会是一种有利的环境因素,是让有限的资源发挥无穷的作用,借此更有效地创造效益的重要条件。具体地说,创业机会就是在特定的条件下,各方面的因素配置恰当,产生有利的创业条件。谁能最先利用这些有利条件,运用人力、财力投资创业,谁就能更快、更容易地获得更大的成功,赚取更大的财富。这里的有利条件就是机会。

创业机会有以下特征：

1. 成效高

成效高的特征是指资源得以充分利用,投入少而收益大。对于创业者来说,就是在适当的时候,充分运用自己的各项条件进行投资创业,就会取得最佳的效益。

2. 瞬时性

当今世界,国际、国内各项产业发展很快,存在着许多变动的因素。经济全球化趋势的不断发展,通信技术的高度发达,信息的广泛传播,基于种种因素,某一产业的行情变化,可能会在一夜之间波及全球。同时,各项产业之间的竞争也异常激烈。创业成功的机会可能只有一个,却有许许多多的人在争取。所以,当创业机会到来时，如果仅仅因为缺乏创业资金而不去努力，被别的创业者捷足先登，机会就会与你失之交臂。

3. 罕有性

所谓机会的罕有，是相对于创业者来说的。"二鸟在林，不如一鸟在手。"无论机会有多少，对于创业者来说，不在你掌握之中的就不是你的创业机会。

4. 公平性

应该说创业机会的分布是公平的。当创业机会出现时，创业者不可能独处其中，许多人可能都发现了这一绝佳的创业机会。这时候，谁运用得当，谁就有可能取得创业成功。这里所说的运用得当，就是指创业者在充分利用自身各项创业能力的同时，及时进行资金投入以启动创业，绝不能因为暂时的资金缺乏而坐视机会从身边溜走。应当及时大胆地运用融资手段筹措资金进行创业投资，使自己比别人领先一步，领先一步可能就是创业者走向成功的开始。因此，在把握创业机会的过程中，每个创业者都应该真正认识到融资对及时进行创业的重要意义，把融资作为自己进行创业的一个重要的前提条件。

从对创业机会特性的具体分析中，我们可以看到，抓住创业投资机会，是实现创业目标的前提条件，而创业融资又是创业者把握住创业投资机会的前提条件。融资是为瞄准机会投资，投资是为了取得创业成功及其相应的各方面效益。为此，在有正确的投资创业方案和具体的实施步骤后，要能抓住合适的投资机会。在合适的时机及时恰当地运用融资手段，为创业提供必要的资金支撑，对创业者把握住创业投资的机会就显得非常重要。这也是融资的真正意义所在。

二、创业融资的原则

创业者在实施筹资计划时，必须依据一定的原则，对一些基

本问题进行分析,以达到创业融资的具体目的。这些原则可以简要概括如下:

(一)适用性原则

适用性是指创业融资一定要适合所创企业资金使用的需要。

首先,融资的数量和时间要合乎创业投资的要求。创业者筹措资金是为了运用资金,一定时期的创业投资规模决定所融资金的数量,投资运用时间决定了融资时间。如果创业融资不能按时满足企业投资的需要,就必然会影响企业的投资活动,影响创业者创业目标的实现。反之,如果融资进行得过早,则会出现资金闲置,给创业者带来不应有的损失。因此,要做到适用,就必须解决融资与投资在数量和时间上的矛盾。在合理确定资金需要量的基础上,根据资金使用的时间长短和企业货币收支情况及时妥善地安排好融资时间。

其次,创业融资必须符合企业的消化、配套能力。所谓消化能力是指创业者所创企业对所融通资金的掌握、管理以及吸收能力。配套能力则是指企业的其他生产要素,如创业者的个人创业能力、职业技能、管理企业的水平、指挥企业生产的协作配合能力。一个企业的消化和配套的能力直接决定着创业融资的质量。因此,每个创业者在决定融资时,必须综合考虑自身所具备的各种生产要素,积极寻找一种能使企业各种生产要素和谐运作的最佳方案。

(二)经济性原则

经济性是指创业融资付出的代价最小化和融资效率的最大化。每个创业者可以从多种渠道筹集创业资金,但从不同的渠道筹集资金需付出的代价是不同的,融资的管理效率也会有很大的差别。因此,创业者在选择创业融资渠道时,必须把资金成本和融资管理纳入选择的范围。

资金成本作为企业融资而支出的一切费用,是每个创业者选择和确定创业融资方式、融通资金数量时必须考虑的问题。创业者力争资金成本最小化是企业确定融资计划的首要标准。同时,创业融资的程序及融资过程的组织管理工作将直接决定创业者的融资效率。融资的程序主要涉及两个问题:一是融资方案能否得到批准;二是所涉及的融资机构的工作效率。前者在很大程度上决定于国家政策以及有关金融机构的规定;而后者则取决于机构的层次、数量以及工作人员的工作效率。在这中间,创业者的谈判技巧也会产生十分重要的作用。而融资过程组织管理工作的难度,则主要取决于融资的范围、融资者的意愿以及对融资的要求。创业者为了达到经济性原则的要求,在实施创业融资计划时,应尽可能选择管理难度较小的融资方案,努力降低平均资金成本。

（三）效益性原则

效益性原则有三层含义:一是企业融资活动本身效益最佳。也就是说,创业者在计划融资时,一定要妥善安排企业的资金结构,适度举债,通过对融资成本及融资风险的权衡,将创业融资的风险控制在较低的程度上,并努力运用和发挥财务杠杆的作用,以求得融资活动的最佳效益。融资是以支付一定的利息为代价的,因此也有一定的风险。创业者在融资过程中应认真分析,科学决策,防止盲目借贷,使自己陷入不必要的债务危机。二是创业融资应有利于保持对所创办企业的控制权。一个企业的资产所有权、控制权是企业进行独立生产经营的必要条件。部分丧失所有权或者控制权,将会导致企业利润外流,这会对创业者近期和远期的利益产生影响。因此,在评价融资效益时,必须将企业资产所有权、控制权的丧失程度作为一个方面的内容进行评估。三是创业融资必须有利于提高企业的竞争能力。一般地说,一个企业在融资时都会考虑通过融资提高企业信誉,运用规模经济的优势,努力扩大企业的产销量,提高产品在市场上的占有率。也就是说,效益性原则所要求的是企业融资与企业效益的同步优化。

(四)稳定性原则

稳定性是指创业者的融资规模、方式以及融资对象应该相对保持稳定。创业者应尽量避免突发性巨额筹资,也不应频繁更换融资方式,否则容易破坏企业的金融形象,给人以不可信的感觉。此外,考虑到创业者独自融资受业务范围、自身信誉和对金融市场熟悉程度的限制,创业融资对象应相对稳定。这样,一般可以享有优先权,节省融资时间,降低资金成本。

(五)合法性原则

合法性是指创业融资必须遵守国家有关法律法规、金融纪律,维护各方的经济利益。这一原则要求创业者在进行创业融资时,必须首先了解政府法律、法规的规定,在法律、法规允许的范围内融资。通过歪门斜道、投机取巧的办法套取资金,最终必将害人又害己。同时,创业者要善于抓住国家、地方对企业融资的一些优惠政策,在合法的前提下,力求经济高效。

第二节 创业融资的途径

创业融资的途径是指创业者为企业筹措资金所采用的形式和具体手段。创业融资的主要途径有自有资金、亲友借款、供货商和商业信用、银行贷款、利用外资、创业风险资本、股票、政府资助项目、租赁,等等。充分认识和掌握各种融资方式的特性,对于创业者选择最佳的融资方式,降低资金成本,提高融资效益有着重要作用。

创业融资方式主要有债务融资和权益融资两种。

债务融资是指利用涉及利息偿付的金融手段来筹集资金的融资方式,也就是人们常说的贷款。它所偿付的利息只是间接地和企业的销售收入与利润相关联。一般的债务融资需要担保或者资产抵押。债务融资的特点是:要求创业者在贷款期满后,不仅要归还所借的全部资金,而且还必须支付双方事先确定的利息。有时候债务融资可能还附有资金使用或使用条件的某种限制。创业者在利用债务融资时,必须注意确保债务负担不能过重,避免出现利息支付困难,有时即使能够勉强应付,也会妨碍企业的成长与发展,严重的会导致企业破产。

另一种融资方式即权益融资,它的优点是在融资过程中无需资产抵押,但它必须给予出资者在所创企业中某种形式的股东地位。出资者将与创业者一起按照事先约定的方式获得资产的分配权利,分享企业的利润。创业者应正确地运用权益融资,并在所创企业中持有较多的股份,从而获得较多的回报,这是合理合法的。

当然,一种融资方式是否较另一种方式优越,对于创业者来说,关键是要看获得创业所需资金的可能性、企业的资产规模以及当时的利率水平。一般来说,创业者会将债务融资与权益融资结合起来,以满足自身的资金需求。融资除了上述两种主要方式外,还有许多具体途径可供创业者选择,这里主要介绍以下几种。

一、个人资金

一般来说,每个创业者在创业之初或多或少地拥有一定数量的资金,只是可能无法满足创业所需的全部资金而已。应该说,在创业过程中,从资金成本或企业经营管理的角度看,个人资金成本最低廉。同时,当创业者去准备引入外部资金,尤其是想获得银行、风险投资者等的资金时,绝对必须拥有个人资本。

因为,对外部资金的供给者来说,假如创业者在自己所创企业中没有资金投入,就有可能被认为创业者不会尽心尽力地去经营企业,甚至会出现任意使用外部资金的现象。一位风险投资者曾毫不掩饰地说:"我要创业者在企业有足够的注资,只有这样,当企业陷入困境时,他们才会设法去解决问题,而不是将公司的大门钥匙交到我的手里。"当然,个人资金的投入水平,关键在于创业者的投入占其全部可用资产的比例,而不在于投入资金的绝对数量。

二、亲友借款

在创业者创业的起步阶段,当出现融资需求时,向朋友和亲属借款往往是最容易想到的。对许多创业规模小、自有资金缺乏的创业者来说,这可能是初期唯一的资金来源。这是因为新创企业早期需要的资金具有高度的不确定性;同时,由于所需的资金量较小、创业者个人的信用状况不明等,对于银行等金融机构来说,缺乏规模经济性和可靠性,因此,很少有创业者在创业初期就能获得来自这些金融机构的资金。在这个时候,家庭、朋友以及亲属就成为最常见的资金来源,因为,彼此的了解有助于克服不熟悉的投资者所面临的不确定性。有时候,家庭、朋友以及亲属的帮助也可能不直接提供资金,而是通过提供为创业者担保的方式帮助创业者获得所需的创业资金。

然而,从创业者自己所认识的朋友、亲属那里筹集资金也有它的风险性。因为,如果创业失败,创业者与借款人之间的亲友关系将受到威胁;如果欠款久拖不还,可能导致创业者与亲属或朋友关系长期处于紧张状态。"只要有钱,我就还你。"这种说法往往出现在这种融资形式中。许多创业者从朋友、亲属那里借款后,常常以为对方是朋友或亲属,什么时候还钱都可以,这是十分错误的。每个创业者应该将从朋友、亲属那里筹集资金与从银行贷款一样对待,在筹资之初就将有关借款事项全部形成书面协议的形式,明确还款日期,并按现行利率支付利息。

另一方面,有些人通过借款帮助创业者创办或发展企业,往往以为为创业者筹资后,可以有权对创业者指手划脚,甚至干预企业的经营。如果这些人是创业者需要的企业管理行家,创业者可以考虑通过将债务融资转换为权益融资,让他们逐步成为自己创业的合伙人;如果创业者只想谋求投资而不是合伙人的话,就应该从一开始就明确借款并不意味着对方有权干涉企业的经营活动。

三、银行贷款

任何一个企业在生产经营活动中与银行的关系是非常密切的。银行的实质也是企业,即专门经营货币资金的金融企业。一般企业的借入资金中,最为常见的也是银行贷款。企业和银行之间是一种互相依存、共存共荣的关系,没有银行贷款,企业很难正常发展。同样,没有企业的发展,银行的发展也就失去了坚实的基础。

每个创业者必须熟知银行的运作程序,掌握银行进行贷款决策时是如何对企业的信用状况进行评估的,了解银行贷款的原则是创业者成功地从银行获得贷款的重要条件。为此,创业者有必要了解一些银行业务。

(一)银行贷款的分类

通常银行贷款也称作银行放款,是指银行在一定利率、一定期限内将货币资金提供给需要者的一种经营活动。银行贷款可以按照不同的标准进行分类:

(1) 按期限分,可分为短期、中期与长期贷款。一般短期指1年以内,中期为1~5年,长期为5年以上。

(2) 按照贷款保障程度可分为信用贷款、担保贷款和抵押贷款。

信用贷款是指单凭借款人的信誉，而无需提供任何抵押品的贷款。这种贷款可使创业者在不必提供任何有价物的情况下，就可以向银行取得贷款，获得追加资本。由于信用贷款只凭借款人的信誉，因而银行必须对借款人（创业者）非常熟悉，并充分了解借款人的偿还能力和信誉程度，否则银行将冒很大的风险。正因为如此，信用贷款的利率一般比其他形式的贷款利率高，并且要附加一定的条件，如要求借款人提供诸如资产负债表等有关财务报表，说明经营情况及借款用途，并规定借款人不得向其他银行借款，等等。

担保贷款是指银行凭借借款人与其担保人的双重信誉所发放的贷款。担保贷款既强调借款人的资信情况和偿债能力，也强调担保人的担保资格和担保能力。担保贷款需要订立书面贷款合同，以明确银行、担保人和借款人各方的权利与义务。

抵押贷款是指以借款人提供的有一定价值的商品物资（含商品物资凭证）、有价证券作为抵押而发放的贷款。这里的商品物资凭证主要是指铁路提货单、仓库存货单、水运空运提货单等。在抵押贷款中，如果贷款人不能按期归还贷款本息，银行有权处置抵押品。

（3）按贷款的使用领域，可划分为工业贷款、商业贷款、农业贷款等。

（4）按贷款的经济性质，可分为国有企业贷款、乡镇企业贷款、三资企业贷款和私营企业贷款等。

目前，我国银行贷款的种类主要有固定资产投资贷款、工业流动资金贷款、商业流动资金贷款、科技开发贷款、农业贷款、外汇贷款等。最近，又产生了两大新兴的贷款业务，即个人住房贷款和汽车消费贷款。

(二)银行贷款的条件

创业者向银行贷款必须具备下列条件:

一是合法性。借贷企业必须是经县以上工商行政管理部门批准设立,进行登记、注册,持有营业执照的经营企业。

二是独立性。借款企业必须是独立核算、自负盈亏、能够独立对外签订经济合同的企业。这样要求的目的是有助于落实债权债务关系,便于银行了解资金运用情况,有效地发挥资金的作用。

三是必须具备一定量的自有资金。自有资金是企业独立经营的基础,其比例大小是企业抵御风险能力的首要标志。

四是有经营能力,并在银行开设账户。这是银行进行信贷监督,并督促创业者按期归还贷款的必要条件。

明确了银行贷款的具体要求之后,创业者所面临的一个重要问题就是如何成功地说服银行给自己贷款。从银行来讲总是谨慎地放贷资金,尤其是对于刚刚创办的小型企业更是谨慎有加。总的说来,一般银行贷款决策的依据是"5C"贷款标准。这"5C"即品质(character)、能力(capacity)、资本(capital)、抵押(collateral)及条件(condition)。银行根据对企业过去的财务报表(资产负债表及损益表)的分析,以获得创业者所创企业的关键指标,如企业赢利能力、负债比、存货周转率、创业者的投入成本及其对企业的贡献。同时,对未来市场规模、销售收入以及赢利能力的预测也要进行评估,以判断企业的还贷能力。考察还贷能力一般要回答这样几个问题:创业者是否希望延长还贷时间?企业在市场中是否具有独特优势?可能导致企业经营业绩下滑的风险是什么?对企业意外的灾害有无防范措施(如对创业者的人寿保险和厂房设备的保险等)?因此,创业者在与银行打交道的过程中,需要竭力展示自己的才华,展示企业的发展蓝图及其将产生的积极效果。当然,如果创业者的立项很好,市场前景非常看好,银行也会适当放宽贷款标准。因此,创业者要科学地分析市场发展趋势,了解产业行情,正确选择具有发展前途的项目。

四、现代租赁

租赁就是出租人将某种物品出租给承租人的一种经济行为。现代租赁则是一种以融通资金与融通物资相结合的筹资方式。其基本特征为,采用融通设备使用权的方式,以达到创业者融通资金的目的;租金是融通资金的代价,类似于贷款本息的性质;在租赁期内,设备所有权归出租人,使用权归承租人。

从创业融资的角度分析,租赁的优点是:创业者用少量资金获得创业所需设备的使用权,企业可以边生产、边收益、边偿还租金,取得"借鸡生蛋,以蛋还鸡"的效果。租赁是将融资和融物结合起来,创业者通过租赁公司能直接获得生产所需要的设备,是创业者筹集资金的一条有效途径。租赁可以加速固定资产折旧,加快设备更新速度,从而提高企业和产品的市场竞争力。租赁费一经确定,在整个租赁期内一般不变,这在一定程度上可以避免通货膨胀和银行利率波动的影响,有利于企业的经济核算。

(一)租赁的种类

现代租赁最基本的形式有两大类:融资性租赁和经营性租赁。

1. 融资性租赁

融资性租赁又称金融租赁,它是现代租赁的主要形式。当创业者选准项目准备创业而需要购买设备却又缺乏资金时,就可以与租赁公司签订租赁合同。租赁公司则根据创业者所创企业的要求,代为购进所需的设备,然后租给企业使用,企业按合同规定支付现金。通过租赁使创业者实现融通资金的目的,这就是融资性租赁。

2. 经营性租赁

经营性租赁又称使用租赁,是出租人将自己经营的出租物品进行出租,直到该出租物品被淘汰为止的一种租赁形式。其着眼点完全在于即时使用设备,一旦使用期结束,租赁关系即告解除。这种方式主要用于解决创业者在生产过程中对一些大中型通用设备,如建筑施工机械、运输车辆等的短期需要。

(二)租赁融资要点

1. 注意选择最优的租赁融资方式

租赁融资的方式很多,创业者在采用租赁融资形式的时候,一定要根据所创企业的实际状况,对各种租赁方式的优缺点进行比较,从中选择最合适的租赁融资方式。如果某种设备是企业的常用设备,同时企业产品市场前景广阔,创业者将扩大生产规模,企业自身又具有使用这些设备的人员,则应采取融资性租赁形式;假如设备不是企业所需的常用设备,或者企业在这类产品上的生产扩张是短期的,加之这类设备更新换代快,租赁公司又能提供多项服务,那么就应选用经营性租赁形式。

2. 要优选租赁公司

创业者要根据自己的需要对备选的租赁公司进行比较分析,选择资金力量雄厚、资信状况好、办事效率高、有丰富经验和较好经营业绩的租赁公司。

3. 争取尽可能低的租金

创业者为降低企业融资成本,还必须努力争取降低租金。

五、风险投资

"风险"一词是用来描述"其损益结局具有不确定性"的活动。由风险一词引出了"风险投资"、"风险决策"、"风险资本"、"风险企业"等概念。这里专门对风险投资进行简要的介绍。

(一) 风险投资的内涵和特点

风险投资,也称创业投资。根据美国风险投资协会的定义,风险投资是由职业金融家投入到新兴的、迅速发展的、有巨大竞争潜力的企业(特别是中小型企业)中的一种股权资本。相比之下,经济合作和发展组织(OECD)的定义则更为宽泛,即凡是以高科技与知识为基础、生产与经营技术密集的创新产品或服务的投资,都可视为风险投资。我们认为,风险投资是由专业投资机构在自担风险的前提下,通过科学评估和严格筛选,向新创的有潜在发展前景的或市值被低估的公司、项目、产品注入资本,并运用科学管理方式增加风险资本的附加值。风险投资家以获得红利或出售股权获取利益为目的,其特点在于甘冒风险来追求较大的投资报酬,并将回收资金再投入类似的风险事业。投资家以筹组风险投资公司、招募专业经理人、从事投资机会评估并协助被投资企业的经营与管理,促使投资收益早早实现,降低整体投资风险。风险投资家不仅投入资金,而且还用他们长期积累的经验、知识和信息网络帮助企业管理人员更好地经营企业。因为这是一种主动的投资方式,所以由风险资本支持而发展起来的公司成长速度远高于普通同类公司。通过将增值后的企业以上市、并购等形式出售,风险投资家得到高额的投资回报。这是一种高风险与高收益机会并存的投资。风险投资的对象主要是那些力图开辟新的技术领域以获取高额利润但又缺乏大量资金的企业。

在我国最早出现的风险投资机构是1985年9月经国务院批准成立的中国新技术创业投资公司,它是我国内地第一家专营风险投资业的全国性金融机构,它的成立标志着我国风险投资的开始。自此以后,我国风险投资事业发展较快,一些地区、部门、高新技术开发区纷纷建立了各具特色的风险投资公司。

随着我国"科教兴国"战略的提出,知识经济初露端倪,美国微软、雅虎的成功传奇,促使近一时期国内风险资本异常活跃。但也应该看到,虽然目前在中国相继成立的上百家风险投资公司的注册资金为80亿元人民币(不含外资),但真正投入企业的仅一成左右。如此规模根本无法支撑高新技术的发展。

(二)我国风险投资公司的组织结构及投资方向

我国风险投资机构的资金来源主要是政府。已有的组织机构比较一致,基本上是投资部、办公室、财务部、项目部等,所选投资方向基本上都定位在高新技术上,有的已获得了较好的效益。风险投资公司在风险投资过程中,其运作程序主要有两种模式:一种是没有专家系统的投资模式;另一种是有专家系统的投资模式。这两种模式是根据风险公司所处省份的环境、对风险投资特征的认知程度以及风险投资公司自身运作的可靠性来考虑的。

尽管如此,赢得风险投资进行创业,仍是目前许多民营高科技企业所追求的目标。那么,在争取风险投资的进程中,需要创业者从企业自身乃至本人作哪些心理准备呢?有专家建议要过好"五关"。

1. 心理关

每一个创业者,为了赢得风险投资和企业上市,都需要在心理、文化和观念上作好准备。创业者必须以平等的心态、民主的作风,让一个外在的资本供给者对你进行监控和管理。这就要求创业者超越传统观念和文化积淀所形成的障碍。这可能是一个痛苦而漫长的心理适应、文化变迁、观念转变的过程。

2. 产权关

目前,成熟的风险投资家在选择目标企业时,都有一个重要标准,就是这个企业是否实行员工持股。在香港创业板上市规则中更是作了明确规定,企业管理层和直接参与经营的出资者持股比例不得低于35%,因为这关系到主要经营管理层能否与风险投资家共担风险的问题。作为创业者,是否已作好让下属平等地而不是施舍地分享、分配、拥有股权的思想准备,是否愿意通过产权的重新改造,再造一个上下目标统一、风险共担、荣辱与共的新团队,这直接关系到创业者能否获得风险投资。

3. 治理结构关

无论是赢得风险投资还是企业上市,都要求创业者在企业中建立健全的法人治理结构。

4. 战略关

风险投资者在选择目标企业时,要求必须有核心能力、核心技术。这就要求创业者不断创新,促使企业构筑核心能力,制定发展战略,实施战略管理。

5. 管理关

创业者在管理企业过程中,如何摆正管理创新、制度创新与技术创新的关系,改变管理过程中的家庭化、集政化、感性化,真正实现科学化、民主化、法治化;如何在人才选拔上由经验型、勇气型、忠实型过渡到专业型、国际型、专家型,等等,这些都是创业者必须认真思考的问题。规范管理、练好内功是赢得风险投资的前提。

当然,在具体的创业活动过程中,可供创业者选用的其他融资途径还有很多,如企业发行债券、利用外资、政策性的政府资助,甚至在创业到一个较高层次的时候,可以考虑发行企业股票。这类融资方式对创业者所创企业的各方面要求较高,必须在达到较大规模时方能采用,其中还要受国际、国内的市场因素以及产业政策的影响,这里就不一一介绍了。总之,只要创业者正确分析自己的创业优势,科学灵活地运用适合自己的融资手段,为所创企业注入新鲜的"血液",就有可能使自己新创建的企业在较短的时间内获得成功。

■自学指导

一、学习目的与要求

通过本章的学习,应准确把握创业融资的基本内涵,了解融资对于创业者适时抓住创业机会的重要作用。在了解和掌握六种主要创业融资途径的基础上,领会创业者逐步走向创业成功的方法。

本章共分两节:

第一节是创业融资。主要内容是创业融资的内涵、意义和原则。在讨论创业融资的意义时,本节主要阐述了创业者在具备了创业精神、能力,又具有良好计划的前题下,如何通过及时融资来把握创业机会并走向创业成功。因为,融资渠道的畅通、快捷与否,将直接关系到新创企业能否迅速站稳脚跟,占领市场,获得最佳效益。在明确创业融资重要性的基础上,阐述了创业融资的基本原则,正确把握创业融资原则是创业者领导企业健康成长的重要因素。

第二节是创业融资的途径。这一节主要介绍了创业融资的几个常用渠道,并分不同层次进行了阐述。从一般创业、创小业到发展高科技企业,分别介绍了个人资金、亲友借款、银行贷款、现代租赁、风险投资等创业融资的主要途径。在介绍融资的主要途径之前,概括地介绍了两种融资方式,即债务融资和权益融资。因为,任何途径获得的资金,都分别属于债务融资和权益融资,创业者可以根据自己的创业计划、发展战略正确选择融资方式。

本章学习重在理解创业融资的概念以及融资原则,在此基础上正确把握创业融资的主要途径,并形成一定的融资能力。

二、本章重点和难点

1. 创业融资的内涵

2. 创业融资的意义及需要把握的原则
3. 创业融资的主要途径

■练习题

一、名词解释
1. 创业融资
2. 债务融资
3. 权益融资
4. 银行贷款
5. 现代租赁
6. 风险投资

二、简答题
1. 创业融资的原则是什么？
2. 创业融资的主要途径有哪些？

三、论述题
联系实际，谈谈创业者选择合适的融资方式的重要性。

第七章

创业风险

创业,是一项充满开创性的艰巨工作。由创业的开拓性、创造性、社会性等特点所决定,创业往往与风险紧密相伴。因此,对创业风险的防范应该贯穿于创业行为的全过程,并成为创业者十分重要的一项常规性工作。

第一节 创业风险概述

有效地防范创业风险,首先要对创业风险有一个理性的认识。

一、创业风险的定义

对于"风险"的定义,学术界尚无统一的定论。根据《现代汉语词典》的释义,"风险",就是"可能发生的危险"。顾名思义,所谓创业风险,就是创业过程中可能发生的危险。但是,这种"危险"不同于一般的危险,它具有自己独特的属性。

(一)客观潜在性

创业风险是一种客观存在,它一般是以隐蔽的形式存在于创业的全过程。可以说,只要有创业,就潜伏着创业风险。创业的过程是一个开拓、创新的过程,存在着诸多不确定因素,蕴含着风险是必然的,是符合客观事物的运行规律的。创业风险虽然具有潜在性,但并非不可认知,不过需要创业者在创业的过程中,时时提高警惕,主动去识别,并随时加以防范。

(二) 释放性

创业风险具有释放性。由于未加防范,或者是防范失当,通过各类主客观因素的独立或者相互作用,超过了创业风险的潜伏度,本来以隐蔽形式存在的创业风险就会释放,从而演化为实实在在的危险。风险的大小,将给创业者带来不同程度的利益损失。如果酿成了全局性风险,事后补救又不力,创业行为就可能失败。

(三) 两重性

创业风险具有两重性。创业风险既可能给创业者造成不同程度的利益损失,也可为创业者带来不同程度的风险利益。一般说,风险利益与风险的大小成正比。风险越大,可能带来的风险利益也越大;当然,可能造成的风险损失也会越大。创业风险的大小,一般是用风险可能释放的机率和强度来衡量的。这种机率和强度由创业范围和规模的大小,以及主客观不确定因素的多少所构成。必须强调的是,浮躁盲动、缺乏理智所造成的非理性风险,一般不大可能带来风险利益;即使偶尔成功,也属于侥幸。理性风险与非理性风险的根本区别就在于:一是是否已经被识别;二是是否采取了一定的防范措施。即使是由自然灾害、意外事故所构成的风险,创业者也应该有所意识,并在创业利益的设计中为其留有足够的迂回空间。

(四) 可变性

创业风险具有极大的可变性。通过各类主客观因素的独立作用或者相互作用,创业风险既可以放大,也可以缩小。创业风险的放大和缩小,一是指风险释放的机率和强度的升高或降低;二是指风险覆盖范围的扩大或收缩。创业风险的变化与风险防范的科学性、及时性和有效性成反比。

创业风险的这些独特属性,是我们防范创业风险的主要依据。

二、创业风险的种类

从各种不同的角度考察,创业风险可分为各种不同的种类。

(一)可抗拒性风险和不可抗拒性风险

从创业风险的性质看,可分为可抗拒性风险和不可抗拒性风险。

1. 可抗拒性风险

创业过程中潜伏的风险,大多是可抗拒性风险,如在创业者决策、操作等过程中所蕴含的风险。这种风险大多是人为的,如果决策得当、运作规范、防范得力,一般是可以防范的。因此,对于这一类风险,应该尽可能把防范工作做在风险释放之前。

2. 不可抗拒性风险

有些创业风险是不可抗拒的,如自然灾害、意外事故所构成的风险。在创业过程中,创业者能够意识到可能有自然灾害、意外事故发生,但是不可能预见在什么时候会发生什么种类和什么强度的灾害或事故,因而无法抗拒。不可抗拒不等于不可以防范,如在创业利益设计中为其留有足够的空间、风险释放后采取得力措施尽量减少或消除损失等,都是防范不可抗拒性风险的良策。

(二)局部性风险和全局性风险

从创业风险的覆盖范围看,可分为局部性风险和全局性风险。

1. 局部性风险

局部性风险是由某单个因素的独立作用,或者是由某几个因素的相互作用所引发的,仅在创业行为的局部发生影响。局部性风险只涉及创业行为的局部,甚至只影响到某一项或者某几项工作,其覆盖范围较小,因而风险也较小。局部性风险具有波及性,由于防范失当,或者是救济不力,风险会在局部范围内相互波及,造成风险的放大。波及到一定程度,就可能发生质变,从而转化为全局性风险。

2. 全局性风险

全局性风险关系到创业行为的全局,其覆盖范围广、强度大、综合程度高,救济难度也大,而且将直接影响到创业行为的成败。全局性风险的酿成,可能由局部性风险转化而来,也可能由各类主客观不利因素的综合作用所引发。对创业风险的防范,应该十分注意的是尽可能防止酿成全局性风险。但是,如果酿成了全局性风险,创业者决不能惊慌失措,而应该充满信心地去战胜它。

(三)环境型风险、决策型风险和运作型风险

从创业风险的具体形态看,可分为环境型风险、决策型风险和运作型风险。先看这样一个例子:

1998年,某民营网络服务公司经历了一次"易帅风波"。该公司于1995年创建,在我国 ISP 业界具有极大的影响。但是据介绍,从1997年起公司就面临投资回收的重重矛盾。公司在建立了北京、上海等八家分公司后,摊子铺得过大,每天都在赔钱,且无回升的迹象,股东们失去了再投资的信心,公司难以为继。股东们认为,公司的资金危机来源于市场危机。公司创业之初,将该网定为"百姓网"。但随着增值服务业的发展、市场的变化,公司没有适时转型以进一步开拓市场,登记网员绝大多数仍为25岁以下、月收入不高、以娱乐为主的"网虫"。这样的资金流不足以支撑该网的运行。有关人员坦言,公司第一年的市场培育是正确的,否则需求无法转为市场。但从1996年底起,中国网络市场发生了变化,公司对商业价值考虑不够,没有在战略上作相应

的调整,还是一味炒作,没有转入实质性的经营。网络的技术结构、服务内容也没有调整,公司在一些项目的决策和操作上也过于草率。例如,喧嚣一时的"网上中国"大型主题信息上马,没有认真研究市场,没有认真探究市场的推广;为完成公司"网上中国"尽快铺大铺开的要求,制作中心将别的网站的一些很粗糙的风光介绍放进自己的网页,并冠以自己的标识,操作过于鲁莽。此外,在一些技术、服务上也存在失误。

从这个例子可以看出,无论是创业的环境,还是创业的决策和运作,都潜伏着风险。

1. 环境型风险

环境型风险就是在创业的宏观环境中所蕴含着的巨大风险。自然因素和非理性因素的渗入,使创业的宏观环境风云变幻,充满了不确定因素。因此,创业的环境潜伏着风险是不足为奇的。环境型风险一般是由国家宏观经济政策的变化、经营市场的竞争、自然灾害或意外事故的发生等因素所构成的。上述例子中经营危机的发生,就主要是经营市场所造成的。世界上的网络服务业,多数都在赔钱,全靠充裕的资金来支撑。而我国的网络服务业是在市场条件并不成熟的情况下发展起来的,融资渠道也很不完善。正因为如此,作为一家企业,在开展网络业务的同时,更应该把市场开拓作为一项重要工作来抓,决不能"一味炒作"。1996年底,网络市场开始细化,增值服务业迅速发展,公司又没有适时转型,网络的技术结构、服务内容也未作调整,从而失去了这一块市场,酿成了资金危机。一手创建该公司的原总裁曾坦言:"行业环境的残酷没有预想到,资本的准备、市场的成熟度、上下游关系的配合都严重不足。"市场是严峻的,不能适应就只能失败。

2. 决策型风险

决策型风险是创业决策中所蕴含的风险。上海延中复印工业公司经理周鑫荣认为:"任何一个经营决策都不可能十全十美。一味追求完善,就可能坐失良机。即使一个一百分的方案如果耽误了行动的时机,结果只能得到五十分。相反,如果有六十分的把握,而又不失时机,坚决行动,也许能得到八十分的结果。"由此可见,创业过程的每一个决策,都可能留有一定的不确定因素,正是这些不确定因素构成了创业的决策型风险,关键是看创业者是否意识到决策的不完善性,以及其中所蕴含的风险,有没有采取适当的防范措施。上述案例中"网上中国"大型主题信息的项目决策就失之草率,项目的创意虽然很好,但是没有认真研究市场,没有认真探究市场推广,原因就在于决策者并未意识到这一决策所潜伏的风险,没有采取得力的防范措施。该项目耗资达10多万元,结果只能不了了之。

3. 运作型风险

创业的路途荆棘丛生。创业过程的具体运作社会性极强,而且涉及面广,关系复杂,情况千变万化。应该说在创业过程中,每一个合同的订立、每一张票据的运作、每一个广告的刊发、每一次融资计划的实施等,都蕴含着重重风险,这些问题下面还要详谈。就拿上述例子来说,"网上中国"网页的制作过于粗糙、不够严肃这一具体运作就是造成项目失败的原因之一。

三、创业风险的成因

前面我们对创业风险的主要属性和各种类型进行了探讨。通过分析可以看出,创业风险是由各类主客观要素的不确定性所构成的。由于某一个要素的独立作用,或是各相关要素的相互作用,其正向(不利因素)作用力超过风险的潜伏度,量变就会产生质变,创业风险就会释放,造成创业利益的损失。各类主客观要素反向(防范因素)作用力产生影响,风险就会缩小。由于防范失当,风险就会放大或者转化,甚至造成创业行为的失败。这就是创业风险形成的原因。

那么,创业风险主要是由哪些主客观要素所构成的呢?从上述分析可以看出,其构成要素一般有:

(一)创业主体的不确定因素

创业主体的风险防范意识,及其自身的素质、知识和能力方面的不确定因素是构成创业风险的首要因素。不同的创业主体,其风险意识、自身素质,以及阅历、知识、经验、能力,等等,是各不相同的,这种"能差"就构成了创业主体的不确定因素。同一创业主体在不同的阶段,其意识、素质、阅历、经验、知识、能力也是不同的,这种"能差"同样构成了创业主体的不确定因素。其有利的一面多,风险就小;不利的一面多,风险就大。

(二)创业客体的不确定因素

如前所述,对创业的客体,即创业项目、对象的选择需要创业者大胆、谨慎地决策,一方面需要经过充分的论证,但另一方面也必然会留有诸多不确定因素,如项目的实施条件、市场前景,以及目标的达成前景,等等,都会受到相关因素的制约,一般来说不可能万无一失。这些不确定因素同样是引发风险释放的重要根源。

(三)相关利益者的不确定因素

相关利益者的不确定因素,是构成创业风险的又一个要素。相关利益者包括合伙人、企业员工、客户、材料供应商、产品销售商、同行竞争者,以及融资、抵押、担保等各种关系人。相关利益者是善意还是恶意,是紧密协作还是相互拆台,是正当竞争还是行骗欺诈,等等,都是构成创业风险的重要因素。

(四)客观环境的不确定因素

从前面的分析可以清楚地看出,客观环境的不确定因素,包括宏观的、微观的、人为的与自然的,都能引发创业风险。以宏观经济环境为例,如银根的收缩或放宽、利率的提升或下降、其他经济政策的从宽或从严,等等,这些不确定因素都是构成创业风险的重要原因。

第二节 创业风险防范的原则和手段

所谓对创业风险的防范,就是针对创业行为的实际情况,从创业风险的构成要素入手,运用有效的防范手段或技巧,采取适当的防范形式和措施,以规避或者控制创业风险;当创业风险释放后,通过风险救济等手段,尽可能减少或消除风险释放所造成的损失,从而取得最大的风险利益。可见,要有效地防范创业风险,先要对创业风险防范的基本原则以及相关的防范手段和技巧有一个全面的了解。

一、创业风险防范的基本原则

主体性原则、事前性原则和有效性原则是防范创业风险所必须遵循的三大原则。

(一)主体性原则

内因是根据,外因是条件。因此,主体性原则是防范创业风险的首要原则。主体性原则一般包含这样两个要素:

1. 创业主体的风险防范意识和能力

创业者应该具有强烈的风险防范意识、良好的综合素质,以及防范创业风险的相关知识和能力。如果创业者缺乏风险意识,对创业风险的防范不积极、不果断,即使有很好的参谋,也是不可能很好地防范创业风险的。

2. 创业主体的综合实力

创业主体的综合实力具体反映在创业者所创基业的综合实

力上。一般来说,综合实力越强,抵御创业风险的能力也越强。20世纪80年代初,苏南乡镇企业崛起时,创业者奉行的是"船小好掉头"。随着市场经济体制的逐步确立,经过市场经济大潮的冲击,人们才逐步认识到"船大才能抗击市场经济的风浪"。而"船大",并不是盲目的大,关键在于"强",形不成合力的"大",只能造成战线过长,摊子过大,包袱过重,反而可能产生更大的风险。前一时期发生的国际金融危机,韩国的一些大型企业集团纷纷倒闭,其原因就在于此。

(二) 事前性原则

防范创业风险必须坚持事前性原则,也就是说,创业者应该着重于风险发生前的防范行为,以事后的救济行为为补充。只有注重了事前的风险防范,才有可能规避或控制创业风险,阻却风险的释放。如果风险已经释放,一般来说损失已经造成,所能做的就只有尽可能减少风险释放所造成的损失了。因此,事前防范原则应该是创业风险防范的"金科玉律"。

(三) 有效性原则

防范创业风险,必须做到切实有效,尽可能减少无效行为,以免贻误战机,酿成风险的放大或转化。有效性原则一般包含三个要素:

1. 科学性

风险防范要做到切实有效,其第一要素是科学性。运用的防范手段、采取的防范措施、落实的防范行为,都应该是科学的、正确的,是经得起考验的。

2. 时效性

风险的防范必须及时,尤其是当风险已经释放时,必须及时、果断地予以补救,坐失良机就会铸成大错。更何况一些法律救济手续一般都规定有一定的时效,超过规定的时效就不能申请法律救济。

3. 着力性

无论是防范措施的落实、防范手段的运用,还是防范行为的实施,都必须有力度,能够切中风险的要害,做到稳、准、狠,马上就能见效。

二、创业风险防范的主要手段和技巧

(一)风险防范的主要手段

1. 有效地规避风险

规避风险就是采取积极、有效的措施,将可能引发风险释放的各类主客观不利因素消除在萌芽状态,将可能带来风险利益的各类主客观积极因素调动到最大限度。既能避开风险损失,又能获得最大的风险利益,这是创业风险防范的最高境界,也是我们所要追求的最高目标。

2. 切实地控制风险

所谓控制风险,一是要采取科学、得力的措施,有效地降低创业风险可能释放的机率和强度。我们已经知道,这种机率和强度一般是由创业规模与范围的大小,以及各类主客观不确定因素的多少所构成的。切实地控制风险,就是要在保证创业规模和范围相对稳定或者持续扩大的前提下,通过对各类主客观不确定因素的调整来减少风险可能释放的机率,尽量降低风险的强度,以保证风险利益的全面实现。二是要及时阻止风险的释放。当各种不利因素的作用力达到一定程度,风险即将释放时,要及时采取措施阻止其释放,以保证风险利益的获得。

3. 及时地实施风险救济

当创业风险正在释放或者已经释放时,要及时采取积极措施,有效地防止创业风险的放大和转化,尽可能减少或消除风险所造成的损失;当损失已经造成时,应及时采取有效措施予以补救。这时,损失虽然已经造成,但救济是否及时,措施是否得力,将直接关系到创业利益损失的多少,以及对创业行为影响的大小,切不能等闲视之。

(二)创业风险防范的主要技巧

1. 风险分散术

所谓风险分散术,就是选用合适的载体,采取有效的措施,以分散创业风险,降低风险可能释放的强度,增强创业行为的安全度,保证风险利益的实现。分散风险的主要载体有:

(1)合伙人。寻找合适的合伙人,做到利益均沾,风险共担,一方面能够集各方之长,增加创业的成功率;另一方面也是分散创业风险的有效措施之一。合伙创业不能只凭义气,草率合伙。合伙人既要相互信任,做到互商互谅;又要在相互之间形成一定的法律约束。对合伙人的权力义务、合伙分工、盈余分配、债务承担、合伙解体后的财产处理等,都要在合伙协议中加以明确,并经法律公证。只有这样,才能在创业的过程中做到同心协力,避免发生不必要的纠纷。

(2)经营项目。实施经营项目的多元化,一方面能做大、做强企业,以获取更大的风险利益;另一方面也能有效地分散创业风险。据《经济日报》报道,以生产计算机硬件而闻名世界的IBM公司,曾一度因硬件销售不畅而陷入困境。但在同一时期,其全球性服务收入却财源滚滚,1998年达到234亿美元,占公司销售总收入的29%。可见,在经营硬件的同时经营服务业,对该公司的整体利益来说,确实能起到分散风险的作用,收到东方不亮西方亮的效果。但是,必须强调的是,实施经营项目的多元化必须具备充分的主客观条件,盲目地涉足自己不熟悉的领域,不见得就能够分散风险,反而可能构成新的更大的风险。

2. 风险锁定术

风险锁定术,就是通过有效措施,将风险限制在某一个设定的范围内,以降低风险可能释放的机率和强度,增加风险可能带来的利益。例如,高科技产品的试制,一般都有种子期、创业期、发展期、成熟期等多个不同阶段。风险投资者按各个时期风险的大小注入不同数额的资金,一般来说,均为由小到大,把各个时期的风险投入锁定在一定的范围内,以有效地控制风险。1998年,清华大学几个学生成立了视美乐公司,研制学生发明的多媒体超大屏幕投影电视系统。上海市第一百货公司看准了该项目巨大的市场潜力,运用风险锁定术对该项目进行风险投资:在该项目的中试阶段先投入 250 万元,享受项目收益 20%的分配权;在风险相对较小的生产销售阶段再行投资5 000万元,股份上升到 60%。这正是风险投资对投资方的魅力所在——锁定风险,放大收益。

3. 风险缩微术

风险缩微术就是运用有效措施来缩小风险,以降低风险可能释放的机率或强度,或者是减少可能产生的风险损失。下面是一则运用风险缩微术的成功例子:

1982 年,上海延中复印工业公司听说广州有一种晒图机非常先进,并且 10 台中的 3 台已被别的公司买走,于是当即决定把剩下的全部吃进。然后,公司集中了 5 名技术员进行试制,许诺若两个月拿出样品,就予以重奖。晒图机有一种冷光源管子,延中没有条件试制,就委托 6 家研究所、大学、工厂同时试制。公司认为,如果委托一个单位,试制失败后再找他家,就会影响产品推出;委托 6 个单位试制,虽然多花了费用,但可以赢得时间。结果两个半月就拿到了理想的管子,与厂内的试制基本同步,从而实现了两个半月出样品,4 个月出产品,6 个月投入市场的目标,当年销售达 800 台,第二年销售1 200台,第三年销售1 800台,三年赢利达 400 万元。

从这个例子可以看出,延中公司的决策,首先是认准了项目的先进性与良好的市场前景;其次是公司的技术力量有把握按时完成主要部件的试制。不确定因素在于冷光源管需要委托协作单位试制。为此，公司巧妙地运用风险缩微术，委托6个单位同时试制，最大限度地降低了风险可能释放的机率，从而取得了极大的风险利益。

此外，如要求对方提供担保、抵押等，目的都是想减少可能产生的风险损失，因此对己方来说都是风险缩微术的具体运用。

4. 风险转移术

所谓风险转移术，就是通过合法、有效的形式转移风险。例如，参加商业保险，就是利用法定的合理形式，以全部或者部分转移风险。风险的转移一般是在当事人自愿的原则下，通过订立合同来实现的。在此必须强调的是，转移风险必须利用合法的形式，恶意地转嫁风险是一种欺诈行为，法律非但不会予以保护，而且还将视情节轻重予以处罚。下面的例子就很能说明问题：某地发生了水灾，甲电视机厂库存的300台电视机全部进水。甲厂隐瞒了进水事实，与乙经销商签订购销合同，将电视机全部售出，以转嫁风险。乙将电视机售给客户，客户发现电视机质量有问题，提出退货。经技术部门鉴定，这300台电视机全部进过水，质量和寿命均受影响。法院判决合同无效，全部退货，甲厂退还货款并赔偿乙经济损失。

第三节　创业风险防范的途径

对创业风险的防范，可分为风险释放前和风险释放后两个阶段。根据事前、事后的不同特点，采用不同的防范策略，运用不同的防范手段，落实不同的防范措施，是防范创业风险的主要途径。

一、创业风险的事前防范

对于创业风险的事前防范,其主要手段是规避或者控制风险。利用什么形式、采取什么措施来规避或者控制风险,以实施对创业风险的事前防范,需要根据不同情况、不同类型风险的特点来进行。

(一)各种形态风险的防范

对环境型、决策型、运作型等各种不同表现形态的创业风险,应该根据它们的不同特点,切实采取不同的防范形式,落实不同的防范措施。

1. 实施环境监测

加强对创业环境的研究和监测,是有效地规避或者控制环境型风险的重要形式和措施。根据《经济日报》披露,联想集团总裁柳传志曾讲过,企业的经营环境好比计算机的操作系统,企业经营则犹如软件应用。应用软件再好,操作系统如果出问题,软件在里面就跑不动,严重的甚至会死机。这一比喻形象地说明了经营环境的不确定因素孕育着风险的道理。柳传志还认为,计算机行业是一个变革迅速的行业,行业的变革将不断改变着计算机企业的经营环境。为此,联想集团公司"求实进取"的经营理念中,"进取"的含义就是:努力看清楚变革的走向,以便在决策上、运作上不断适应新的环境,阻却经营风险的发生。尤其是计算机行业的变革源头——美国的计算机行业,公司对它的一举一动更是严加监测,以便随时掌握其变革的信息,并及时作出应对决策。

2. 加强风险预测

加强风险预测是有效地规避或者控制决策型风险的重要形式。众所周知,创业的过程是一个个决策、实施和回报的连续性过程。项目的决策既要果断,又要慎重;既要敢冒风险,又不能浮躁盲动。为此,创业过程中的每一个重大决策,都要对构成创业风险的各种主客观要素进行综合分析,对诸如创业环境、创业主体和客体,以及与决策相关的各种不确定因素进行全面梳理,对决策中蕴含着的风险进行科学的预测。一些重大项目的决策,在可行性论证中应该包含必要的风险评估,必要时可运用概率论和数理统计,对各种主客观不确定因素进行量化统计,并与国内外相应的安全标准进行比照,得出该项目实施后风险可能释放的概率(机率)和强度,并切实制定行之有效的防范措施。

3. 建立预警机制

建立和强化风险预警机制,是有效地控制创业风险的重要措施。建立风险预警机制,就是为各类主客观不确定因素的变化设置警戒标准。当不利因素的增长达到这一标准时,就预示着风险即将释放,就应该立即应对,及时阻止其释放。例如,发生坏账和呆账是银行风险的表现形式,造成坏账、呆账的因素很多,德国商业银行在从企业的角度作了大量的调查后认为,企业经营决策失误、宏观经济环境波动、财务失衡和管理失误是导致坏账、呆账频率高的主要原因。为此,德国的各大银行都建立了风险预警机制。银行对客户进行资信评级是预警制度的核心。通过资信评级,以界定是正常信贷还是坏账、呆账,并以此作为主要标准,及时作出信贷调整决定。其次,银行对坏账、呆账的识别也制定了标准。如呆账的标准为:客户在最近两年里资金短缺总额连续超过其净资产总额的40%;由德国商业银行结算的企业的营业额下降了20%等。坏账的标准为:客户在120天里因无资金保证而退回3张以上支票;名义债务超过资产而没有第三方担保;抵押担保品明显贬值等。预警机制的建立,使银行能随时识别和防范坏账和呆账。由此可见,根据不同创业客体的不同特点,建立和强化不同的风险预警机制,及时反馈经营信息,对创业风险的控制有着十分重大的意义。

4. 运作与防范结合

运作与防范结合,就是将创业过程的运作与创业风险的防范合二为一,使创业运作的过程同时成为风险防范的过程。前面已经讲过,创业过程的每一次运作,大至项目决策、市场开拓、生产经营的组织和管理,小至一个合同的订立、一个广告的刊发、一张票据的运作等等,都蕴含着风险。使运作与防范结合,应该说是规避创业风险,阻却风险释放的最佳选择。两者结合的主要形式有:

(1) 合法经营。市场经济是法制经济,创业主体的违法经营,往往是突发风险的重要原因。为此,创业者必须学法、懂法、守法,在整个创业过程中,都要坚持依法经营,做到经营有道,赚钱有法。下面就是一个典型的反面例子。

某铝业公司是一家私营企业,花巨资开发了益湘牌系列压力锅,产品曾获"中国公认名牌产品"的称号。就是这家红红火火的企业,1999年却上了全国十大制假榜,其原因就是违法生产了国家明令废止的"85标准"压力锅。受到查处和曝光后,全国各地的经销商纷纷停止销售益湘牌压力锅,使公司一下子就陷入了半停产的困境。

(2) 规范运作。对于创业过程的每一个环节,例如产品开发、生产经营、企业管理,或者是合同、广告、票据、专利的运作,都应该根据操作规程,切实加以规范。某企业经营外贸业务,1998年,一名业务副经理带领几名科长突然要求辞职,他们手里掌握着公司业务的1/3。业务人员带着业务秘密跳槽而使外贸企业陷入困境的事早已屡见不鲜,该公司前几年就曾经因为业务人员跳槽而遭受过惨重的损失。但这一次公司却有效地化解了这场风险,原因就在于规范了管理。他们通过职代会制定了内部管理规定:员工离开企业,必须与企业签订保守业务秘密的协议,否则不予办理调离手续。然后根据劳动法与员工签订了劳动合同,并将这一内容列入了合同条款。当这批人要求辞职他就时,公司要求他们签订守密协议。业务秘密是这些人跳槽的本钱,他们因而不肯签字,反而向劳动仲裁委员会申请仲裁。仲裁委员会经过审理作出裁决,认定劳动合同有效,他们提前解除劳动合同,应该承担合同约定的责任,并按公司的规定办理离职手续。

从这个例子可以看出,规范创业过程的运作,其本身就是对创业风险最有效的防范。

(二) 合同风险的防范

创业过程中所面临的合同风险,属于运作型风险的范畴。创业的过程是一个社会活动的综合过程,社会活动离不开人与人之间的交往。在社会主义市场经济条件下,人们一般是通过合同来规范人与人之间的权利和义务的。可以这么说,创业的整个过程都离不开合同,也躲不了合同风险。鉴于合同风险在创业风险中的重要影响,本节单独列目对合同风险的防范作一介绍。

1. 合同的概念

要研究合同风险的防范,首先应该了解合同的概念及其相关的知识。所谓合同,就是作为平等主体的自然人、法人、其他组织之间设立、变更、终止民事权利与义务的协议。

当事人订立合同,可以有书面形式、口头形式和其他形式。法律、行政法规规定,或者是当事人约定采用书面形式的,应当采用书面形式。书面形式是指合同书、信件和数据、电文(包括电报、电传、传真、电子数据交换和电子邮件)等可以有形地表现所载内容的形式。合同的内容由当事人约定,一般包括以下条款:(1)合同当事人的名称或者姓名;(2)标的,即合同当事人双方权利与义务所指向的对象,如货物、劳务和生产项目等;(3)数量,即标的的数量;(4)质量,即标的的质量要求;(5)价款或酬金;(6)履行的期限、地点和方式;(7)违约责任;(8)解决争议的方法。

此外,法律规定必需的,以及当事人一方要求规定的条款,也是合同的主要条款,如合同的担保、抵押、公证等等。合同的订立,上述条款一般应该齐全。但是也应该注意到,根据由当事人约定的原则,即使没有包括上述所有条款,但只要具备有关主要条款,合同照样能够成立并生效。

2. 合同的种类

合同的种类很多,按照我国《合同法》规定,合同可分为买卖合同、赠与合同、借款合同、租赁合同、承揽合同、建设工程合同、运输合同、技术合同、委托合同等等。可以说,这些合同涉及创业的各个领域、各个阶段,与创业者的各种创业行为紧密相关。创业者无论是寻找合伙人,还是筹措资金、租借场地、引进技术、招收员工、采购销售、运送货物、委托代理等等,每一个环节都应该以合同,尤其是书面合同的形式来规范自身和他人的行为。只有这样,才能规范整个创业过程的运作,有效地规避或者控制创业风险。

3. 合同风险与防范

所谓合同风险,是指在合同的订立、生效、履行、变更和转让、终止,以及违约责任的确定等过程中,由于合同当事人或非当事人的故意或非故意行为,可能给合同当事人一方或双方造成利益损失的危险性。合同风险蕴含于合同的订立、生效、变更和终止的全过程。对于合同风险的防范,应该引起创业者的高度重视。合同风险防范的主要措施有:

(1) 做好合同订立的前期准备。增强风险意识,切实做好合同订立的前期准备,是防范合同风险,从而规避创业风险的的最佳选择。合同订立的前期准备,首先是对标的物进行论证。标的物如果是生产项目,就应该先论证该项目的市场前景等;如果是货物,就应该先弄清该货物是否确实存在,是否为国家禁售品等,否则就可能上当受骗。其次是要对合同对方的资格和信用进行审查,合同对方必须具有完全民事行为能力,有权或有权代理签订合同,并且具有良好的商业信用和债务履行能力。其三是对合同样本进行严格的审查。合同内容要合法,双方的权力和义务要大体平衡。合同条款要齐全、清楚、确切和穷尽,不可造成歧义,需要列举的事项要一一列举;己方的意愿要表达清晰、明确。

(2) 切实规范合同行为。要按照《合同法》的规定全面规范合同行为,从合同的订立、履行、变更和转让,直到终止,都要全面按照法定的要求、程序和手续来办理,同时应该要求合同对方同样规范合同行为。例如合同的履行,应该使履行主体、标的物及其质量数量、履行时间、地点和方式都能符合合同要求,并留有正确履行合同的有效证据。同时要密切注意对方履行合同的过程和具体环节,及时提示和要求对方按照合同的约定行事;注意对标的物及相关凭证的检查和验收,如发现重大异常,可依法准确、及时地行使抗辩权。

——同时履行抗辩权。所谓同时履行抗辩权,是指当事人互负债务,没有先后顺序的,应同时履行。一方在对方履行之前有权拒绝其履行要求。一方在对方履行债务不符合约定时有权拒绝其相应的履行要求。

——异时履行抗辩权。所谓异时履行抗辩权,是指当事人互负债务,有先后履行顺序,先履行一方未履行的,后履行一方有权拒绝其履行要求;先履行一方履行债务不符合约定的,后履行一方有权拒绝其相应的履行要求。例如,某宾馆与某水产公司签订了一份鱼虾购销的长期合同,合同规定由水产公司按约定价格,每月两次向该宾馆供应特定规格的鱼虾若干,由公司向宾馆送货,货到后经验收合格,宾馆即向水产公司汇款。开始时双方均能按约定履行,后来水产公司提出,宾馆先行付款后才能发货,宾馆予以拒绝,并要求对方继续履约。水产公司因此而不再供货，宾馆遂以较高的价格直接从市场进货，并派人前往水产公司交涉，要求其履约。水产公司仍不履约，宾馆遂向法院提起诉讼，要求水产公司承担违约责任，并赔偿经济损失。法院支持了宾馆的诉讼请求。由于准确地行使了"异时履行抗辩权"，该宾馆成功地避免了可能产生的合同损失。

——不安抗辩权。所谓不安抗辩权，是指先给付债务人在有证据证明后给付债务人的经营状况严重恶化，或者转移财产、抽逃资金以逃避债务，或者谎称有履行能力的恶意欺诈行为，以及其他丧失或者可能丧失履行债务能力的情况时，可终止自己的履行；后给付义务人在接到中止履行通知后在合理的期限内提供了适当担保的，先给付义务人应当履行其债务，在合理的期限内未恢复履行能力或是未提供适当担保的，后给付义务人可以解除合同。例如，某轿车厂与某销售中心签订了一份购销合同，由轿车厂以约定价格向销售中心供应轿车100辆，分三批交货，货到后即行汇款。第一批30辆轿车双方均能按合同履约。后厂方获悉，该销售中心由于经营不善，已向银行贷款近亿元，并已陆续到期。此外，该中心还有偷税漏税等违法行为，有关部门已立案审查，银行账户已经冻结。为了避免可能发生的损失，厂方向该销售中心发出了中止履约通知书，对方未在规定期限提供适当的担保。因此，轿车厂未再向该销售中心发货。从这一例子看，该轿车厂依法行使不安抗辩权，其理由充足，处理及时妥当，因此有效地避免了可能产生的合同损失。

此外，由于对方原因使己方履行债务发生障碍，可考虑依法将标的物提存；在提起诉讼时可依法申请财产保全等。这些都是规避合同风险的有效措施。

对于合同行为的其他各个环节，同样要做到合法、规范、小心、谨慎，只有这样才能有效地规避合同风险。

(三)切实增强抵御创业风险的能力

根据主体性原则,对创业风险的事前防范,最根本的措施应该是谋求固本强体,也就是说要巩固根本,做强基业,努力提升创业主体的综合实力,切实增强抵御风险的能力。只有这样,才能抗击市场经济大潮的冲击,抵御形形色色风险的侵袭。下面这个例子就是最好的说明。

坐落在深圳蛇口的中国国际海运集装箱公司,是香港招商局和丹麦宝隆洋行于1981年合资创立的。1986年国际海运业陷入低谷,公司被迫停产,经过裁员后公司转产搞机械。1987年下半年行业出现复苏,此时公司已完成股权重组,由中国远洋运输总公司加盟董事会。"中远"的加盟,不仅壮大了股东的实力,而且带来了对产品的一定需求。通过权衡,公司于年底恢复集装箱生产。当时国内一下子有20多家集装箱公司上马,东南亚诸国也在发展这一出口型产业。新建厂大多投资大、技术设备先进,且多有欧美、韩国、台湾地区资本加入,并负责管理。而"中集"1990年产量尚不足1万,许多新建厂设计规模均超过3万,在规模上明显处于劣势。面对这一态势,公司认为,逆水行舟,不进则退,只有固本强体,全面提高综合竞争能力,企业才能抵御各种风险。为此公司采取了如下措施:一是进一步开拓市场;二是在国内外网罗人才;三是继续降低生产成本,提高产品质量;四是通过员工参股,A、B股上市,扩大企业资本,把企业做强。在此基础上公司制定了跨区域经营战略,1993年收购了大连集装箱公司51%的股权,建立了华北(含东北)生产基地;1994年收购了南通顺达集装箱公司72%的股权,建立了华东生产基地,连同深圳本部,形成了大陆沿海东北、华北、华南全方位的生产和服务格局。公司对被兼并企业进行全面改造,引入"中集"业已形成的市场、管理、技术、融资等优势,整顿内部管理,完善生产设施。在此同时,企业完成了组织结构的调整和经营转型。

1994年开始以集团架构运作,集团成为资产经营中心和管理中心,统一组织资金筹措、市场开拓、生产安排、大宗原材料采购和对下属公司的统筹管理。这一系列措施使集团形成一个整体,产生了不可估量的合力,其规模效益得到了最大程度的发挥。主要竞争对手韩国的两大集团显然慢了节拍,在"中集"形成沿海战略布局后,韩国人才开始行动,但为时已晚。1996年,公司又收购了广东新会集装箱厂。同年,"中集"的产销量达19.9万标准箱,销售额达34.78亿元,利润2.2亿元,稳稳地坐上了行业世界第一的宝座。

二、创业风险的事后防范

对创业风险的事后防范,最有效的手段是积极实施风险救济。当创业风险正在释放或者已经释放时,创业者应该遵循有效性原则,及时采取措施予以化解,防止风险的放大和转化,尽量减少或者消除风险所造成的损失。当损失已经造成时,就应该努力实施风险救济,及时予以补救。风险救济的主要措施有:

(一)自力救济

风险一旦释放,创业者一是要充满战胜创业风险的决心和信心,充分发挥自己的主观能动性,在周围形成一股凝聚力;二是要充分依靠合作伙伴、企业员工,发挥集体的智慧和力量,同心协力,全身心投入风险救济;三是要摸清情况,找准风险的源头,迅速调整引发风险释放的各种主客观因素,以防止风险的放大或转化,尽可能减少损失,尽可能降低风险对整个企业所产生的不利影响,确保创业行为的持续进行。某农村青年与人合伙,各出资金若干,决定在镇上开一家饭店。经过工商局登记注册,饭店正式开业。由于服务周到,物美价廉,饭店的生意做得不错。后来,一些亲戚朋友看到饭店生意很好,就开始经常到饭店就餐。由于当初合伙时没有签订合伙协议,双方的职责不清,义务不明,饭店又没有建立起严格的管理制度,合伙人碍于情面,就自作主张,经常不收熟人的餐费,饭店的损失很大。后来,由于饭店扩大,因为房屋装修而拖欠了不少资金,一些非经营性开支也在不断增加。在此同时,该青年因对合伙人不收餐费的行为提出异议,与合伙人发生争执,合伙人要求退伙,抽回自己的资金。工程队又不断来人要求偿付欠款,饭店的财务发生严重危机,饭店的经营陷入了困境。

这是一起因为管理不善而引发的风险释放。这时,创业者就应该全面分析风险释放的原因所在,并抓住资金问题这一关键,全面调整各相关要素的关系。如应该与合伙人推心置腹地交谈,讲清利害关系,消除误解,继续维持合伙关系;应该与工程队疏通,争取延缓付款;应该与财务人员协商,尽量减少非经营性开支;应该与亲戚、朋友沟通,讲清情况,争取他们的支持;等等。通过以上方法可以阻止风险的放大或转化,安全地度过难关。从长远看,则应该在管理上狠下功夫。要与合伙人订立合伙协议,明确合伙双方的权利和义务;要建立严格的经营管理制度,规范创业过程的运作;要扩大融资渠道,增强饭店的综合实力;等等。

(二)法律救济

社会主义市场经济是法制经济。近年来,我国的民商立法正在日趋完善,除了《民法通则》、《民事诉讼法》已经相继颁布外,涉及经济领域的许多法律,如《合同法》、《保险法》、《票据法》、《担保法》等,都已经相继实施。因此,当创业风险释放后,大多可求助于法律,以最大限度地减少甚至消除风险损失,切实维护创业者自身的合法权益。以《合同法》为例,虽然合同的当事人可能做到了应有的谨慎,但是还可能有所疏漏,导致合同风险的释放,使己方面临合同利益的损失。这时当事人完全可以寻求法律救济。《合同法》将通过欺诈、胁迫等手段订立的合同,或者是恶意串通损害国家、集体、第三人利益的合同归于无效,并规定了合同无效后通过返回财产、折价补偿、赔偿损失等途径来弥补受害方的利益损失,同时还对格式合同、免责条款等作出了充分保护受害方合法权益的规定。受害方可以运用法律武器向故意或非故意侵害人要求赔偿,以最大限度地挽回损失,维护自己的合法权益。法律救济的主要形式有:

1. 聘请常年法律顾问

聘请常年法律顾问是弥补创业者在法律知识和能力方面的缺陷的有效措施。聘请常年法律顾问,一方面能够保障创业过程的合法经营和规范运作;另一方面能够保障企业法律纠纷处理的公正和公平。当创业风险释放后,法律顾问还能够代理企业及时、有效地实施法律救济。聘请常年法律顾问并不是说创业者可以不学法、不懂法、不用法,而是因为"术业有专攻",每一个创业者不可能都成为精通法律的专家。应该指出的是,企业法律顾问应该持有法定的执业资格证书。国家有关权力部门已就企业法律顾问执业资格制度的实施联合作出规定,凡担任企业法律顾问的人员,都必须参加全国企业法律顾问执业资格统一考试,并取得企业法律顾问执业资格。

2. 提起诉讼

提起诉讼是依靠法律进行风险救济的重要形式。在创业过程中,由于相关利益人的不确定因素而引发的风险释放,往往伴随着形形色色的经济纠纷。当内部协商无法解决时,可以按照法定程序,在规定的时效内向人民法院提起诉讼。尤其是当事人如果遭受了不法侵害,更应该通过法律来维护自身的合法权益,尽量减少或者消除风险所造成的损失。例如,有一次,一个青年人拿着一张中国银行的空白转账支票,到厦门市第一百货公司购物。该支票盖有台湾海门商务有限公司驻厦代表处(下称海门代表处)的印鉴。售货员将上万元的货物卖给了该青年,但是在填写支票时将字写错,造成银行退票。百货公司找到海门代表处要求付款。海门代表处认为该转账支票已经作废,因而拒绝付款,于是酿成纠纷。为了避免经济损失,一百公司向法院提起诉讼。据调查,该空白转账支票是海门代表处因报关所需而开具的,后不慎遗失,该青年拾得后冒用购物。法院认定被告违反了金融法规定,擅自签发预留印鉴的空白支票,且未妥善保管;支票遗失后又未按民事诉讼法规定的公示催告程序宣告票据无效,致使他人冒用该支票购物。为此一审判决被告败诉,偿还一百公司全部货款。被告不服上诉,二审期间经调解结案。

厦门市第一百货公司由于营业员填写支票失误而面临经济损失,他们及时求助于法律,通过民事诉讼追回了货款,避免了损失。这一案例对创业者来说不无启示。

3. 申请仲裁

解决经济纠纷还可以申请仲裁。我国的《仲裁法》规定,凡是平等主体的公民、法人、其他组织之间发生合同纠纷或其他财产纠纷,可以仲裁,但法律规定不能仲裁的除外。当事人采取仲裁的方式解决纠纷,应当双方自愿,达成包含法定内容的仲裁协议。仲裁协议包括合同中的仲裁条款和用其他书面形式在纠纷发生前后达成的请求仲裁的协议。仲裁委员会由法定的对象组成,并聘有精通相关专业的专家担任仲裁员。仲裁案件受理后,仲裁委员会按照法定的程序,根据事实和法律的规定作出裁决,以公平合理地解决纠纷。仲裁采用一审终局制,裁决书自作出之日起即发生法律效力。与民事诉讼相比,仲裁具有专业性强、时效短、费用低的特点,适用于专业性强,风险发生后需要及时救济的经济纠纷。如选择仲裁解决经济纠纷,一般在合同订立时就应该附有仲裁条款。仲裁条款独立存在,不因合同的终止而终止。例如,甲公司揽下了某机关的办公自动化业务,但从乙公司订购的信息库系统,其硬件和软件不能相互支持,乙公司又不肯退货。眼看承揽合同约定的期限临近,甲公司只能从另一家公司购进新的信息库系统,甲公司因此将损失40万元人民币。为了尽快解决与乙公司的纠纷,甲公司决定求助于法律。据了解,如果去仲裁,最多一星期就能有结果;如果去法院,一审可能要6个月,如果再打二审,可能一年以后才能有结果。但是,因为原来达成的仲裁条款不规范,眼下又无法与乙公司达成新的仲裁协议,因此只能放弃仲裁。甲公司表示,今后遇到时间性强的项目,在订立合同时一定要附有规范的仲裁条款。

(三)保险救济

参加保险是创业者合法转移不可抗拒性风险的重要措施,也是有效地实施风险救济的重要形式。下面这个案例生动地说明了保险对风险救济的重要作用。

如东县浒零乡一位创业青年,前几年买了一条船搞运输,常年往返于大江南北。由于他肯吃苦、会经营,运输业搞得红红火火。可是天有不测风云,有一次船满载黄沙在长江中航行,遇上了风暴,恶浪横打,船沉江底。人虽无恙,但船毁货失。这对这位实力还不强,抵御风险的能力还较差的创业青年来说,无疑是灭顶之灾。但是,因为这条船已经保了险,因此该青年按规定手续向保险公司要求赔偿。保险公司经过调查和核实,立即赔付了2万多元钱。他靠这笔钱很快又走上了新的创业之路。

1. 保险的概念与种类

保险有社会保险和商业保险之分,本节所说的保险专指商业保险。所谓保险,就是指投保人根据合同约定,向保险人支付保险金,保险人对于合同约定的可能发生的事故所造成的财产损失承担赔偿保险金的责任,或是当被保险人死亡、伤残、疾病或者达到约定的年龄、期限时承担给付保险金责任的商业行为。

保险的种类很多。按保险对象一般分为两类:一是财产保险,即以财产及其利益作为保险对象,以补偿财产因遭受自然灾害或意外事故而造成的损失,其保险金的最高限额为财产的价值;二是人身保险,即以人的生命或人的生理机能作为保险对象,通常又分为人寿保险、人身意外伤害保险和疾病保险等。按保险责任可分为:(1) 单一责任保险,即只承担一项风险,如火灾保险等;(2) 混合责任保险,指承担两项以上的风险;(3) 综合责任保险,指承担各主要风险,如承保农作物的旱、涝、风、雹、病虫害等,但不泛指一切风险的承保。

2. 保险的投保与索赔

保险是由投保人与保险人双方根据平等、自愿、协商一致的原则,通过订立保险合同而建立起来的一种民商法律关系。订立保险合同是投保的核心行为。保险合同既然是合同,就符合合同的基本原理,即合同一经成立,双方的权利和义务关系就确立了。合同的权利和义务是由合同条款所规定的。保险合同作为一种格式合同,其条款是由保险公司单方拟定的,投保人一经签字,就意味着认可了保险公司提出的条款,保险合同即告成立。可见,投保人在投保时必须全面了解合同条款,弄清合同条款所赋予保险双方的权利和义务,尤其要注意其中的免责条款。所谓免责条款,就是什么情况下保险人可以不承担违约责任的条款。对投保人来说,出现这种情况将得不到或者不能完全得到规定的保险利益。投保人的义务,除有关保险条款专门开列的外,一般说主要有:(1) 交付保险金;(2) 告知义务,即投保人须将保险标的的有关情况如实告知保险人;(3) 通知义务,出险后应当及时通知保险人,在合同有效期内保险标的的危险程度增加的,按照合同的约定也应及时通知保险人;(4) 出险后提供有关资料和证明材料的义务;(5) 实施救助的义务,如出险后应协助保险人尽量减少标的物的损失;(6) 维护保险标的物的安全,不得恶意损坏或灭失标的物,等等。

保险责任事故发生后,投保人要想尽快地获得保险赔偿,就应该在规定期限内向保险人提出赔偿申请,同时提供下列证明:

发生保险事故的原因,以及公安部门、所在单位或者街道等有关部门提供的证明、保险单和财产损失清单,或者是人员伤亡证明和施救费用清单。这是投保人应尽的义务。如果超过规定期限不申请,或者不领取应得赔款的,就要丧失获得赔偿的权利。投保人尽了自己应尽的义务后,经保险人调查,核实无误,即可按保险合同的约定获得赔偿。

3. 投保中的风险

如前所述,投保的核心是订立保险合同,因而就存在合同风险。根据有关媒体的报道,在我国如果出现保险纠纷,投保者起诉十告九败,问题就出在投保者疏于对保险双方权利和义务的了解。一般都认为,只要支付了保险费,就能得到保险利益,而对其他义务不了解或疏于履行。例如,某甲自有的一辆东风牌柴油车在保险公司投了保,保险金额为5.6万元,保期为一年。某甲按规定一次性缴纳保险费1 402元。后来,他将该投保车卖给了某乙,并办理了过户手续。在保险期内该车出险,甲乙两人到保险公司申请理赔。保险公司以转让保险车事先未通知保险公司,也未办理批改手续为由拒绝赔偿。甲、乙遂向法院起诉,法院判决投保人败诉。其实,《中华人民共和国保险法》早就明确规定,转让保险合同必须通知保险人。投保人不履行自己应尽的义务,就只能丧失获得赔偿的权利。

■自学指导

一、学习目的与要求

通过本章的学习,应该着重掌握创业风险的基本概念以及创业风险防范的手段、技巧和途径,能够在创业过程中提高风险意识,运用相关知识有效地防范创业风险。

本章共分三节:

第一节是创业风险概述。本节主要介绍了创业风险的基本属性、种类、构成要素及其成因。讨论创业风险的防范,首先要对创业风险有一个理性的认识。如创业风险的基本属性是防范创业风险的依据;知道了创业风险具有客观潜在性,就能提高风险意识,主动地去识别和防范风险;知道了创业风险具有可变性,就能采取积极措施去予以防范,防止风险的放大和转化。又如了解了创业风险的分类,就有助于我们去识别风险;了解了创业风险的构成要素,就能知道应该从哪些方面入手去防范创业风险。

第二节是创业风险防范的原则和手段。本节主要介绍了防范创业风险的基本知识,如创业风险防范的定义、基本原则,以及风险防范的主要手段和相关技巧。所谓创业风险的防范,就是针对创业行为的实际情况,从创业风险的构成要素入手,运用有效的手段和技巧,采取适当的形式和措施,以规避或控制风险;当创业风险释放后,通过风险救济等手段,尽可能减少或消除风险释放所造成的损失,从而取得最大的风险利益。主体性原则、事前性原则和有效性原则是防范创业风险所必须遵循的三大原则。在创业风险防范中,还应该了解其主要的防范手段,例如有效地规避风险、切实地控制风险,以及科学、适时、着力地实施风险救济,对创业风险的防范,还应该掌握一定的技巧,例如恰当地运用风险分散术、风险锁定术、风险缩微术、风险转移术等,就能够有效地规避或控制风险,或及时地实施风险救济。

第三节是创业风险防范的途径。创业风险防范的途径,一般可分为事前防范和事后防范。对于创业风险的事前防范,其主要手段是规避或者控制风险。至于利用什么形式、采取什么措施来规避或者控制风险,需要根据不同的情况、不同类型风险的特点来进行。例如对环境型、决策型、运作型等各种形态风险的事前防范,可以分别采取加强创业环境的监测、进行风险预测和风险评估、实施创业运作与风险防范结合、建立和强化风险预警机制等形式和措施。合同风险属于运作型风险的范畴。鉴于合同风险在创业风险中的重要影响,本节对合同风险的防范进行了重点探讨。合同从订立到终止,各个环节都蕴含着风险。只有提高风险意识,加大事前、事中和事后防范的力度,才能有效地规避或阻止合同风险,切实保证创业利益的实现。对创业风险的防范,治本的办法是谋求固本强体,即巩固根本,做强基业,努力提升创业主体的综合实力,切实增强抵御形形色色的创业风险的能力。对创业风险的事后防范,其主要手段是实施风险救济,通过风险救济,尽可能减少或消除风险所造成的损失,以保证创业行为的持续进行。其中尤其要强调的是努力实施自力救济。当然,法律救济也是风险救济所不可或缺的重要形式。商业保险是合法转移不可抗拒性风险的有效形式,也是风险释放后及时进行风险救济的有效形式。保险合同是投保行为的核心。全面了解保险合同所规定的权利和义务,并全面履行合同规定的义务,才能获得期望的保险利益。

  本章的内容可以作这样的概括:创业风险是客观存在的,它潜伏于创业的全过程,可能给创业者带来风险利益,也可能造成风险损失。创业风险具有可变性,防范失当就可能放大或转化风险。根据创业风险的构成要素,防范创业风险应该从创业主体、创业客体、创业环境和相关利益人等四个方面入手,坚持主体性、事前性和有效性三大原则,充分发挥创业者的主观能动性,以事前防范为主,事后防范为辅,采取得力措施,运用恰当的手段和技巧,以规避或控制风险,切实降低风险可能发生的机率和强度;或者是积极实施风险救济,尽可能减少或消除风险所造成的损失。

  学习本章内容,必须坚持理论与实践相结合。要能够运用相关知识,举一反三,以正确的态度对待创业过程中所潜伏的风险,有效地防范创业风险,科学地、及时地、着力地处理风险释放后所面临的复杂局面,以保证创业行为的健康进行。

二、本章重点和难点

1. 创业风险的基本属性
2. 创业风险的防范原则
3. 合同风险的防范
4. 运用相关知识,科学、及时、着力地防范创业风险

■练习题

一、单项选择题

1. 风险大小的衡量标准是(　　)。
   A. 风险可能释放的机率
   B. 风险可能释放的强度
   C. 风险的表现形式
   D. 风险可能释放的机率和强度

2. 下列因素中构成环境型风险的是(　　)。
   A. 宏观经济政策的变化
   B. 经营是否合法
   C. 合同订立中的不确定因素
   D. 管理失误

二、多项选择题

1. 构成创业风险的要素有(　　)。
   A. 创业主体的不确定因素
   B. 创业环境的不确定因素
   C. 相关利益者的不确定因素
   D. 创业客体的不确定因素

2. 对于各种表现形态的创业风险的事前防范,主要形式和措施有(　　)。

A. 加强风险预测　　　　B. 运作与防范结合
C. 建立预警机制　　　　D. 加强环境监测

三、填空题

1. 从创业风险的性质看,可以分为_____风险和_____风险。
2. 创业风险的基本属性主要有_____、_____、_____、_____等。

四、判断题

1. 不可抗拒性风险是不能防范的。　　　　　　　　　　（　　）
2. 合同只能采用书面形式。　　　　　　　　　　　　　（　　）

五、名词解释

1. 不安抗辩权
2. 风险分散术

六、简答题

1. 简述创业风险防范的基本原则。
2. 简述投保人应尽的义务。

七、案例分析题

某甲经营的果园生产优质苹果,十分紧俏。与某甲相熟的乙经销商来到果园,当面向甲提出,按某价位购买该优质苹果若干吨,同时在场的有另外三位客户。某甲碍于情面含糊承诺。乙认为甲已同意,即将货款汇至甲账户,并要求甲发货。甲认为并未与乙签订书面合同,因而在汇款收到前已将优质苹果售于他人,于是酿成了纠纷。在得到两位在场客户的证明后,乙按法定要求向人民法院提起诉讼,要求甲承担违约责任,并赔偿由此而造成的经济损失。

问:对本案例应如何判决?

八、论述题

试述合同风险的防范。

第八章

创业形象

事实表明,任何创业活动过程都有创业者形象这一客观实在,或形象良好,或形象一般,或形象较差。创业形象至关重要,良好的创业形象,能促进创业成功;不良的创业形象,常导致创业的失败。正因为如此,对创业形象内涵、作用的认识,对成功创业形象的树立和维护就显得尤为重要。

第一节 创业形象的作用

一、创业形象的内涵

创业者正确认识创业形象的重要性,进而注意树立良好的形象,首先要对形象的概念有一个清晰的认识。

从哲学的角度分析,某一事物的形象,就是这一事物外在的表现被人们感知或者感知到并作出判断的东西。形象反映事物本身,为事物本身所决定。事物本身是第一性的,事物外在的表现和形象是派生的,是从事物本身产生出来的。比如,一个人、一件事、一个单位或组织在社会成员心目中所形成的印象和评价,便是其人、其事、其单位或组织展示给别人或社会的自身形象。换句话说,形象是在别人或社会这面"镜子"中的自我"显像"。

依据形象概念的哲学分析,我们可以对创业形象作如下界定:创业形象是指创业活动过程及结果给社会成员留下的的印象和形成的评价。准确把握创业形象的内涵,可从如下两方面入手:

首先,创业形象不是创业者人为附加的东西,而是创业活动过程及结果的自我"显像"。在现实中,人们一般不会相信人为附加的东西,而是要分析和考察事物的本身,即不仅听其言,更要观其行。英籍华人杨扬到安徽凤台县毛集镇访问,他看到陪同的副镇长在楼梯上躬身捡起一个烟蒂,丢入痰盂。在合资项目洽谈会上,杨先生深有感触地说:"我这次返回故里,看到的很多,像今天刘副镇长拾烟蒂的事却不多见。从这件小事上,看到了你们的工作态度认真细致,我很愿意同你们合作。"他当即决定投资兴办综合养殖场,并正式签约。刘副镇长躬身捡烟蒂实属小事一桩,但这一行为给杨先生留下了"工作态度认真细致"的印象。可见,创业形象的好坏,是由创业行为本身决定的,有其言、无其行式的人为"附加形象"往往难以收到预想的效果。

其次,创业形象形成于创业活动过程之中。创业活动过程的每一个环节,创业者的每一项举措,都会对创业形象产生不同程度的影响。比如,某军工企业生产民用产品家具,发往广州一批货,事后发现其中有一张桌子少油漆了一遍。经查找,这张桌子已被一位不知名的顾客从商店买走。于是,厂方通过电台连续广播了半个月,寻找那位顾客。找到后不仅帮其油漆一遍,而且还作了适当的经济补偿。厂方的这一举措引来了十二家商场愿意包销他们的产品。更意外的是,香港、新加坡、马来西亚等外商也闻讯而来,争相与该厂签订销售合同。厂方的"寻人启事",给人们一个"质量顶真,对客户诚实而高度负责"的印象。此举的成功,也足以说明创业活动过程的每一个环节,以及创业者的每一项创业措施,都能在不同程度上对创业形象产生这样或那样的影响。

综上所述,对创业形象内涵的把握,既是一个认识的过程,更是一个实践的过程。认识是为了更好地实践,实践需要以认识为前提。有什么样的创业过程、创业行为和创业结果,就会有什么样的创业"显像"。如果我们脱离创业实践抽象地讨论创业形象,则是毫无意义的。

二、创业形象的作用

创业形象的作用包括良好形象的作用和不良形象的作用两方面。

(一)良好形象的作用

良好的创业形象,将给社会公众留下美好的印象,为大众所接受和支持,有利于创业活动的开展和创业实践的成功。良好的创业形象的积极效应是广泛的,概括起来,至少有这样三个方面:

1. 认同效应

一个人、一个企业,在社会竞争中要求得生存和发展,首先要得到社会的认可和赞同,要让人们认为你是一个能够成功的人,你的企业是个大有希望的企业,你是一个可以信赖、交往、合作的理想伙伴;你的产品是货真价实的,买你的产品是消费者最可信、最理想的选择。这一切的社会认同是你有效而快速地获得成功的重要前提。我国台湾省台北市有一家"牛爸爸"面馆,这里1碗牛肉面卖到480元(台币)。该店规定一天只卖出3碗精品牛肉面,就是普通的牛肉面也只能卖100碗。这是为什么呢?据"牛爸爸"的老板讲,精品牛肉面的牛肉汤与普通牛肉面的汤不同,它要用13斤上等的牛腱子肉,经过特殊火候精炼,方能炼出3碗汤来。13斤上等牛腱子肉的价格是1 300元,每碗面条卖480元正好够本。而"牛爸爸"店的熬汤的大锅,放13斤牛肉已达到极限了,每天只能熬3碗汤,卖3碗精品面供顾客品尝。该店可获利的品种主要是普通牛肉面,而普通牛肉面也因设备、人力等限制不能多卖,否则质量无法保证。"牛爸爸"面馆的形象被人们认同了,它的高价位的精品面和普通牛肉面才能被公众所接受。

2. 信誉效应

无信不立,无信不兴。一个人、一个企业能时时处处注重塑造自己的良好形象,才能赢得公众的信赖和信任。人可信,才能得到更多的朋友,才会有更多的创业支持者、合作者;企业可信,才有人想投入企业之中并为之奉献;产品可信,才能赢得客户,争得市场。1997年,"盼盼"防撬门的产销量已超过50万,占有全国防盗门市场的15%,其主要原因之一是盼盼集团有"信"。盼盼集团的经营理念是:"不惟盼盼满意,更为满意盼盼。""盼盼"在确保产品质量的前提下,还为全国各地所有经营"盼盼"防撬门的专卖店制定了三条统一标准,即必须有电话,必须有经过"盼盼"集团培训过的经营售货员,必须保证对顾客24小时随叫随到。他们深知经销商代表的是"盼盼"的形象,而不是经销商自己。事实表明,"盼盼"的良好形象,为之带来了丰厚的市场礼遇。

3. 内部凝聚效应

良好的创业形象的建立,不仅表明创业者在目前阶段或某个局部获得了成功,而且还会产生明显的内部凝聚效应。原因是良好的创业形象,会给创业者和创业参与者带来自豪感,增强实现创业目标的信心,提高内部凝聚力。比如,当"盼盼"集团出名之后,"盼盼"人认为,在市场经济的发展过程之中,再好的饭菜也不能独吃三年。于是,"盼盼"人在董事长韩召善的带领下,抛弃个人得失,团结拼搏,凭着对市场全面细致的把握,凭着对新技术的开发和占用,凭着对顾客心理需求的了解,不断地推出新产品。1997年,"盼盼"每月推出一个新产品,就连其竞争对手也不得不佩服"盼盼"人的整体性能量。事实告诉人们,良好的创业形象会在人们的赞誉中广泛传播,就会使成功的创业形象在更大的范围、更多的人群中"闪亮登场"。俗话说,"鸽子往亮处飞",形象越完美闪光,影响就越大,越来越多的贤才能人和合作者会慕名而至,越来越广的机遇、财源会滚滚而来。

（二）不良形象的作用

现实中,不良创业形象对创业实践产生的负面作用也是显而易见的,主要表现在以下几个方面:

1. 失去公众信任

公众信任是创业成功的必要前提;失去公众信任,就意味着失去了服务对象,失去了创业空间。比如,某绣品之乡一青年人选择了绣品营销的创业之路。在经营中他自命不凡,盛气凌人,而仪表言谈则流里流气,粗俗而油滑。经营半年,生意寥寥,开销不小,得不偿失。于是他又骗欠供方货款,逾期不还,并把赊来的货物改换商标和包装,以次充好,坑蒙客户,自以为得意。但时隔不久,便名声扫地,还受到工商部门的处罚。别人的经营红红火火,而他却无法再混下去。想搞别的行当,也四处碰壁,谁都视他如瘟神恶魔,唯恐避之不及。

2. 断送创业机遇

机遇垂青有准备的人,机遇也垂青形象良好的创业者。创业形象不好,即使你作了充分准备,抓住了机遇,也会得而复失。转业军人龚某,1983年带着在部队练就的技术专长和诸多的荣誉称号,转业到沿海某特区建筑企业任领导职务,登上了特区建筑系统的创业舞台。然而,就在春风得意之时,却开始走上自毁形象的道路,由吃吃喝喝到醉迷于香风迷雾之中不能自拔。糜烂的生活导致他挥金如土,为了金钱,便不顾后果地贪污、受贿。到头来,这位能创大业并拥有极好创业机遇的"拓荒牛"却成了阶下囚,被判无期徒刑。现实中,类似龚某这样自毁形象,断送创业机遇和发展前程者屡见不鲜。

3. 离散合作伙伴

良好的形象具有明显的凝聚效应;反之,不良的形象就会离散合作伙伴。企业合作伙伴分外部和内部两种类型。外部主要有顾客和联系紧密的单位及部门,内部主要指创业的参与者及技术人员、职工等。石家庄某食品厂曾是国有中型企业,该厂的"双鸽"火腿肠不仅闻名全国,而且远销国外。由于厂长张云山在创业有成之际,独断专行,任用小人,导致决策屡屡失误,管理混乱,质量下降,失去客户,亏损总额达1.23亿元。在此状态下,厂内有才有识之士纷纷跳槽,就连该厂先后派赴日本留学的5位技术员,到破产前也仅剩一位留在厂内。此例足以说明,不良形象的离散作用是多么的明显。

4. 耗蚀创业资本

良好形象具有聚财、生财作用;反之,不良形象则具有散财、毁财作用。比如,前例中的石家庄某食品厂,1992年产值过亿元,利税过千万元。但是,自原有的企业形象发生自毁性变化开始,产量以年平均44%的速度递减,费用率则由1993年的13.03%上升到1997年上半年的115.2%,产品销售毛利率由1993年的23%下降到1997年上半年的-127.3%。到1997年6月底,负债总额达1.78亿元,其中银行贷款9 972.85万元,资产负债率324.3%,亏损总额高达1.23亿元。这就是一个名牌企业形象变化后付出的惨重代价。

综上可见,创业者应准确地把握创业形象的内涵,认清其价值,据此引起对塑造创业形象问题的重视,从而更有效地促进创业的成功。

第二节 树立成功创业形象的途径

创业形象的形成,是一个复杂的思考和实践的过程。系统分析创业形象的构成要素和树立成功创业形象的途径,则是创业者必须要做好的工作。

一、创业形象的构成要素

概括现实情况,创业形象主要有下列要素构成:

(一)创业理念

创业理念,是指创业者的理想和信念。人是社会的人,人的社会活动是受意识支配的,创业实践活动也是如此。创业者的创业理念将会对创业形象的塑造起至关重要的作用。比如,"盼盼"集团的创业理念是"不惟盼盼满意,更为满意盼盼"。"盼盼"集团的所有成员都知道这个道理。到1999年底,已投放市场的"盼盼"防撬门超过100万个,每天即使有万分之一的差错就是100个门,这对"盼盼"集团是绝对不能接受的。于是,"不让我们百分之一的疏忽给用户带来百分之百的不方便",便成为所有"盼盼"人的行为准则。在这一理念的支配下,"盼盼"产品获得"免检产品"桂冠,"盼盼"集团树立起顾客信得过的良好形象。又比如,四川恩威集团是一家颇有名的合资企业,他们开始的理念是"只想挣钱,不想交税",继之,发展到"为了赚钱,主动逃税",最后发展到"不但偷税,而且与媒体反目"。结局是成为1998年闻名全国的"三大税案"(指金华、南宫、恩威三大涉税案)之一,两年偷漏税一个亿。一个深孚众望、妇孺皆知的知名企业走到这番境地实在是令人遗憾。由此可见,正确的理念在给创业带来好形象的同时,必然会促进创业走向更大的成功;错误的理念,轻则毁坏形象,重则导致创业的失败。

(二)管理风格

创业的目的,不仅有挣钱谋生的成分,更有对某种理想的追求。对创业者来讲,挣钱当然是目的,但不是唯一目的,也不是最高目的,否则他只能停留在"小打小闹"的状态。对于有理想追求的创业者来讲,创业本身就是一个艺术创造的过程,应该创造性地把资本与劳动力结合起来,从而加快资本的增值速度,通过挣钱来实现新的管理艺术,形成有特色的管理风格,从而为成功形象的形成奠定基础。金花企业(集团)股份有限公司,从一家默默无闻的三级房地产公司起家,在短短7年间发展成为涉及生物制药、市政旅游、商务酒店、零售百货领域,拥有68亿元总资产的新型企业。他们为什么发展得这么快?为什么在发展过程中得到社会舆论的普遍认同和肯定?主要得益于一个有独特风格的管理。金花人的管理口号为"凝聚有限能力,担负天下责任";金花人的价值目标为"恩泽惠于时代,挚诚馈效社会";金花人的行为准则为"社会利益、集团利益高于个人利益"。由此可见,管理风格乃是创业形象的一种表现形式。作为一名创业者,如果用管理手段达到光大形象的目的,则必须承担起四方面的责任:一是应对自己负责,通过管理最大限度地实现自己的个人价值;二是应对创业过程负责,通过管理千方百计实现资本增值;三是应对社会负责,通过发挥社会效益来赢得好的形象;四是应对国家负责,通过管理将实现个人利益和维护国家利益有机地统一起来。总之,管理风格在建立创业形象中的作用是显而易见的,因此为越来越多的人所重视。

(三)服务质量

不管何种形式的创业活动,都可视为向社会提供一种服务。顾客是这些服务的购买者,因此,顾客是"上帝"成为人们公认的法则。创业形象与顾客的满意程度密切相关,而顾客的满意程度又取决于服务的质量。服务质量高,形象就好;反之,形象就差。日本麦当劳汉堡包餐馆登记有600万名小朋友的生日。小朋友生日的前几天,汉堡店便寄去生日卡,届时小朋友持卡来店过生日,全体员工起立用掌声欢迎祝贺。小朋友深感自信心倍增,自己仿佛处于世界的中心,自豪感油然而生。妈妈看到自己的孩子被掌声淹没,感动得热泪盈眶。显然,高质量的服务使得小朋友对麦当劳情有独钟,乐此不疲,大人们也被"顺带"而来,麦当劳确立了良好的形象,也赢得了小朋友,最终赢得了大市场。

(四)仪表言行

创业者和创业参与者的仪表言行,是让人看得见的形象显示。人的服饰打扮、仪表风度、表情举止,是个人形象最直观的表露。尽管人们都知道"人不可貌相",不能"以貌取人",然而在实际生活中,还是免不了"一看就知道此人……"的现象。人与人由陌生到成为亲密朋友,事实上几乎都是从外表直觉的相悦相容起步,进而发展到相知相助的。如果当初"一看"就令你讨厌或鄙视,那就很容易使你失去与其深度交往的可能。话说回来,透过仪表言行也往往能够把一个人的内在实质性形象看出个八九不离十。一个人的服饰打扮、仪表举止,就可以显露出他的审美层次、文化素养以及风度气质,也能引起人们的联想性评价。比如,穿着端庄而又不落后于时代的人,会让人感到是个稳健求实的人;穿着花俏而过分性感的女士,会让人觉得她是个轻佻放荡、虚情易变的人;穿着时髦而又太随便的人,会让人认为是不够严谨、不可轻信的人;不修边幅、蓬头垢面的人,恐怕谁都会厌恶,并由此联想到他的企业、他的产品和他的整个创业过程。

(五)工作环境

工作环境主要是指厂容厂貌、店容店貌等。厂容厂貌、店容店貌犹如人的外表,洁净优美、井然有序的环境,能让人赏心悦目,联想到这个企业是管理有方、发展有望的。尤其是医药、食品加工类和餐饮旅馆类等企业,其物质条件、卫生程度更为人们关注。至于标语、橱窗,包括接待室、办公室的布置,也是显示创业者及创业实践的宗旨、目标、管理、成就、荣誉乃至创业者的志趣爱好的窗口,是一种无声的形象展示。比如,一张你与本行业著名专家学者的合影照片,便能把你的科技意识、科技实力以及企业发展态势等尽诉于不言之中,你和企业的成功形象会在来访者的心目中初步形成。

(六) 品牌标志

一个人要有一个好名字,这不仅是为了使自己有别于他人,也是为了使自己在人世间有个"户口"和"通行证"。在创业过程中,你的企业、产品要想有别于他人,必须亮出你的品牌。品牌与形象紧密相连,有时品牌即形象,形象即品牌。10年前,"娃哈哈"从"三口锅闹革命";10年后,它累计完成销售收入60亿元,创利税14.5亿元。谁能说,这与"喝了娃哈哈,吃饭就是香"不无联系呢?正是这"娃哈哈"让娃哈哈企业及其产品一举成名。又比如,"康师傅"方便面从台岛"移居"大陆,走红大江南北,得益于有一个吉祥的大众化的名字。"康",健康、快乐;"师傅",亲昵的称呼,大众的口味,加上恰到好处、畅晓流利的广告语:"青菜、萝卜、牛肉、辣酱,香喷喷,好吃看得见!"真真切切是名正言顺。可见,品牌以及品牌能否被叫响,对创业形象的影响是不言自明的了。

二、树立成功形象的途径

我们在了解创业形象要素的前提下,再寻求建立成功创业形象的途径也就不那么困难了。途径、机遇无时不有,无处不在,现实中常见的有这样几种。

(一) 在创业初期精心设计形象

通俗地讲,形象设计就是对尚未形成的创业形象进行设想和计划。凡事预则立,不预则废。创业形象的形成也是如此。形象设计的目的之一,是将创业形象形成在初始阶段就置于可控状态,不能听凭创业形象自动形成、自然发展,原因是自然形成和发展有较大的盲目性,容易走弯路。正因为如此,创业形象的设计工作越来越为人们重视。山东省泰安市女大学生裴立静,1995年大学毕业之际为自己的创业形象作如下设计:就个人而言,冲破世俗习惯,勇于做中国第一名女大学生养猪倌。当她作出养猪选择之后,许多人不理解,而她是怎么对待的呢?"走自己的路,让别人去说吧。"她用但丁老人的这句话来鼓励自己,执着地做好养猪倌。就她办的养猪场而言,目标是要建成一个科技含量高、经济效益高的令人羡慕的养猪场,当自己富了以后,还要扶持村民一起致富,成为本地区养猪行业的楷模。按照这一设计思路,通过努力,她创办了山东省泰安市第一个万头养猪场——北集坡养殖(猪)场。她创出了养猪87天出栏达157.5千克的生长记录;她带起了一个养猪专业村。她被评为泰安市十大杰出青年、山东省十大优秀团员,还被授予"泰安市新长征突击手标兵"、"山东省青年星火带头人"等光荣称号。分析裴立静创业形象的形成过程,她从形象的自我设计,到形象的确立、形成,仅用了3年时间,可谓是形象设计科学,形成较快。目前,裴立静正在勾画前景,踌躇满志,准备建一个大型屠宰场和一个大型冷库,搞深加工,并争取和外贸部门挂钩,将产品销往国际市场。

(二)让媒体为形象张目

当创业形象设计好之后,一方面要将形象设计方案付诸实践,用实实在在的行为,使设想和计划变为现实;另一方面,要凭借声像、印刷等媒体为形象张目,即将形象内容告诉社会公众。媒体宣传作用不可小视,一个品牌或企业,往往是不惜工本、乐此不疲地向社会"显姓扬名",从而确立了品牌或企业在公众和市场中的知名度及地位。比如,"娃哈哈"、"健力宝"等的形象无不与媒体频繁宣传有关。

(三)通过产品或服务展示形象

创业形象的基本载体是产品或服务。通过产品或其服务质量的不断提高,树立良好的创业形象是创业成功的又一条重要途径。青岛私营"万和春"商贸有限公司总经理王涛是青岛烹饪职业高中93届毕业生。毕业时,刚18岁的他接过父亲经营了一辈子的"万和春"小饭店,决心要在这50平方米的地盘上起飞创大业。他在经营中历尽千辛万苦,力创小店形象。在精心服务的同时,他刻意研究、改进、创新了祖传特色小吃——"排骨砂锅米饭",结合现代营养科学、现代化炊具加工与传统配方及制作工艺,赋予了这一风味小吃新的特色。经推出后,深受各层次顾客欢迎,生意兴隆,影响日增。经市民推荐、专家评审,成为"青岛十大地方特色小吃"之一,上了荧屏、报刊,名扬岛城内外,并获得国家商标注册权。他凭着这个名牌打出了一片天下,此后又组建了青岛"万和春商贸有限公司"、"万和春饭店有限公司"和十多家"万和春"快餐连锁店。还是在青岛,海尔集团的产品质量高、服务优而价格不低,但它以其折服全球客户的服务赢得世界级产品的声誉。可见,如果说厂容店貌是一个形象外壳的话,那么,产品或其相应的服务则是形象的内核。树立产品或服务形象,是树立企业形象的根本途径。

(四)在服务质量上体现

高质量的服务是确立良好的创业形象的又一条有效途径。比如,奥地利特里贡格霍夫酒店是世界上第一家"婴儿酒家"。"婴儿酒家"的宗旨是"小客人快乐第一",而实际上,它是为那些年轻的父母服务的。"婴儿酒家"的由来十分偶然。有一天,这家酒店的老板的一个朋友来访,朋友容光焕发,原来他刚当上父亲。望着朋友春风得意的笑脸,他的心怦然一动,一个主意露了头。稍加考虑后,他郑重其事地对朋友说:"我想把酒店改成一家婴儿酒家。我请你两星期后光临,来过一个美好的假期。"于是,他大兴土木,添置了许多婴儿床、高脚椅和玩具,准备迎接小客人。"婴儿酒家"的玩具、游乐室,包括水上单车以及婴儿酒吧等几乎应有尽有。当然,酒吧中供应的只是些罐装的饮料。店里有3位经过严格训练的合格护士,安排有24小时的值班,看护店中的小客人。每间客房都安着与接待处连接的警钟,一旦婴儿醒了,便马上能够知道是哪一间哪一个孩子,旋即通知其父母,而他们此时也许正在小酌或跳舞呢。"婴儿酒家"高质量的服务,既树立了形象,又赢得了市场。

(五)在遵纪守法上反映

遵纪守法,是对一个创业者及创业活动过程的起码要求,也是确立良好创业形象的又一途径。从特定意义上讲,市场经济就是法制经济,现代社会也是法制的社会,现代人在现代社会中的所有行为,都要置于法律制度的约束之下。遵纪守法,是应该的,是正常的,是光荣的;反之,则是不应该的、反常的和耻辱的。大凡在市场、商场上久胜不衰的创业者,本身就是遵纪守法的楷模;许多市场大潮中的昙花一现者往往是违法乱纪所致。就目前的情况而言,偷税、逃税、漏税现象屡见不鲜,假冒伪劣、坑蒙拐骗现象也远未杜绝,这无疑是自毁形象,断送前程。所以,创业者要想获得良好的形象,就必须带头遵纪守法,做遵纪守法的模范。

(六)量力参与公益事业的发展

任何一种形式的创业都不是孤立的,都是在社会的关爱和支持下进行的。从特定意义上讲,社会是一个充满着温暖和关怀的大家庭,在这个大家庭中每一位成员都有为之作贡献的义务和责任。作为一名创业者也不例外。创业者在实现资本增值以后,量力拿出一部分资金或实物(产品等)去反哺教育、去回报社会、去赈灾济贫、去关爱老人和儿童等,都是塑造良好形象的聪明之举。1995年江西省十大杰出青年席殊认为："追求利润不是我们的唯一目标,更不是我们的终极目标。建立温馨、和谐、互助的3S('江西3SFM硬笔字训练中心'的简称)大家庭,是我们的目标,而不是手段。"于是,他于1996年6月,向江西省"希望工程"捐赠了价值10万元的教育设备。同年9月,他又出资3万元在江西师范大学颁发了首届"席殊奖学奖教金",并承诺以后每年颁奖一次,奖金数额逐年增加。同年9月,他又为江西师范大学商学院成立提供赞助10万元。席殊的这些义举,为他赢得了"红土地上的儒商"形象。他先后被南昌大学人文学院聘为兼职教授,被江西师范大学商学院聘为客座教授。由创业成功者席殊的事例可以看出,量力参与公益事业发展,是十分必要的。

第三节　创业成功形象的维护

　　成功形象是创业者和创业参与者的无形资产、无价之宝。古今中外成功的创业者,无不得益于他们孜孜以求、小心翼翼、不惜代价树立起来的成功形象。成功形象,树之难而毁之易,故有"创业难,守业更难"之说。守业更难,难就难在成功形象的维护和完善上。因此,成功而明智的创业者,无不如珍惜生命般珍视已经树立起来的成功形象,小心谨慎地维护,并努力使之日趋完善。

一、自觉寻找形象差距

　　成功的形象必然赢得广泛的赞誉,获得令人羡慕的社会效益和经济效益。现实告诉人们,失败是一种考验,成功则是另一种形式的考验。只有经得起成功的考验,才能做到自觉寻找形象差距,及时调整形象目标。怎样才算是经得起成功的考验呢?

（一）戒骄戒躁

成绩再大，赞誉再多，都不是一个人或几个人的功劳。离开了改革开放的大环境，没党和国家发展经济的一系列方针政策，没有社会公众的关心和支持，没有全体职工的共同努力，没有合作伙伴的配合协作，你的创业实践就成了无本之木、无源之水。从这一角度看待和分析成功的原因，创业者的头脑就容易清醒一些，就会少一些感情用事，多一份理智。事实表明，骄兵必败，"骄"本身就是一种素养浅薄的反映。当前，没有人怀疑美国比尔·盖茨的财富，比尔·盖茨骄傲了吗？没有。既然比尔·盖茨都没有骄傲的言行，那么，你还有什么资格去骄傲呢？"骄"和"躁"是一个问题的两个方面，有"骄"必有"躁"的言行，有"躁"也必然意味着有"骄"的心态。现实中那些一日暴富的狂妄者，只不过是市场经济舞台上的过客。惟有那些戒骄戒躁、谦虚谨慎者，才能算是市场经济舞台上常青藤式的"主演"。

（二）居安思危

许多成功的创业者，都是"手上干着今天，眼睛瞄着明天，心里想着后天"的，决不因为今天的红红火火、左右逢源、上下称赞而忘了明天竞争的潜在危机。因此，他们的成功形象才得到自觉的精心维护，日臻完善，保证了创业由成功走向新的成功的持续发展。

江苏东源集团总公司的主体本是一家镇办企业，生产高、低压开关柜。前几年，当他们开发的一只产品通过鉴定并取得专利，企业声名鹊起、效益猛增的时候，厂长孙艳源便着手建立研究所，成立攻关组，向填补国家空白的目标进军，同时强化工厂的两个文明建设。三年之后，终于成为部级定点厂，产品畅销全国。接着，他们着手组建了省级集团总公司。总经理孙艳源的体会是：科技在迅猛发展，市场在不断变化，企业及其产品能适应今天的市场，不一定就能适应明天的市场。我们必须居安思危，未雨绸缪,今天是技术、质量在同类产品中领先的、受客户青睐的产品,但谁也不敢打包票三年五年甚至十年八年之后,还能处于领先地位,什么时候我们都不能因为眼前的成功而忘乎所以、稳坐钓鱼台。

另外,我们还必须看到,除了产品形象之外,其他方面的形象同样处于动态的竞争之中。合作伙伴、客户、股东乃至员工队伍等都是一个流动的群体,创业者以及企业有良好的成功形象,就能人心所向,众望所归;反之,则人心背离,原先的合作者也有可能与你分道扬镳。这些方面,都应防患于未然。

(三)再接再厉

要把每一个、每一步成功都化为继续前进、再创辉煌的动力,以更谨慎、更勤奋的精神去开拓进取,创造性地选择新项目或新品种,利用机遇努力扩大知名度,增强社会吸引力。明智的创业者应当在某个新开发的产品通过鉴定、获得专利,并在某次权威性的评选中获得大奖时,不仅抓住时机大力宣传这项成功,宣传产品的先进性、优越性和实用性,同时也应组织全体职工总结经验,鼓舞士气,坚定信念,从而组织新的攻关项目,戮力同心向新的目标进军。江苏省优秀青年企业家、南通啤酒厂厂长易昕,当他们开发的新品种啤酒在全国啤酒评比中获金奖后,他又赴美考察。归来时,他没有给爱妻爱子带什么东西,而是背回了一大包国外啤酒瓶,为的是研究借鉴,要使自家的名牌啤酒在包装上向世界先进水平迈进。这种不以现状为满足、再接再厉的进取精神,使该企业的成功形象日益生辉。

创业者在成功时只有戒骄戒躁、居安思危和再接再厉,才能自觉地寻找形象差距。从哲学意义上讲,已经形成的形象再好,也会有不完美之处,因为世上没有十全十美的人或事,同理,也没有尽善尽美的形象,在成功之际总有这样或那样的不足。所以,唯有找到形象差距,才能进一步设置形象完善目标,从而用行动去完善形象。如果陶醉于成功之中,那就无形象完善可言了。至于形象差距的表现形式或内容,则因人而异,在这里就不再赘述了。

二、经常进行形象检测

经常进行形象检测,目的是防止形象有失真现象;防止因小善而不为,因小恶而为之现象;防止因局部利益牺牲全局利益现象;防止因眼前利益牺牲长远利益现象。

(一)防止形象失真

当成功形象初步形成后,处于一片赞扬声中就容易出现形象失真现象。其表现形式主要为:一是在赞扬声中容易人为地放大成功之处,目的是使形象在社会中更具有典型性。比如,前几年的一些媒体宣传,人为地笔下生花,使得一些被宣传者处于盛名之下其实不副的状态。如果被宣传者不能客观地认识到这一点,处于飘飘然状态,那么问题就严重了。二是赞扬性评价中经常会出现以偏概全现象。只要创业者某一方面成绩突出,就会被公众推演到各个方面都不错,即"一好代百好"或"一俊遮百丑"现象。现实中,形象失真现象经常发生,这种现象害了不少创业者,使不少成功的创业者尝到了败走麦城之苦。所以,创业成功者要高度重视这个问题,不能养成只愿意听好话、不想听逆耳之言的习惯,不能在"感觉良好"中毁掉来之不易的良好形象。

(二)防止出现小善不为、小恶为之现象

要想成大业者,必须从做好小事开始,因为任何一件大事都是由若干小事组成的,不做小事者难成大气。比如,创业者对下属的细微之处的关怀,对顾客细小困难的帮助等等,都会对形象的完善产生意想不到的积极影响和作用。由此可见,成功的创业者要十分注意去做一些细小的好事,切忌因为"小善而不为"。比如,美国汽车大王福特,就是因为在应聘面试时自觉地捡起面试

桌前的一张废纸而被老板看中,然后,他经过努力,接替老板的位置,创办了赫赫有名的福特汽车公司。从哲学角度分析,善为小事者,就有可能做好大事;反之,不能做好小事者,则难成大事。

在善为小事的同时,创业者还要不因小恶而为之。千里之堤毁于蚁穴,一只小小苍蝇会坏了一锅粥。同样,我们辛辛苦苦、不惜代价树立起来的成功形象,也会因某个人的不良行为、某一件小事、某个产品的小部件出了点问题,而使整个企业的形象蒙受损害。因此,我们维护成功形象,要坚决杜绝"小恶为之"现象。比如,创业者或创业参与者的生活小节事宜,要严格要求,言行要文明高雅不粗俗,更不能有违法乱纪行为,等等。在产品质量上同样如此。如某热水器厂在一批产品装箱时配错了两只固定螺母,规格上仅差之毫厘。待厂方发觉后追踪补调时,已经在客户中造成了难以挽回的不良影响。常言道:"好事不出门,坏事传千里。"尽管是局部或细小之事,一旦在公众中形成不良影响,再去解释申辩,往往无济于事,甚至适得其反。事实表明,挽回影响,重塑形象,比初建形象要难得多。因此,我们务必防微杜渐,避免因小失大。

(三)防止出现以局部利益牺牲全局利益现象

个别自毁形象的创业者,常常是只考虑本人、本企业的局部利益,置全局利益于不顾。比如,一些小造纸厂、小化肥厂,为了自身利益,做出污染水源之事;一些私人采石厂,做出破坏树木植被之事;一些商人以次充好;一些建筑人员偷工减料;等等。这些无不源于放大的个人主义和狭隘的本位主义。为了维护成功形象,必须下决心克服个人主义和本位主义,坚持局部利益服从全局利益。全局兴,局部才能旺。许多创业者正是致富不忘国家、不忘集体、不忘社区公众,胸怀全局,以天下兴亡为己任,才使得自己和自己的企业树立起令人敬仰的成功形象,从而从成功走向更大的成功。

(四)防止出现因眼前利益牺牲长远利益现象

成功的形象价值无穷,其效益大多是潜在的。功能的显示有的需要一定的周期,难以立竿见影。也正因为如此,许多维护成功形象的事,从眼前利益看,似乎吃了"亏",输了"面子",但却能获得长远的、更大的利益,故有"春播一粒粟,秋收万颗谷"之说。白云山制药厂曾在全国范围内招聘科技人才,一名上海的科技工作者符合招聘条件,就在准备办理应聘手续时,被诊断为癌症晚期,生命危在旦夕。在这种情况下,白云山制药厂恪守诺言,接纳了这位病危的科技人员,并出巨资医治他的病,延续他的生命。这件事从眼前利益看,厂里不仅一无所获,而且还耗费了大量的人力、精力和财力。图到了什么呢?图的是维护了守信、崇德、重才、从善的成功形象,所产生的效应是慕名而来的科技人员络绎不绝,"士为知己者用",其长远效益是难以估量的。此外,创业者平时在与他人、他单位的交往、合作、谈判中,总难免有分歧、有争执,那就必须冷静地权衡利弊得失,切不可因一时冲动而失去伙伴和支持者。在当前利益与长远利益发生矛盾时,务必从长计议,宽容大度,忍一时之痛,以牺牲眼前利益而保全长远利益,切勿扔了西瓜捡芝麻。这样,成功的形象才能相以为继,不断升华。

总之,形象检测其实是一个形象评价的过程。在此,关键是形象的自我评价,而形象的自我评价、自我诊断又可以从上述方面入手。事实表明,评价、诊断的过程,也就是成功形象的再认识、再完善过程。

三、着力提升形象品位

品位即品质和层次。个人修养有品位好差之分,这是源自个人学识是否高尚。一个成功的创业形象也同样有品位高低之别。

企业形象的品位由创业者个体与所创企业的文化底蕴深厚与否来决定。

当创业者和创业者拥有的企业已经树立起成功的形象,并正在产生良好的社会效益和经济效益之际,如何百尺竿头更进一步,提升形象品位呢?我们不妨从如下方面入手。

(一)创业者要提高个人魅力

中国有句古话:"三个臭皮匠抵得上一个诸葛亮。"然而一个诸葛亮可以做出空城退敌的大手笔,一百个臭皮匠也不能吓着司马懿。这就是个人的魅力。

个人魅力,主要是指个人的作用和号召力。事实表明,一个人的行为可以影响和左右一个企业的生存与发展。因此,创业者的个人魅力份量很重。在一定程度上,创业者的个人魅力,就是一个产品、一个企业的形象。创业者提高个人魅力,首先,要不断地汲取新知,不断地产生新能,给创业参与者留有可依靠感。其次,要加强自身修养,给公众留下一个可亲、可敬的印象。再次,要提高协调能力,给下属乃至公众留有一个能办大事、能成大气候的感受。如果创业者的个人魅力能在创业过程中不断得到提高,并能逐步地达到折服他人的程度,那么,创业形象的品位就会相应地得到提高。

(二)加强企业文化建设

创业的成功业绩,往往是众人共同努力奋斗的结果。在创业过程中营造一个什么样的精神家园,直接决定着创业形象品位的高低。在创业过程中、在企业内部,创业者要真心实意地关心下属的生活和学习,关心下属的成长。创业者应该善于发现员工们的潜在才能,将他们安排到最适合的位置。实践证明,只有当员工们专心投入之后,他们的才干和潜能才能得到极大的发挥和增长。与此同时,要加强企业的制度建设,使企业行为趋于科学、合理、规范。只有当创业者拥有的企业是一个充满活力和人情味且又比较规范的现代企业,才能具有令人敬重的形象。所以,要想提升企业品位,就应着手企业文化的建设。

(三) 产品精益求精

作为现代企业,要不断引进新科技,创造性地改进老产品,开发新产品,使名、优、特产品层出不穷,做到"人无我有,人有我优,人优我精"。产品的精益求精,是进入市场经济大潮的立足之本。在许多时候,产品形象就代表着企业形象和创业形象。所以说,产品的精益求精是提升创业形象的基础性工程,创业者在任何时候都不能忽视这一点。

(四) 服务精心独到

要创造性地为客户、为消费者、为社会提供更周到、更体贴、更及时的服务。比如,许多厂家、商家开展的到户安装、上门维修、定期随访用户等服务措施,就比那些在产品说明书上写有"包退、包换、包修"承诺的做法要棋高一着、情深一层。为顾客服务的范围是十分广泛的,服务的形式也是多样的,只要创业者真心诚意地想顾客所想,就能找出许多精心独到的服务措施。与之相应,其创业形象也会在为顾客的服务中得到升华。

(五) 守信守约、以诚待人

创业者不仅对有法律效应的契约要恪守信用,遵章履行,而且,对通过新闻媒介、甚至是当众或不当众的口头承诺,都应认真负责地如期如数地践诺。再大的困难,再多的原因,"一言既出,驷马难追",宁可自身蒙受一时的损失,也不失信于人,失信于天下。即使因某些不可抗拒因素造成不能如期践诺,也必须千方百计采取相应的补救办法,给人家一个能取得谅解的交代。越是能在言行上诚恳对待顾客,也就越能使创业形象锦上添花。

▎自学指导

一、学习目的与要求

通过本章的学习,应准确把握创业形象内涵,了解创业形象的作用和构成要素,在运用所学知识和借鉴他人经验的基础上,初步找到切合自身创业实际的形象树立途径和成功形象的维护方法。

本章共分三节:

第一节是创业形象的作用。主要内容是创业形象的概念、作用。对创业形象概念的把握要从形象概念的认识入手,形象概念的本质特征是反映事物本身,是事物的"自我显像",是人们感知了的东西。这一本质属性就派生出创业形象是对创业活动过程的反映(不是人为附加)和创业形象是能够被人们感知的两方面特征。创业形象的作用也是一种客观存在,体现于多方面,因此要联系现实加以认识。

第二节是树立成功的创业形象的途径。这一节主要分析了创业形象的构成要素和树立成功形象的途径。创业形象的构成要素分无形和有形两类,创业理念、管理风格属无形类,服务质量、仪表言行、工作环境、品牌标志属有形类。在各要素之间,无形类要素对有形类要素有制约或决定作用。树立成功形象的途径主要有六个方面。其中,形象设计是第一道工序,其他各条途径都是将形象设计的目标、内容付诸实践的过程。如何依据创业实际进行有个性的形象设计,是创业者必须具备的能力之一。

第三节是创业成功形象的维护。本节主要分析维护创业成功形象的方法。自觉寻找形象差距,关键在于创业者要认识到戒骄戒躁、居安思危、再接再厉的必要性,在此前提下才能找到形象差距。经常进行形象检测,旨在着重解决防止形象失真,防止小善不为、小恶为之,因局部利益牺牲全局利益、因眼前利益牺牲牲长远利益等问题。提升形象品位,重在提高创业者的个人魅力。这方面工作做好了,其他方面就不难做到。

本章学习重在掌握创业形象的概念和要素,在此基础上系统了解树立和维护成功的创业形象的途径与方法,并初步形成一定的能力。

二、本章重点和难点

1. 创业形象
2. 创业形象要素
3. 创业形象的树立
4. 创业成功形象的维护

■ 练习题

一、名词解释

1. 创业形象
2. 创业形象要素

二、简答题

1. 创业形象的作用有哪些?
2. 树立成功的创业形象的途径有哪些?

三、论述题

联系你了解的现实,试述成功的创业形象的维护方式。

四、案例分析题

石家庄食品四厂在80年代中期生产的"双鸽"系列小包装火腿,在市面上颇受欢迎。厂长张云山的聪慧机敏,使"双鸽"脱颖而出,再加之中央电视台黄金时段的广告效应,"双鸽"可谓是一夜成名,年产值上亿元,年生产能力近万吨,外地来购货的汽车在厂门外排成长龙,羡慕四厂效益好、福利高的人削尖脑袋往里挤……

厂子红火了,一向朴素、平易近人的张云山却开始变了。他拨公款60万元在热闹的街区盖"干部楼",独占两套,许多职工却挤在厂附近的"鸽子窝"里。为了求得表面功绩,他指使财务人员做假账;同时将有魄力的生产厂长和业务熟练的销售厂长免职,执意让另一位被开除留用人员杨建国全面抓产、供、销,并在内部承包了食品四厂。杨建国上任后,排斥异己,使有才有识之士纷纷跳槽,瞎指挥导致一年两次失火,数百万元资产付之一炬;贪图私利,在进原料上舍近求远;因考核控制不力,使产量和质量直线下降。再加之厂内吃喝成风,两年招待费高达139.9万元,到头来这家企业背负了1.7亿元债务,不得不于1997年7月宣告破产。

问:石家庄食品四厂这一成功的创业形象为什么得而复失?给我们以什么样的启示?

附录:《创业基础与实务》考试大纲

第一章 创业精神
第一节 创业精神的涵义
一、考核知识点
(一)创业
(二)创业精神
二、考核目标
(一)创业
 1. 识记:创业的概念
 2. 理解:创业的三层含义
(二)创业精神
 1. 识记:
(1)创业精神的含义
(2)江泽民同志关于创业精神的概括
 2. 理解:
(1)创业精神的时代性、科学性、民族性特点
(2)创业精神的主要内容
第二节 创业心理品质
一、考核知识点
(一)需要和动机
(二)兴趣和信念
(三)气质和性格
(四)情感和意志
(五)创业心理品质的基本特征

二、考核目标
(一)需要和动机
1. 识记:需要、动机的概念
2. 理解:
(1)需要的分类与层次
(2)创业动机的社会性
(二)兴趣和信念
1. 识记:兴趣、信念的概念
2. 理解:
(1)兴趣的指向性、情绪和动力性特点
(2)信念的坚信感和稳定性特点
(三)气质和性格
1. 识记:气质、性格的概念
2. 理解:
(1)气质的动力特征
(2)不同气质对创业的影响
(3)性格特征对创业的影响
(四)情感和意志
1. 识记:情感、意志的概念
2. 理解:
(1)情感对创业的影响
(2)意志对创业的影响
(五)创业心理品质的特征
1. 识记:独创性、竞争性、应变性、合作性、坚毅性的含义
2. 理解:
(1)竞争性与合作性的关系
(2)应变性和坚毅性的关系
(3)独创性对创业的影响

第三节 创业心理障碍

一、考核知识点

（一）心理健康

（二）创业心理障碍

（三）创业心理障碍的消除

二、考核目标

（一）心理健康

1. 识记：心理健康的概念
2. 理解：心理健康的标准

（二）创业心理障碍

1. 识记：社会适应障碍、人格障碍、情绪障碍、行为障碍
2. 理解：
（1）社会适应障碍的三种表现
（2）人格障碍的五种表现
（3）情绪障碍的三种表现
（4）行为障碍的三种表现

（三）创业心理障碍的消除

1. 识记：创业心理障碍的消除方法
2. 理解：建立价值目标、正确认识自己、善于控制情绪和积极与人交往等心理调适方法的作用
3. 应用：应用心理调适方法预防和消除创业心理障碍

第二章 创业能力

第一节 创业能力的内涵

一、考核知识点

（一）创业能力内涵的特点

（二）创业能力的主要特征

（三）创业能力与基本素质中其他各要素的关系

二、考核目标
(一)识记
1. 创业能力的概念
2. 创业的动力系统
3. 创业的调节系统
4. 创业的工具系统
(二)理解
1. 创业能力的四个主要特征
2. 创业的能力要素与其他各要素的关系
(三)应用:创业能力中对"突出的创造性"的要求及其特征

第二节 创业能力的类型
一、考核知识点
(一)主要类型及其特点
(二)创新与挖潜的关系
二、考核目标
(一)识记
1. "复合型"人才
2. 创业实践活动的主要环节
(二)理解
1. 专业技术能力的主要功能
2. 综合性能力的综合性特征
(三)应用
经营管理能力的范畴及其运用

第三节 创业能力的形成
一、考核知识点
(一)创业能力形成的特点
(二)创业能力形成的途径
二、考核目标

(一) 识记
1. 独立性品质
2. 敢为性品质
3. 坚韧性品质
4. 克制性品质

(二) 理解
1. 能力与创业能力
2. 知识转化为能力的途径
3. 创业实践与形成创业能力之间的关系

(三) 应用
形成创业能力要积极培养关键性的能力

第三章 创业信息

第一节 信息概述

一、考核知识点

(一) 信息的基本概念

(二) 信息的特征

(三) 一级信息和二级信息

(四) 信息的功能

二、考核目标

(一) 信息的基本概念
1. 识记：信息的涵义
2. 理解：
(1) 为什么不同学科领域对信息的描述和定义各不相同
(2) 信息概念的广义和狭义之区分
3. 应用：信息与消息、知识等不同概念的区别

(二) 信息的特征
1. 识记：信息特征的涵义

2. 理解：
(1) 创业者只有依据真实、可靠的信息才能作出正确的决策
(2) 信息的内容一定是未知的，人们获得了信息，也就是获得了某种知识
(3) 信息是一种可供全人类共同享用的资源
(4) 时过境迁，信息就会失效
(5) 信息本身是看不见、摸不着的，它的存储、传递和交流必须依附于物质载体
(6) 信息随着其载体而流动和传递

3. 应用：
(1) 信息必须反映真实情况才能供使用者利用
(2) 信息能消除人们认识上的未知性或不确定性
(3) 充分利用别人的研究成果是发展自己事业的有效的方法
(4) 要注意及时采集、处理和利用信息
(5) 要获得信息，首先要获得携有信息的载体
(6) 根据信息的流动方式和传递规律，可以更加方便、快捷地获取信息

(三) 一级信息和二级信息
1. 识记：一级信息和二级信息的涵义
2. 理解：
(1) 一级信息与二级信息的不同之处
(2) 一级信息与二级信息的来源
3. 应用：一级信息与二级信息对照使用，可以提高信息的可靠性

(四) 信息的功能
1. 识记：信息有哪些功能

2. 理解:
(1) 信息是认识事物的媒介
(2) 信息是交流的工具
(3) 信息是决策的基础
(4) 信息是人类的第二资源
(5) 信息是推动科技进步的手段
(6) 信息是市场竞争的关键

第二节 创业信息的采集

一、考核知识点
(一) 信息采集的基本要求
(二) 互联网与信息高速公路
(三) 公共领域的信息和非公共领域的信息
(四) 信息的传递过程
(五) 信息采集的方法

二、考核目标
(一) 信息采集的基本要求
 1. 识记：信息采集
 2. 理解：信息采集的五项基本要求
 3. 应用：信息采集贯穿于信息工作的全过程
(二) 互联网与信息高速公路
 1. 识记：
(1) 互联网的涵义
(2) 信息高速公路的涵义
 2. 理解：
(1) 互联网能够快速在全球发展起来的原因
(2) 信息高速公路的建立,将给我们的学习和生活带来什么影响
(三) 公共领域的信息和非公共领域的信息

1. 识记：
(1) 公共领域信息的涵义
(2) 非公共领域信息的涵义
2. 理解：公共领域信息与非公共领域信息的异同
3. 应用：创业者如何根据创业需要从不同的信息源中获取信息

(四) 信息的传递过程
1. 识记：信息是如何流动和传递的
2. 理解：信息传递过程
3. 应用：了解信息在传递过程中所处的阶段，判断信息的价值和可靠性

(五) 信息采集的方法
1. 识记：
(1) 采集信息的方法有几种
(2) 除了书中介绍的方法外，还有哪些采集信息的方法
2. 理解：采集信息时应注意的问题
3. 应用：如何以经济快捷的方法采集到创业信息

第三节　创业信息的处理
一、考核知识点
(一) 信息处理
(二) 信息处理的基本内容和要求
(三) 信息的可靠性
(四) 信息处理的方法
(五) 信息处理电脑化

二、考核目标
(一) 信息处理
1. 识记：什么叫信息处理
2. 理解：信息为什么都要经过处理才能使用

3. 应用：运用信息处理方法将看似杂乱无章的信息变为可以利用的创业信息

(二) 信息处理的基本内容和要求

1. 识记：
   (1) 信息处理的基本内容
   (2) 信息处理的基本要求
2. 理解：信息处理的基本内容和要求的内涵
3. 应用：根据信息处理的基本要求，做好信息处理工作

(三) 信息的可靠性

1. 识记：信息可靠性的涵义
2. 理解：如何判断信息的可靠性
3. 应用：对采集的信息要注意辨别其真伪

(四) 信息处理的方法

1. 识记：信息处理有哪些方法
2. 理解：如何把握好信息处理中几方面的关系
3. 应用：通过信息处理提升创业信息的价值，创造更大的经济效益

(五) 信息处理电脑化

1. 识记：信息处理电脑化的涵义
2. 理解：电脑处理信息的内容
3. 应用：电脑使信息处理简单化

第四节 创业信息的利用

一、考核知识点

(一) 信息优化
(二) 信息利用
(三) 信息利用应注意的几个问题

二、考核目标

(一) 信息优化

1. 识记：信息优化的涵义
2. 理解：信息优化是有效利用的前提
3. 应用：利用优化后的信息，才能确保创业的成功
(二) 信息利用
1. 识记：信息利用的方法
2. 理解：在创业之初和创业实践过程中如何利用好信息
(三) 信息利用应注意的问题
识记：信息利用应注意哪几个问题

第四章 创业计划
第一节 创业目标的选择
一、考核知识点
(一) 创业目标的概念、内涵与功能
(二) 创业目标选择的依据、原则
二、考核目标
(一) 创业目标的概念、内涵与功能
1. 识记：创业目标
2. 理解：创业目标内涵
3. 应用：识别创业的企业目标
(二) 创业目标选择的依据、原则
1. 理解：创业目标选择的依据、原则
2. 应用：评价、制订创业目标
第二节 创业计划概要
一、考核知识点
(一) 创业计划的概念、组成
(三) 考核目标
1. 识记：创业计划的概念、要素
2. 理解：创业计划组成

3. 应用：评价、制订创业目标

第三节　市场营销计划

一、考核知识点

（一）市场营销计划组成

（二）市场分析

（三）营销战略和行动计划的确立

二、考核目标

（一）市场营销计划组成

　　识记：营销计划构成要素

（二）市场分析

　　1. 识记：市场细分

　　2. 理解：市场分析内涵

　　3. 应用：对某一市场进行细分，评估特定企业的优势、劣势和机会、威协

（三）营销战略和行动计划的确立

　　1. 识记：目标市场、营销组合

　　2. 理解：营销目标、核心战略、营销组合要素

　　3. 应用：评估、制定特定中小企业营销战略和行动计划

第四节　组织计划

一、考核知识点

（一）组织结构设计

（二）组织法律形式选择

二、考核目标

（一）组织结构设计

　　1. 识记：组织结构、职务描述、职务说明

　　2. 理解：组织发展、组织设计的步骤

　　3. 应用：针对中小企业进行组织设计

（三）组织法律形式选择

1. 识记：企业的三种组织形式
2. 理解：创业者选择企业法律形式时考虑的主要因素
3. 应用：根据实际，为特定创业者选择企业的法律形式

第五节　财务计划

一、考核知识点

（一）损益预估表

（二）现金流量表

（三）资产负债表

二、考核目标

（一）损益预估表

（二）现金流量表

（三）资产负债表

1. 识记：损益预估表、现金流量、资产、负债、资产净值
2. 理解：损益预估表结构、现金流量表结构、资产负债表结构
3. 应用：编制简单的损益预估表、现金流量表、资产负债表

第五章　创业管理

第一节　创业管理理念

一、考核知识点

（一）创业管理的基本因素

（二）竞争取胜的基本途径

（三）对"时间"的双重理解

二、考核目标

　　通过考核，熟记和理解创业管理的基本因素、竞争取胜的基本途径以及相关的概念。

1. 识记：创业管理中的人本意识、竞争意识、时效意识、质

量意识、法制意识、责任意识

2. 理解：

(1) 人本意识是贯穿创业管理全过程的一条红线

(2) "人是世界上最宝贵的因素"这一杰出命题具有永久的生命力

(3) 对"时间"的双重理解

第二节　现代管理策略

一、考核知识点

(一) 有利于创业者发展的管理策略

(二) 现代企业市场管理定位策略

(三) 市场定价的基本方法

二、考核目标

通过考核，熟记和理解现代企业对管理策略的选择、市场管理的定位策略及市场定价的基本方法

1. 识记：

(1) 掌握集中型、一体化和多样化类型的市场管理策略

(2) 熟悉高价法、低价法、折扣让价法、差别定价法、心理定价法五种定价方法

2. 理解：

(1) 有利于企业发展的管理定位策略、市场定价策略、经营销售策略、宣传促销策略

(2) 根据市场状况进行不同内容的重点宣传，针对不同情况采取富有成效的宣传、销售形式

第三节　创业管理模式

一、考核知识点

(一) 创业管理的基本模式

(二) 经济人、社会人、复杂人

(三) 梅奥的"人群关系理论"和非正式群体

二、考核目标

通过考核,了解创业管理的基本模式及重要理论(本节是第五章精华所在)

1．识记：

(1) 创业管理的三大模式

(2) 经济人、社会人和复杂人

(3) 泰罗制

(4) 霍桑实验

(5) 非正式群体

2．理解：

(1) 泰罗制在实际应用中的利弊

(2) 理解霍桑实验的启示

(3) 梅奥"人群关系理论"在现代企业的应用

(4) 理解薛恩的"复杂人"假设要点

(5) 理解创业管理三大模式在现代企业中的兼容渗透和有机结合

第六章　创业融资

第一节　创业融资

一、考核知识点

(一) 融资

(二) 创业融资的意义

(三) 创业融资的原则

二、考核目标

1．识记：融资的概念

2．理解：

(1) 创业融资的意义

(2) 创业融资的原则

3. 应用：通过学习，认识到每个创业者建立个人（企业）信用的重要性

第二节　创业融资的途径

一、考核知识点

（一）融资的主要途径

（二）债务融资和权益融资

（三）银行贷款

（四）信用贷款、担保贷款和抵押贷款

（五）银行贷款的基本条件

（六）现代租赁及其要点

（七）风险投资

二、考核目标

1. 识记：债务融资、权益融资、信用贷款、担保贷款、抵押贷款、现代租赁、风险投资的概念

2. 理解：

（1）债务融资和权益融资的区别

（2）现代租赁的种类

3. 应用：了解和懂得对于不同创业类型、在不同创业阶段应采取什么融资手段

第七章　创业风险

第一节　创业风险概述

一、考核知识点

（一）创业风险的基本属性

（二）创业风险的种类

（三）创业风险的构成要素

二、考核目标

（一）通过考核，熟记和理解创业风险的基本属性及其相关概

念
  1. 识记：创业风险的基本属性（客观潜在性、释放性、两重性和可变性）
  2. 理解：
  (1) 理解创业风险基本属性的具体内涵
  (2) 理性风险与非理性风险的主要区别
  (3) 创业风险大小的衡量标准——机率和强度
(二) 通过考核，较好地掌握创业风险的分类，以便有效地识别风险
  1. 识记：
  (1) 可抗拒性风险与不可抗拒性风险
  (2) 局部性风险与全局性风险
  (3) 环境型风险、决策型风险与运作型风险
  2. 理解：理解各种风险的具体内涵
  3. 应用：运用创业风险的分类知识分析和识别创业案例中所蕴含的风险
(三) 通过考核，较好地掌握创业风险的构成要素及形成原因
  1. 识记：创业风险的构成要素（创业主体的不确定因素、创业客体的不确定因素、相关利益者的不确定因素、创业环境的不确定因素）
  2. 理解：
  (1) 创业风险的成因
  (2) 创业风险构成要素的具体内涵
  3. 应用：根据创业风险的构成要素，分析具体案例中创业风险形成的原因
第二节　创业风险防范的原则与手段
一、考核知识点
(一) 创业风险防范的定义

(二) 创业风险防范的基本原则
(三) 创业风险防范的主要手段和技巧

二、考核目标

(一) 通过考核,加深了解创业风险防范的定义

　　1. 识记:创业风险防范的定义

(二) 通过考核,全面了解和应用创业风险防范的三大原则

　　1. 识记:创业风险防范的基本原则(主体性原则、事前性原则和有效性原则)

　　2. 理解:全面理解三大防范原则的具体内涵,并能够在创业实践中应用

(三) 通过考核,了解和应用创业风险防范的主要手段和技巧

　　1. 识记:

　　(1) 创业风险防范的主要手段:风险规避、风险控制和风险救济

　　(2) 创业风险防范的相关技巧:风险分散术、风险锁定术、风险缩微术、风险转移术等

　　2. 理解:理解创业风险防范手段及技巧的具体内涵,以及运用相关防范技巧时应该注意的事项

　　3. 应用:运用所学知识分析相关案例

第三节　创业风险防范的途径

一、考核知识点

(一) 创业风险防范的主要途径
(二) 创业风险事前防范的相关知识
(三) 创业风险事后防范的相关知识

二、考核目标

(一) 通过考核,了解创业风险防范的主要途径

　　识记:创业风险防范的主要途径:事前防范和事后防范

(二) 通过考核,了解和应用创业风险事前防范的相关知识

1. 识记:
(1) 创业风险事前防范的主要手段有:风险规避、风险控制
(2) 实施风险规避和风险控制,要根据各种形态创业风险的不同特点,采取不同的措施,例如:风险预测、风险预警、环境监测、创业运作与风险防范结合等
(3) 合同的定义、种类,以及合同风险事前防范的主要措施。
2. 理解:
(1) 各种风险防范形式和措施的具体内涵
(2) 理解合同风险防范对创业风险防范的重要影响
(3) 理解巩固根本、做强基业在创业风险防范中的重要地位和作用
3. 应用:运用所学知识分析案例
(三) 通过考核,了解和应用创业风险事后防范的相关知识
1. 识记:
(1) 风险救济与风险救济的主要措施
(2) 保险的概念、种类及投保者的权利和义务
2. 理解:理解自力救济、法律救济、保险救济的具体内涵
3. 应用:运用所学知识分析案例

第八章 创业形象
第一节 创业形象的作用
一、考核知识点
(一) 创业形象的内涵
(二) 创业形象的作用
二、考核目标
(一) 识记:创业形象的内涵

（二）理解：良好形象的作用和不良形象的作用

（三）应用：通过学习，对现实中的不同类型的创业形象进行准确的分析

第二节　树立成功创业形象的途径

一、考核知识点

（一）创业形象的构成要素

（二）树立成功形象的途径

二、考核目标

（一）识记：创业形象构成要素

（二）理解：树立成功形象的途径

（三）应用：用所学知识，对创业形象进行初步的设计

第三节　创业成功形象的维护

一、考核知识点

（一）形象失真的表现形式

（二）如何提升形象品位

二、考核目标

（一）识记：形象失真的表现形式

（二）理解：提升形象品位的途径

（三）应用：运用所学知识分析案例

参考书目

1. 《学会创业》,南京师范大学出版社1998年版。
2. 《路在脚下》,苏州大学出版社1998年版。
3. 胡凤英主编:《创业与创造》,河海大学出版社1999年版。
4. 《中国古代管理思想》,企业管理出版社1986年版。
5. 王极盛:《当代管理心理学》,红旗出版社1986年版。
6. 陈一明译:《商业谈判163》,香港乃源财政事业公司1983年版。
7. 彭文晋主编:《新技术革命与人才开发》,吉林人民出版社1986年版。
8. 叶煜荣:《话说生意经》,解放军出版社1985年版。
9. (美)托马斯·彼得斯、小罗伯特·沃特曼著,管维立选译、陈季东校:《寻求优势》,中国财经出版社1985年出版。
10. 盛宇华:《管理心理学》,经济时报出版社1991年版。
11. 郭济光、李世俊:《三国演义与经营谋略》,广西人民出版社1993年版。
12. 郁义鸿、李志能、罗博特·D·希斯瑞克:《创业学》,复旦大学出版社2000年版。
13. (德)卡斯藤·拉思纳、卡斯藤·斐:《创业者手册》,中信出版社2000年版。
14. 唐菊裳:《国外小企业》,中国计划出版社1999年版。
15. 周三多、陈传明、鲁明泓:《管理学——原理与方法》,复旦大学出版社1999年版。
16. 曾忠禄:《情报制胜》,企业管理出版社。

17. 赵丹亚、程建平:《信息化与生活》,京华出版社。
18. 李湘虹、庞景安:《信息化浪潮》,京华出版社。
19. 王万宗、岳剑波:《信息化管理概论》,书目文献出版社。
20. 姚乐编著:《当代实业选择——企业投资的权衡与操作》,华中理工大学出版社 2000 年版。
21. 戴维·雷著,董成茂译:《创业企业家》,中国对外翻译出版公司 2000 年版。